한국어교육의 **전략과 탐색**

저자 박덕유 외

 박문사

한국어교육의 전략과 탐색

머리말

최근 한국어교육에 대한 관심이 국내외적으로 높아짐에 따라 한국어교육을 효율적으로 학습하기 위한 다양한 방안이 모색되어야 할 것이다. 특히, 해마다 한국으로 유학 오는 학생들이 증가하는 추세에 있어 한국어교육의 중요성이 대두되고 있는 시점에서 『한국어교육의 전략과 탐색』의 책을 발간하게 되었다.

본서의 구성은 크게 3장으로 구성되었다. 제1장 '한국어교육의 전략과 탐색'에서는 외국인 학습자를 위한 어휘력 신장 연구를 통해 외국인 학습자를 위한 효율적인 어휘교육의 방안을 제시하였다. 즉, 한국어교재에 공통으로 수록된 한자 및 한자어를 분석하여 비한자문화권 학습자와 중국인 학습자들에게 어휘력을 신장시킬 수 있는 방안에 대해 고찰함으로써 어떤 한자어를 어떻게 가르칠 것인가를 논의하였다. 그리고 한국어 피동·사동 표현의 효율적인 교육 방안을 학습자 오류 유형을 통해 실제적으로 제시함으로써 외국인 학습자를 위한 학습 방안을 제시하였다. 또한, 한국어교육에서의 효율적인 피동 교수·학습 방안을 일본인 학습자의 오류 분석을 통해 구체적으로 고찰하였다.

제2장은 '한국어교육에서의 교육과정의 전략과 탐색'으로 의사소통 능력 향상을 위한 한국어교육과정 개발 방향을 통해 의사소통 중심 교육과정을 보이고, 이에 대한 통합교육의 필요성을 고찰함과 아울러 교수과정의 실제를 고찰함으로써 의사소통 능력향상에 필요한 교육과정 개발의 필요성을 논의하였다. 또한, 화교학교의 한국어교육 실태와 학생들의 요구분석을 통해 한국어교육에서 실제적으로 필요한 교육과정

이 무엇인가를 고찰하였다. 아울러 고급학습자를 대상으로 한 학문목적 한국어교육과정 설계 연구를 통해 체계적이고 효율적인 교수·학습 방안을 제시하였다.

제3장은 '쓰기 교육의 전략과 탐색'으로 외국어로서의 한국어 쓰기 교육 연구를 통해 쓰기 활동 유형과 실제적으로 쓰기 수업 구성의 사례를 보임으로써 쓰기 교육의 향상 방안을 고찰하였다. 또한, 한국어능력시험 쓰기 평가를 중심으로 그 실태를 보이고, 쓰기 평가 문제의 유형별 난이도를 분석함으로써 앞으로 나아갈 평가 방향에 대해 제시하였다. 마지막으로 한국어 쓰기 교육의 이론적 배경을 소개하고, 학습자 실태 분석을 기저로 하여 학문목적 쓰기에서의 절충식 접근법을 활용한 '요약하기' 전략지도 방안을 고찰하였다.

우리는 언어 경쟁시대에 살고 있다. 영국과 미국이 영어로 세계를 장악하고, 중국이 50여 개 이상의 소수민족을 연합하여 거대국으로 급부상하고 있다. 또한 아랍국이 연합하고 유럽이 연합하고 있다. 이제 언어도 영어, 중국어, 유럽어, 아랍어 등 몇 개 언어로 좁혀질 것이다. 언어 전쟁이 이미 시작되고 있는 것이다. 우리도 남북통일은 물론 일본, 몽골, 중앙아시아, 터키 등을 연결하는 알타이어계의 중심어로 자리 잡아 나아가야 한다. 그러려면 한국어교육의 체계적인 정책과 전략이 필요하다. 이에 이번에 발간한 본서가 한국어교육 발전에 조금이라도 보탬이 될 수 있다는 기대감을 가지며, 이러한 기대감을 이해해 주고 본서를 발간해 주신 도서출판 박문사 관계자 여러분께 진심으로 고마움을 전한다.

2010년 10월

박덕유

차례

제**2**장
교육과정의 전략과 탐색

제**3**장
쓰기 교육의 전략과 탐색

제 1 장
한국어교육의 전략과 탐색

외국인 학습자를 위한 어휘력 신장 연구

 1 외국인 학습자를 위한 어휘 교육

　최근 한국어교육에 대한 관심이 국내외적으로 높아지는 시점에서
이제는 효율적인 어휘 교육을 해야 하는 방안이 모색되어야 할 것이다.
특히, 해마다 한국으로 유학 오는 학생들이 증가하는 추세에 있어 어
휘 교육의 중요성이 대두되고 있다. 모어 화자를 대상으로 하는 국어
교육에서의 어휘 교육은 언중의 고차원적인 언어사용에 관심을 두고
이를 교육 목표로 삼지만, 외국인을 위한 한국어교육에서의 어휘 교육
은 일상적인 의사소통이 가능하도록 하는 일종의 기능적인 요인에 목
표를 두고 있다. 즉, 더 잘 이해하고 표현하기 위한 도구로서의 어휘
교육인 셈이다. 그러려면 무엇보다 어휘의 의미 파악이 우선시 되어야
하며, 이를 위해 현재 한국어교육에서 사용하는 대학교재 중 40% 이상
을 차지하는 한자에 대한 교육이 이루어져야 할 것이다. 한자는 조어
력과 축약력이 뛰어나므로 한자 교육은 어휘력을 신장시킬 수 있으므

로 한자 교육의 필요성은 당연한 것이다.

그러나 보다 효율적인 한자 및 한자어 학습을 위해서는 비한자문화권과 한자문화권으로 나누어 교육해야 할 것이다. 왜냐하면 한자를 모르는 외국인 학습자들에게는 기초 한자 중심으로 교육해야 하지만, 중국인 학습자처럼 한자를 모어로 한 화자들에게는 한국의 한자어와의 차이점을 중심으로 고찰해야 할 것이다. 이에 본고에서는 국내 대학에서 사용하는 한국어 교재에 수록된 한자 및 한자어를 추출하여 어휘력 신장을 위한 어휘 교육에 대해 고찰하고자 한다.[1]

이에 본고에서는 외국인 학습자들에게 어휘력 신장을 위한 기초 연구로 비한자문화권과 한자문화권의 중국으로 나누어 현행 국내에서 사용하고 있는 한국어교재의 일부를 선택하여 공통 한자와 한자어를 추출하는 방안을 제시할 것이다. 현실 여건상 비한자문화권 학생들에게 한자 수업 시간을 별도로 운영하는 것은 어려우므로 정규 수업 시간에 한국어 교재에 들어 있는 어휘를 교육할 경우, 한자를 병행하여 가르칠 방안을 제시할 것이다. 이에 한국어 교재 중 중급 교재인 서울대의『한국어 3, 4』와 성균관대의『배우기 쉬운 한국어 3, 4』의 색인 목록에서 한자를 추출하여 빈도순으로 정리하고, 기초 한자 교재인 연세대의『한자와 함께 배우는 한국어 1, 2』등 3개 대학 교재에서 나타난 공통 한자 목록을 제시하고자 한다.

다음으로 국내에 가장 많이 유학 온 중국인 학습자를 대상으로 어휘 교육 방안을 제시하고자 하는데, 중국인 학습자들은 이미 한자를 알고

---

1) 한국어교육에서의 한자 교육에 대한 연구로는 최주열(1994), 김중섭(1997), 정승혜(1998), 강현화(2001), 강현화·김창구(2001), 정유진(2002), 조남호(2003), 한재영(2003), 문금현(2003), 김지형(2003), 김정남(2005), 오성애(2008) 등을 들 수 있다.

있는 상태이므로 한국 한자어와의 대조 분석을 통해 고찰할 것이다. 이
에 현재 국내 대학에서 사용하고 있는 한국어 교재 색인 목록에 수록된
한자어를 조사하여 공통 한자어 목록을 만들고 그 차이점을 제시하고
자 한다. 이를 위해 최근에 발간된 경희대(2005-2008) 6권, 성균관대
(2006) 6권, 서강대(2004) 6권 등 총 18권을 대상으로 분석할 것이다.[2]

 ## 漢字 교육의 중요성

인간은 정상적인 대화에서 시간당 4,000-5,000개의 단어를 사용하고,
쉼이 더 적은 라디오 담화에서는 시간당 8,000-9,000개의 단어를 사용
하며, 정상적인 속도로 독서하는 사람은 시간당 14,000-15,000개의 단
어를 사용한다고 한다. 이에 국립국어연구원에서 발간한 <표준국어대
사전>(1999)에는 50만개가 넘는 단어가 실려 있다.[3] 이렇게 많은 수의

---

2) 보다 세분되고 구체적인 고찰은 다음 후속 논문에서 비한자문화권 연구(Ⅱ)와
한자문화권 연구(Ⅲ)로 나누어 현재까지 국내에서 발간된 모든 한국어교재를
대상으로 고찰할 것이다.
3) 현대 국어의 어휘를 語種에 따라 분류하면 고유어, 한자어, 외래어'의 삼중 체
계를 이루고 있다. 다음 표는 '표준 국어 대사전'에 수록된 단어들을 어종별로
분류하여 통계를 낸 결과이다.

	고유어	한자어	외래어	기타 (혼합형태)	합계
표제어	111,299	251,478	23,196	54,289	440,262
부표제어	20,672	46,438	165	1,234	68,509
합계	131,971	297,916	23,361	55,523	508,771
백분율	25.9%	58.5%	4.7%	10.9%	100%

단어를 파악하고 실제로 사용하는 것은 매우 어렵다. 고유어는 흔히 순 우리말이라고도 부르는 단어로 다른 나라 말에서 들여온 것이 아니라 예로부터 우리 것이다. 이 고유어는 우리 민족 특유의 문화나 정서를 표현하며 정서적 감수성을 풍요롭게 한다. 또한 고유어는 일상생활에서 자주 쓰이다 보니 하나의 단어가 여러 가지 의미로 해석되는 다의어적인 성격을 갖는다. 이에 대해 한자어는 중국의 한자를 기반으로 만들어진 다의어로 중국에서 들어온 말, 일본에서 만들어져 유입된 말, 우리 스스로 만들어 낸 말 등이 있다. '感氣, 苦生, 福德房, 便紙, 査頓, 食口, 行次' 등은 우리나라에서 만들어진 한자어이다. 한자어는 뜻글자로 소리글자인 우리 문자의 단점을 보완한다. 따라서 고유어에 비해 더 정확하고 분화된 의미를 갖는다. 라틴어가 서양의 여러 나라에서 사용되고 있지만, 각각 그 나라의 음운 체계에 따라 다르게 발음되고 있듯이, 우리나라에서 사용하고 있는 한자 역시 중국과 일본에서 사용하는 발음과는 다르다. 따라서 국어의 한자어는 이미 귀화가 끝난 우리말이다.[4] 漢字의 장점으로는 어휘력 향상에 도움(訓을 알아 어휘 의미를 파악)을 주고, 새로운 단어를 만드는 조어력이 뛰어나며(900개의 한자를 익히면 7만 개의 국어어휘를 이해함), 사고력 발달에 도움(부수: 예를 들어 言 - 言語, 討論, 許諾, 講義 등 모두 '말하는 것'과 관련), 同音異義語를 쉽게 구별하고 縮約力이 뛰어나며, 의미의 보존력이 강함을 들 수 있다.

본고에서 사용한 한국어 교재의 색인 목록의 어휘 중 한자어의 비율

....

4) 崔尙鎭(2006)에 의하면 대사전 한자 표제어를 빈도를 통해 고찰한 바 총 7,310자의 한자를 사용하고, 이 중 누적 사용률 90%에 해당되는 漢字의 수로 1,589자를 제시하였다. 25만 어휘를 이해하려면 1,600자 정도 한자를 알면 되며, 일례로 大를 알면 大國, 大小, 大學, 大洋 등 823개의 어휘를 알 수 있다.

은 서강대 37%, 경희대 56%, 성균관대 32%, 건국대 43%, 서울대 36%
로 전체 평균 41%가 漢字語이다.[5] 참고로 서강대의 한국어 교재에 수
록된 한자어를 보이면 아래와 같다.

<표 1> 서강한국어 한자어[6]

권(급수)	1권	2권	3권	4권	5권	6권	합
총 어휘 수	323	392	607	509	799	947	3577
한자어	112	323	182	150	405	384	1336
%	34.7	26.3	30.0	29.5	50.7	37.3	37.3

3 비한자문화권 학습자를 위한 漢字 교육

앞에서도 제시했듯이 국립국어연구원에서 발간한 <표준국어대사
전>(1999)에는 50만개가 넘는 단어가 실려 있다. 즉, 고유어(25.9%),
한자어(58.5%), 외래어(4.7%), 혼합형태(10.9%)로 한자어가 60%에 이
르고 있으며 한자가 결합된 혼합 형태까지 다루면 이보다 훨씬 더 많
을 것이다.[7] 실제로 한국어로 대화(말하기, 듣기)하는 데 중국 학생보

---

5) 최순덕(2009)에 의하면 한자어가 건국대 교재는 1,456(43%), 서울대 교재는
   1,225(36%)이다.
6) 어휘 중 지명어(경주, 인천, 정동진 등)나 고유어(영어, 중국, 태권도 등)는 한자
   어휘에 포함시키지 않았으며, '결심, 결심하다'에서처럼 반복되는 한자어는 1
   개로 취급하였다. 그러나 '세탁, 세탁기'는 2개로 취급하였다.
7) 한국어 교재에 수록된 어휘 중 '弱하다, 强하다 傳하다, 定하다, 親하다, 願하다,
   變하다, 向하다, 커피盞, 큰兄, 물冷麵, 붉은色' 등을 들 수 있다.

다 훨씬 더 잘하는 몽골 학생이 독해력이나 쓰기, 한국어능력시험에서
는 오히려 낮은 점수를 받고 있음은 한국어교육에서 한자교육의 중요
성을 반영하는 일례이다.[8] 따라서 비한자문화권 외국인 학습자(특히,
학문목적의 학습자)에게 효율적으로 한국어교육을 하기 위해서는 한자
를 가르쳐야 할 것이다. 한자 교육의 필요성에 대해서는 누구나 공감
하는 사항인데, 문제는 배우기 어려운 한자를 얼마만큼 어떤 방법으로
가르쳐야 할 것인가이다.

한국어교육 기관에서 실시하는 한자교육 실태(김중섭, 2008)를 보면
대부분 한자문화권(중국, 일본)과 비한자문화권으로 나누어 실시하고
있으며, 수업 인원은 5-10명(혹은 10-20명) 정도로 주 1회 2시간(혹은
주 2회 2시간, 주3회 1시간씩)을 학습하고 있다. 또한, 비한자문화권 학
습 단계는 대부분 중급 단계에서부터 실시하고 있다.[9] 이에 본고에서
는 한국어 교재 중 한자 교재인 연세대의『한자와 함께 배우는 한국어
1, 2』와 중급 교재로 서울대의『한국어 3, 4』, 성균관대『배우기 쉬운
한국어 3, 4』에서 한자어를 추출하여 빈도순으로 정리하고, 3개 대학
교재의 공통 한자어를 만들었다.

(1) 연세대『한자와 함께 배우는 한국어 1,2』

국내 대학에서 유일하게 외국인 학습자를 위한 한자 교재를 만들었
다.『한자와 함께 배우는 한국어』<교재 1>과 <교재 2>에 수록된 한

---

8) 대학원생인 중국학생(3명)과 몽골학생(3명) 간의 비교에서 이러한 차이를 발
   견하였다. 물론, 소수에 의한 검증 관계로 이는 절대적인 것은 아닐 수 있다.
9) 김지형(2003:381)에 의하면 중급 단계에서부터는 어느 정도 기본 문형을 구사
   할 수 있는 능력을 갖춘 상태이므로 무엇보다도 그 문형에 적용할 어휘력을
   배양하는 방법으로 한자교육의 필요성을 주장했다.

자어 색인 수는 모두 120자씩이다.

<표 2> 한자와 함께 배우는 한국어1

과	제목	학습 목표	새로 나온 한자어	고사성어
1	一二三四	숫자와 관계있는 한자어 익히기	五, 十, 百, 千, 萬, 代, 數, 半	一石二鳥
2	生年月日	시간과 관계있는 한자어 익히기	週, 生, 日, 時, 間, 年, 月, 分	作心三日
3	月火水木	요일과 관계있는 한자어 익히기	火, 水, 木, 金, 土, 星, 晝, 夜	晝耕夜讀
4	父母兄弟	가족과 관계있는 한자어 익히기	家, 族, 父, 母, 兄, 弟, 子, 女	父傳子傳
5	男女老少	사람의 성장과정에 관련된 한자어 익히기	兒, 童, 人, 成, 靑, 少, 老, 男	八方美人
6	東西南北	방향과 관계있는 한자어 익히기	東, 西, 南, 北, 上, 下, 大, 門	大器晚成
7	前後左右	위치와 관계있는 한자어 익히기	前, 後, 左, 右, 內, 外, 高, 低	右往左往
8	大中小	용량과 관계있는 한자어 익히기	中, 多, 出, 入, 長, 重, 輕, 量	十中八九
9	耳目口鼻	신체와 관계있는 한자어 익히기	耳, 目, 口, 鼻, 手, 足, 力, 心	見物生心
10	身土不二	음식과 관계있는 한자어 익히기	身, 不, 食, 事, 過, 無, 公, 害	有口無言
11	山川草木	자연과 관계있는 한자어 익히기	自, 然, 山, 川, 草, 天, 地, 海	人山人海

12	春夏秋冬	계절과 날씨와 관계있는 한자어 익히기	春, 夏, 秋, 冬, 風, 雨, 雪, 暴	雪上加霜
13	世界旅行	각 나라 이름과 관계있는 한자어 익히기	旅, 行, 本, 國, 世, 界, 美, 韓	言行一致
14	大學生	교육과 관계있는 한자어 익히기	學, 校, 登, 室, 期, 先, 首, 席	先見之明
15	社會人	직업과 관계있는 한자어 익히기	社, 會, 愛, 師, 員, 滿, 短, 平	一長一短

<표 3> 한자와 함께 배우는 한국어2

과	제목	새로 나온 한자어	고사성어
1	自己紹介書	姓 名 現 在 活 方 實 業	有名無實
2	入學申請書	申 請 書 住 所 位 歷 卒	適材適所
3	求人廣告	語 院 相 談 個 別 的 給	流言蜚語
4	新入社員	新 資 格 專 充 可 能 勤	溫故知新
5	個人 性格	向 性 好 感 情 表 直 設	·
6	價値觀	價 値 觀 要 視 化 對 話	過小評價
7	餘暇生活	常 動 末 運 再 電 開 發	百發百中
8	大衆文化	聞 衆 流 全 氣 音 樂 同	·
9	低出産 時代	結 婚 教 育 未 來 安 産	苦盡甘來
10	討論	死 命 回 意 見 限 立 場	九死一生
11	인터넷 實名制	制 報 通 信 部 利 用 私	漁父之利
12	TV 홈쇼핑	注 文 賣 買 以 物 件 勞	·
13	經濟	傳 原 油 引 失 深 作 明	·
14	食事禮節	連 休 訪 問 禮 節 飮 儀	·
15	휴대폰 禮節	每 他 共 病 禁 止 異 法	異口同聲

(2) 서울대 『한국어 3, 4』

서울대 한국어 교재 3, 4에 수록된 한자 수는 894자이다. 이에 색인에 수록된 한자 260자를 빈도순으로 보이면 <표 4>와 같다.10)

<표 4> 서울대 한국어 3, 4

순서	빈도수	한자
1	27	的
2	25	人
3	23	學
4	18	大
5	15	用
6	14	氣 生
7	13	通
8	12	國 業 者 地
9	10	理 民 實 一 便 金
10	9	家 內 無 物 所 日 自 場
11	8	經 對 道 文 方 費 山 世 心 中 體 最 休
12	7	感 公 機 代 度 別 分 不 性 式 新 外 入 長 節 定 車 平 行
13	6	高 當 力 保 事 上 書 食 安 女 全 接 情 職 風 下 韓 活 會
14	5	間 江 關 南 老 能 談 望 産 修 手 時 旅 豫 料 運 院 音 移 子 電 濟 支 特 表

10) 여기에 제시한 빈도수는 교재 본문에 등장하는 단어의 누적빈도가 아니라, 색인에 수록된 것이므로 동일한 단어가 여러 번 사용되었어도 1회만 빈도수로 처리하였으며, 이에 제시한 260자는 빈도수 3회 이상인 한자이다.

15	4	開 決 計 觀 級 期 難 男 農 東 等 料 面 命 密 反 發 報 福 部 士 想 設 成 水 試 識 神 身 失 野 藥 禮 園 願 月 伊 異 作 醬 障 專 店 政 汀 精 主 重 證 紙 請 初 出 親 退 號 婚 畫 話
16	3	價 歌 件 敬 界 告 苦 空 科 慣 具 口 勤 紀 待 德 都 獨 同 來 論 錄 里 立 痲 萬 亡 名 母 務 門 未 番 步 服 本 婦 常 賞 色 誠 歲 洗 少 續 送 收 術 乘 媤 是 室 樂 案 愛 億 如 研 連 營 完 位 由 育 應 依 利 因 欌 低 籍 展 點 停 助 卒 衆 止 質 差 窓 天 靑 村 治 置 塔 統 板 票 品 解 幸 現 惑 化 回 後 結

(3) 성균관대 『배우기 쉬운 한국어 3, 4』

성균관대 한국어 교재 3,4에 수록된 한자 수는 764자이다. 이에 색인에 수록된 한자 142자를 빈도순으로 보이면 <표 5>와 같다.[11]

<표 5> 성균관대 배우기 쉬운 한국어 3,4

순서	빈도수	한자
1	12	業
2	11	事
3	10	行
4	9	國 場 格 動 節 人 的
5	8	學 氣 生 大 最 表 外
6	7	文 公 館 用 者 會 新 心 語
7	6	豫 書 一 中 主 高 勝 自 費

- - - - - - - - - - - - - - - - - -
11) 서울대와 동일한 방식으로 빈도수 3회 이상인 한자 142자를 추출한 것이다.

8	5	番 實 所 圖 解 理 感 現 發 登 入 出 禮 對 習 海 待 物 不 語
9	4	婚 日 演 式 連 山 話 電 驗 食 休 社 成 制 務 科 天 藥 溫
10	3	報 結 神 化 婦 就 職 授 店 分 精 注 約 多 下 親 證 試 和 失 經 決 合 紙 接 室 使 拒 便 症 傳 應 名 端 住 調 手 詞 利 金 號 煙 消 設 席 錄 年 難 勤 檢 健 世 韓 病 法 民 校 齒 低 野 舞 代 水 無 觀 期 間 子 能

<표 6> 3개 대학 공통 한자[12]

	연세대학교		서울대학교		성균관대학교	
	1	2	1	2	1	2
ㄱ	家 間 經 界 高 公 過 校 口 國 金 期 氣 勤	可 價 感 開 個 性 格 見 結 共 觀 敎 勤 禁 給 氣	家 經 高 氣 國 金 感 公 機 間 江 關	價 歌 住 敬 苦 告 慣 空 科 勤 具 口 決 紀 開 級 計 觀 期 結	氣 國 公 感 館 格 高	結 決 科 觀 拒 檢 勤 金 期 健 校 間
ㄴ	男 南 內 女 年	能	內 南 能 女	難 男 農		能 年 難
ㄷ	多 短 代 大 童 冬 東 登	談 對 回 動	談 大 對 道 代 當 度	待 德 都 獨 同 東 等	大 動 圖 對 待 登	端 多 代
ㄹ	量 旅 力 老	樂 來 歷 禮 勞 流 利 立	理 力 老 旅	樂 來 論 錄 里 立 禮 利 料	理 禮	錄 利

12) 서울대학교와 성균관대학교의 각 1항은 빈도수가 5회 이상인 경우의 한자이
며, 각 2항은 빈도수가 4회 이하인 경우이다. 빈도수가 적은 1과 2는 공통한자
를 추출하는 데 별 의미가 없어 생략하였다.

ㅁ	萬滿母 木目無 門美	賣每末 名命買 問聞明 未物文	望無物 文民	亡萬麻 務母名 面未門 命密命	文物	物	名 民務 無舞
ㅂ	半百本 父北分 不鼻	訪方發 病別法 部報	別費方 不保分	反福步嫗	報番本 部服	發不 費	分 嫗法 報病
ㅅ	事社師私産世山當色書事 山上生相書所生歲洗新實 西席先設姓式性績送所心 雪成星所申書上術乘心 世少數新視書產是室勝 首水手身信深時想設 時食心十深 收試 室心 食 手 嫗身 手 實 士成						詞授消世式試 使神成席水 社山室設失食手
ㅇ	兒愛夜業語安人安野藥園用用煙野約 然五外用要外業日院月伊豫外日藥應 右雨員意院運二院移願愛人人溫連演 月耳人以油運運語日案研語語 日入 飲位晉晉移如完入二 異儀引晉 營查入 連 由因 位 依 應						
ㅈ	子長資作場場自的籍低欌場者子 低弟在再的中者地停點展中的症接 族左傳電專節接長停卒助節主傳住 過中全節情接子情質止電自店低 重 制止電支濟電障醬 證職 住 卒 政店 制精 直 眾主精 注 注						

				證 紙		
ㅊ	千 川 天 奏 草 秋 春 出	讀 充 値	車 體 最	差 窓 天 奏 村 治 置 讀 初 出 親	最　　出	就 天 齒 親
ㅌ	土	他 通	通 特	退 塔 統		
ㅍ	乎 暴 風	表	便 乎 風 表	板 票 品	表	便
ㅎ	下 夏 學 韓 海 害 行 兄 火 會 後	限 向 現 好 婚 化 話 活 回 休	學 休 行 韓 活 下 回 會	解 幸 現 惑 化 回 後 號 婚 畵 話	學 行 會 現 海 解	下 韓 化 號 合 和 話 婚 驗 休
계	120자	120자	102	158	54	88

* 진하게 한 한자는 3개 대학 교재 공통 한자
  밑줄 친 한자는 2개 대학 교재 공통 한자

<표 6>에서 3개 대학 공통 한자와 2개 대학 공통 한자를 정리하면 <표 7>과 같다.

<표 7> 대학 교재 공통 한자

	3개 대학 교재 공통 한자	2개 대학 교재 공통 한자
ㄱ	高 公 國 金 氣 期 結 感 間 經 勤 觀	家 界 校 口 開 格 科 決 件
ㄴ	能	南 年 難 女
ㄷ	大 對 代	多 東 登 談 同 動 待
ㄹ	禮 利	旅 力 老 來 立 理　錄 樂
ㅁ	無 名 文 物	萬 母 命 未 務 民 門

ㅂ	分 發 不 報	本 方 別 部 婦 病 費 番 法
ㅅ	事 山 生 成 食 室 心 實 書 設 所 失 新 水 世 手	社 上 席 身 神 少 時 産 常 性 試 式
ㅇ	業 用 外 人 語 日 入 連	安 月 運 院 愛 一 應 藥 豫 音 異 野 位 育
ㅈ	子 自 中 場 的 電 節 低	長 族 地 作 專 全 制 卒 注 住 衆 止 接 精 證 紙 重 傳 者 職 主 店
ㅊ	天 出	靑 請 最 親
ㅌ		通
ㅍ	表	平 風 便
ㅎ	下 學 韓 行 會 現 化 休 話 婚	海 婚 活 回 解 號 後
	71자	107자

서상규 외(1998)는 국내에서 간행된 주요 한국어 교재로 이화여대 1,2, 연세대 1-6, 고려대 1-6, 한국외국어대 1,2, 가나다 1-3, 서울대 1-3, 문화부 1-3, 시사 1,2로 총 27권에서 기본 어휘를 수집하였다. 김지형(2003: 393-394)은 이 외국인 교육용 기본어휘에서 한자어 5,963개를 선정하고, 이 중 造語에 사용된 한자 1,972자를 추출하여 빈도수 12회 이상을 보이는 한자 350자를 선정하였다.

이에 본고에서 3개 대학 교재에서 추출한 한자 178자(3개 대학 교재 공통 한자 71자, 2개 대학 교재 공통 한자 107자)를 비교해 보았더니, 3개 대학 교재 공통 한자는 '連, 低' 2자를 제외한 69자가 포함되었으며, 2개 대학 교재 공통 한자는 '界, 未, 婦, 少, 位, 族, 卒, 衆' 등 8자를 제외한 99자가 포함된다. 따라서 한국어 수업 시간에 중급 교재에서 추출한 공통 한자를 학습하여도 크게 문제 되지 않음을 알 수 있다.

또한, 강현화·김창구(2001)는 전체 한국어 교재에 나타난 한자들이 얼마나 많은 한자어를 만들어 내느냐를 조사하여 조어력이 높은 한자의 목록(68자)을 구성하였다.

대(大)-71, 학(學)-65, 인(人)-57, 생(生)-53, 화(化)-44, 국(國)-43, 업(業)-42, 행(行)-42, 일(日)-40, 출(出)-40, 사(事)-37, 물(物)-33, 용(用)-33, 기(氣)-32, 발(發)-32, 지(地)-32, 이/리(理)-31, 장(場)-31, 중(中)-31, 일(一)-30, 감(感)-28, 문(問)-28, 심(心)-28, 금(金)-27, 분(分)-27, 실(實)-27, 정(定)-27, 회(會)-27, 문(文)-26, 서(書)-26, 자(自)-26, 체(體)-26, 동(動)-25, 무(無)-25, 시(時)-25, 식(食)-25, 편(便)-25, 교(敎)-24, 외(外)-24, 가(家)-23, 기(期)-23, 별(別)-23, 부/불(不)-4, 성(性)-23, 수(水)-23, 자(子)-23, 면(面)-22, 민(民)-22, 입(入)-22, 품(品)-22, 고(告)-21, 력(力)-21, 상(相)-21, 성(成)-21, 소(所)-21, 어(語)-21, 기(機)-20, 본(本)-20, 자(者)-20, 전(電)-20, 수(數)-19, 요/료(料)-19, 하(下)-19, 공(公)-18, 년(年)-18, 부(部)-18, 적(的)-18, 특(特)-18

위의 목록과 <표 6>의 목록을 비교한 결과 68자 중 41자(大, 學, 人, 生, 化, 國, 業, 行, 日, 出, 事, 物, 用, 氣, 發, 場, 中, 感, 心, 金, 分, 實, 會, 文, 書, 自, 無, 食, 外, 期, 不, 水, 子, 入, 成, 所, 語, 電, 下, 公, 的)가 3개 대학 교재 공통 한자였으며, 2개 대학 교재 공통 한자는 14자(地, 理, 一, 動, 時, 便, 家, 別, 性, 民, 力, 本, 年, 部)로 모두 55자(80.9%)가 포함됨으로써 조어력이 높은 한자 학습에도 크게 도움이 됨을 알 수 있다.

4 중국인 학습자를 위한 漢字語 교육

2008년 국내 외국인 유학생의 주요 국가별 현황을 보면, 전체 68,498명 중 중국이 52,058명으로 전체 유학생 대비 76.0%를 차지하고 있다. 그 다음으로 베트남이 1,920명(2.8%), 일본이 1,678명(2.4%), 대만이 1,667명(2.4%)으로 나타났다(2008년 교육과학기술부). 한자문화권 학생들이 80% 이상을 차지하고 있는 셈이다.[13]

이에 국내에 가장 많이 유학 온 중국인 학습자를 위한 효율적인 한자어 교육 방안을 제시하고자 한다. 중국인 학습자 대다수는 한국에서 사용하고 있는 대부분의 한자를 이해하고 있다. 따라서 중국어 한자와 한국어 한자의 차이가 나는 한자어 목록을 만들고자 경희대(2974, 56%), 성균관대(1674, 32%), 서강대(1336, 37%)[14] 등 한국어 교재에 수록된 공통 한자어 중 한국어 한자와 중국어 한자와의 相異한 한자어 122자의 목록을 만들어 유형별로 분석하였다.[15]

---

13) 이외에 몽골이 1,722명(2.5%), 기타 9,453명(13.8%)이다.
14) 성균관대 교재는 『배우기 쉬운 한국어』를 택하였으며, 한자어가 적은 이유는 실생활 회화 중심으로 만들어졌기 때문으로 본다.
15) 최순덕(2009)은 경희대 교재에서 한자어 2,974자, 성균관대 교재에서 1,459자의 한자어를 추출하고, 두 교재의 공통한자어 838자 중 중국어 한자와 상이한 단어 195자를 추출하였다. 본고에서는 서강대 교재에서 추출한 한자어 1,336자를 추출하여 3개 대학 교재에서 나온 공통된 상이한 한자어 122자의 목록을 만들었다.

<표 8> 경희대, 서강대, 성균관대 교재의 공통 한자어 중
相異한 한자어

연번	한국어	한국어 한자어	중국어 한자어	연번	한국어	한국어 한자어	중국어 한자어
1	감기	感氣	感冒	2	감상문	感想文	读后感
3	거실	居室	客厅	4	건물	建物	建筑物
5	검색	檢索	搜索, 检索	6	결혼식	結婚式	婚礼
7	경찰서	警察署	警察局	8	계기	契機	机会, 契机
9	계란	鷄卵	鸡蛋	10	고등학교	高等學校	高中
11	고등학생	高等學生	高中学生	12	고모	姑母	姑妈
13	공항	空港	机场	14	단풍	丹楓	枫叶
15	교수진	教授陣	教授团	16	대출	貸出	借出
17	교통체증	交通滯症	交通阻塞	18	답장	答狀	回信
19	고속도로	高速道路	高速公路	20	도착	到着	到达
21	공책	空冊	本子	22	동료	同僚	同事
23	과제물	課題物	课外作业	24	동창	同窓	同学, 同窗
25	남편	男便	丈夫	26	동창회	同窓會	同学会
27	농담	弄談	玩笑, 笑话	28	매번 번	每番 番	每次 号
29	맥주	麥酒	啤酒	30	면접	面接	面试
31	모집	募集	召集	32	무용	舞踊	舞蹈
33	발견	發見	发现	34	방송 방송국	放送 放送局	播放, 广播 电视台
35	방학	放學	放假	36	배우	俳優	演员
37	백화점	百貨店	百货商店	38	번호	番號	号码
39	병원	病院	医院	40	복사	複寫	复印

41	분실물	紛失物	丢失物品 失物	42	분야	分野	方面
43	분위기	雰圍氣	气氛	44	비밀번호	祕密番號	密码
45	비행기	飛行機	飞机	46	사과	謝過	道歉, 请罪
47	사진	寫眞	照片	48	산책	散策	散步
49	상담	相談	咨询	50	상대방	相對方	对方
51	서류	書類	文件	52	선물	膳物	礼物
53	선호	選好	喜好, 嗜好	54	성품	性品	品格
55	세수	洗手	洗脸	56	세탁	洗濯	洗衣
57	세탁소	洗濯所	洗衣店	58	소중	所重	珍重
59	소포	小包	包裹	60	수표	手票	支票
61	송금	送金	汇款	62	수영장	水泳場	游泳馆 游泳场
63	승진	昇進	进级	64	시계	時計	表
65	시작	始作	开始	66	시험	試驗	考试
67	식사	食事	用餐	68	식구	食口	家人
69	신부	新婦	新娘	70	신입사원	新入社員	新职员
71	안내	案內	咨询处	72	야구	野球	棒球
73	약속	約束	约定	74	여가	餘暇	余暇, 闲暇
75	여권	旅券	护照	76	역할	役割	角色
77	완주	完走	走完	78	영수증	領收證	收据
79	영화	映畫	电影	80	오전	午前	上午
81	오후	午後	下午	82	오해	誤解	误会
83	외삼촌	外三寸	舅舅	84	욕심	慾心	贪心
85	우편	郵便	邮件	86	월급	月給	月薪
87	월요일	月曜日	星期一	88	운전	運轉	驾驶
89	이사	移徙	迁移	90	일과	日課	日程
91	자전거	自轉車	自行车	92	전공	專攻	专业

93	점심	點心	**午饭**	94	제한	制限	**限制**
95	점수	點數	**分数**	96	주문	注文	**点菜**
97	주민등록증	住民登錄證	**居民身份证**	98	지각	遲刻	**迟到**
99	직장	職場	**单位**	100	책상	冊床	**书桌**
101	최선	最善	**最佳**	102	축구	蹴球	**足球**
103	축제	祝祭	**庆祝会**	104	출근	出勤	**上班**
105	치과	齒科	**牙科**	106	친구	親舊	**朋友**
107	탁구	卓球	**乒乓球**	108	통장	通帳	**存折**
109	퇴근	退勤	**下班**	110	편의점	便宜店	**便利商店**
111	풍습	風習	**习俗**	112	피곤	疲困	**疲倦**
113	하숙	下宿	**寄宿**	114	항상	恒常	**经常**
115	행사	行事	**活动**	116	형편	形便	**形势**
117	화장지	化粧紙	**手纸**	118	회식	會食	**会餐**
119	휴대전화	携帶電話	**手机**	120	휴일	休日	**休息日**
121	핵가족	核家族	**小家族**	122	흥미	興味	**兴趣**

한국 한자어와 중국 한자어의 상이한 한자어 122개를 크게 同形異義語, 異形同義語, 異形異義語 등 세 가지의 유형별로 분류하여 제시하고자 한다.16)

4.1. 同形異義語

한국 한자어와 중국 한자어의 형태는 같으나 의미가 다른 경우이다. 한국 한자어 '洗手'의 경우, 중국에서는 '손을 씻다'의 의미가 된다. 따라서 한국어 한자어인 '세수'의 의미에 대응되는 중국어 한자어로는

....

16) 同形同義語는 한국 한자어와 중국 한자어의 차이점에 해당되지 않으므로 본고에서 다루지 않았으며, 동일한 한자 형태의 간자체 역시 본 논의에서 제외하였다.

'洗脸'이 있다. 이와 같은 동형의의어의 한자어를 제시하면 아래 중국어 한자어(1)이 해당된다.

한국어 한자어	중국어 한자어(1)	중국어 한자어(2)
居室	居室(침실의 의미에 가까움)	客厅
高等學校	高等學校(주로 5년제의 전문대학)	高中
高等學生	高等學生(전문대학생)	高中学生
放學	放学(수업이 끝나고 집에 가다)	放假
寫眞	寫眞(주로 영화배우를 찍은 야한 사진)	照片
散策	散策(지팡이를 짚고 걸어 가다)	散步
書類	书类(책의 종류)	文件
選好	選好(마음에 드는 상품을 선택하다)	喜好
洗手	洗手(손을 씻다)	洗脸
小包	小包(작은 가방)	包裹
試驗	试验(주로 공학과의 실험 test)	考试
約束	約束(종속적인 의미가 강한 일방적인 약속)	约定
運轉	运转(기계, 경제 등의 운행하다)	驾驶
點心	点心(간식, 과자)	午饭
注文	注文(주석, notes)	点菜
點數	点数(인원수를 확인하다)	分数
祝祭	祝祭(제사 지낼 때 빌다)	庆祝会

4.2. 異形同義語

한국 한자어와 중국 한자어의 형태는 다르나 의미가 같은 경우로 크게 部分異形同義語와 完全異形同義語로 분류할 수 있는데, 많은 한자어가 이에 해당된다.

(1) 部分異形同義語

感氣 建物 檢索 警察署 契機 高等學校 高等學生 敎授陣 貸出 姑母 交通滯症 高速道路 到着 同僚 同窓 同窓會 每番 面接 募集 舞踊 發見 放學 百貨店 番號 病院 複寫 紛失物 秘密 番號 飛行機 散策 相對方 選好 性品 洗手 洗濯 洗濯所 小包 手標 水泳場 昇進 新婦 新入社員 案內 約束 餘暇 領收證 午前 午後 慾心 郵便 月給 移徙 日課 自轉車 遲刻 最善 齒科 便宜店 風習 疲困 恒常 形便 會食 休日 興味 核家族

(2) 完全異形同義語

空港 丹楓 結婚式 鷄卵 答狀 俳優 分野 謝過 寫眞 相談 送金 放送局 映畵 完走 月曜日 運轉 外三寸 點心 制限 住民登錄證 冊床 親舊 携帶電話 弄談

4.3. 異形異義語

한국 한자어와 중국 한자어의 형태와 의미가 다른 경우로 크게 部分異形異義語와 完全異形異義語로 분류하였다.

(1) 部分異形異義語

始作 試驗 麥酒 野球 誤解 專攻 蹴球 祝祭 卓球 下宿 化粧紙 點數

(2) 完全異形異義語

感想文 居室 空冊 男便 雰圍氣 寫眞 相談 書類 膳物 所重 時計
食事 役割 旅券 注文 職場 出勤 通帳 退勤 行事 完走

정리

지금까지 외국인 학습자를 위한 어휘교육의 방안으로 한국어 교재
에 공통으로 수록된 한자 및 한자어를 분석하여 비한자문화권 학습자
와 중국인 학습자들에게 어휘력을 신장시킬 수 있는 한자 및 한자어에
대해 고찰하였다. 한국어 교재에 나타난 어휘 중 40% 이상이 한자이므
로 효율적인 한국어교육을 이루기 위해서는 한자 교육이 필수적으로
이루어져야 하며, 한국어 교재를 통해 어떤 한자를 어떻게 가르칠 것
인가에 대한 방안을 제시하였다.

우선, 비한자문화권의 외국인 학습자들에게 한국어교육을 효율적으
로 가르치기 위해서는 어휘력 신장이 필요하고, 이를 위해서는 한자
교육을 해야 함을 제시하였다. 한자 교육의 필요성에 대해서는 누구나
공감하는 사항인데, 문제는 배우기 어려운 한자를 얼마만큼의 양을 어
떤 방법으로 가르쳐야 할 것인가이다. 이에 한자 교육을 별도로 운영
하는 것이 좋지만 그렇지 못한 대학이 많으므로 한국어 정규 수업 시
간에 한자를 가르치도록 한국어 중급 교재에 수록된 한자를 빈도순으
로 추출하여 공통 한자 목록을 제시하였다.

또한, 국내 외국인 유학생의 주요 국가별 현황을 보면, 전체 유학생
중 76%를 중국 유학생이 차지하고 있다. 중국인 학습자들은 한국에서

사용하고 있는 대부분의 한자를 이해하고 있다. 따라서 중국어 한자와 한국어 한자의 차이가 나는 한자어 목록을 만들 필요가 있어 한국어 교재에 수록된 공통 한자어 중 한국어 한자와 중국어 한자와의 相異한 한자어 122자의 목록을 만들어 유형별로 분류하여 제시함으로써 중국인 학습자에게 효율적인 한자어 학습안을 제시하였다. 즉, 중국인 학습자가 한자는 알아도 한국어에서 사용되는 한자어와 다르므로 이에 대한 한자어를 이해하도록 유형별로 분류하여 제시하였다.

이번 연구를 토대로 후속 논문에서는 비한자문권의 학습자와 중국인 학습자로 나누어 보다 구체적이고 심층적인 어휘 신장 방안에 대한 연구를 진행할 것이다.

참고문헌————————————————————————

강현화(2001), "한국어교육용 기초 한자어에 대한 기초 연구: 한국어 교재에
　　　　　나타난 어휘를 바탕으로", 「한국어교육」 12-2, 국제한국어교육
　　　　　학회, 54.

강현화·김창구(2001), "어휘력 신장을 위한 기본 한자어의 조어력 조사",
　　　　　「말」 25·26, 연세대학교 한국어학당, 190-196.

김연옥(2007), "놀이 학습자를 활용한 초등학교 한자교육의 방법", 현장학습
　　　　　중심의 한자 교육 사례 발표, 한국어문교육연구회, 1-27.

김정남(2005), "한국어교육에서의 한자교육의 위상과 방향", 한국어문교육연
　　　　　구회, 399-424.

김중섭(1997), "外國人을 위한 한국어 漢字敎育 硏究", 「어문연구」 95, 한국
　　　　　어문교육연구회, 95-113.

＿＿＿＿(2008), 『한국어교육의 이해』, 한국문화사.

김지형(2003), "외국인 학습자를 위한 교육용 기초한자의 선정", 「어문연구」
　　　　　118, 한국어문교육연구회, 377-402.

문금현(2003), "한국어 어휘 교육을 위한 한자어 학습 방안", 「이중언어학회」
　　　　　23, 13-35.

范琦慧(2002), "韓中 同形 漢字 語彙에 대한 比較 考察", 전남대학교 대학원
　　　　　석사논문.

오성애(2008), "중국인 한국어 학습자를 위한 한국 한자와 한자어 교육의 기
　　　　　초 연구", 「새 국어교육」 79, 한국국어교육학회, 255-279.

정승혜(1998), "외국인을 위한 국어 한자 교육 연구", 이화여자대학교 석사논
　　　　　문.

鄭有眞(2002), "중국어와 한국 한자어 비교분석: 語彙를 중심으로", 동국대학
　　　　　교 교육대학원 석사논문.

조현용(1999), "한국어 어휘교육과 어원교육", 「어원연구」 2, 한국어원학회.

陳榮心(2003), "韓中語彙 比較에 關한 硏究", 대구가톨릭대학교 대학원 석사
　　　　　논문.

최상진(2006), "21세기 현대사회와 한자", 漢字 敎授 學習 방법의 이론과 실
　　　　　제, 한국어문회, 1-39.

韓在永(2003), "外國語로서의 한국어 漢子敎育을 위한 기초적 연구: 비한자
　　　　문화권 학습자를 대상으로", 「어문연구」 31-4, 한국어문교육연
　　　　구회, 557-586.
건국대언어교육원(2005), 『한국어 1, 2』, 건국대학교출판부.
　　　　　　　　　(2007), 『한국어 3, 4』, 건국대학교출판부.
경희대언어교육원(2007), 『한국어초급Ⅰ,Ⅱ, 중급Ⅰ,Ⅱ, 고급Ⅰ,Ⅱ』, 경희대
　　　　학교.
서강한국어교육원(2004), 『서강한국어1A,B, 2A,B, 3A,B』, 서강대학교.
서울대 언어교육원(2000), 『한국어 1-4』, 문진미디어.
성균어학원(2006), 『배우기 쉬운 한국어 1-6』, 성균관대학교.
연세 한국어학당(2006), 『한자와 함께 배우는 한국어 1,2』, 연세대학교.

한국어 피동·사동 표현의
효율적인 교육방안 연구
한국어 문법서 및 교재의 제시방식과
학습자 오류 유형을 중심으로

 한국어 피동·사동의 교육 방안 모색

한국어교육의 대상은 주로 이미 모국어를 습득한 외국인들이고 이
들에게 한국어는 제2 언어로서의 한국어 또는 외국어로서의 한국어
정도의 개념으로 받아들여지고 있다. 따라서 한국어를 학습함에 있어
의식적이건 무의식적이건 간에 이미 내재화된 모국어 문법 체계의
영향을 받는 것은 불가피하다. 때문에 어린 아이가 언어를 처음 접하
고 습득해가는 것과는 그 출발부터가 다르다. 이는 한국어교육을 이
해하고 그 방법을 연구해 가는 데 있어 가장 기본적인 전제가 되어야
한다.

이미 한국어교육 현장에서는 교수 단계를 막론하고 문법 교육이
그 중심에 서 있다. 청각 구두식 교수법이나 의사소통중심 언어 교수
법 등 시기별로 그 이론적 배경에 따라 교수법과 교재의 표현방식이
변화하긴 하였으나 결국 학습자에게 전달되는 학습 내용의 기반은

한국어 문법이다.[1] 따라서 한국어 문법교육에 대한 개별 연구가 지속적으로 이루어져야 한다.

국어의 피동과 사동에 대한 논의는 오랫동안 지속되어 왔다.[2] 그러나 한국어교육에서는 다른 문법 범주에 비해 비교적 단순하게 이를 다루어 왔고 다양한 교육방안의 검토도 부족한 실정이다. 이에 본고는 한국어 교육 문법의 개별 연구로서 피동·사동에 대해 보다 심층적으로 논의해보고자 한다. 먼저 한국어 교육 문법서에서 피동·사동 표현을 어떻게 기술하고 있는지 살피고 한국어 교재에 제시된 설명 방식을 고찰할 것이다. 또한 학습자 오류를 바탕으로 기존 한국어 피동·사동 교육방식의 문제점을 지적하여 한국어 피동·사동의 보다 효율적인 교육방안을 모색해 보고자 한다.

---

1) 의사소통중심 언어 교수법(Communicative Language Teaching)에서는 외국어 학습의 목표가 문법적인 능력의 향상이 아니라 의사소통 능력의 향상에 있기 때문에 의사소통 능력의 모든 부분을 그 구성 요소로 하고 있다. 또한 학습자의 유의적인 언어 사용을 위해 유창성이 더 강조되기도 한다. 그러므로 지나치게 반복적인 문법 연습을 지양하고 학습자가 해결해 나가는 과정을 더욱 중요하게 보고 있다. 그러나 반복적인 문법 연습을 지양한다고 해서 언어교육 과정에서 문법을 간과해도 된다는 것은 아니다. 결국 문법의 내재화가 전제되어야 유창한 표현도 가능해지기 때문이다.

2) 우인혜(1997)에 의하면 국어 문법의 기술에서 피동법 논의가 Ridel(1881)과 Underwood(1890) 등 서양인 문법서에서 시작되었다고 한다. 주로 서양 문법에 나타난 피동태(passive voice)에 대응하는 국어 문법의 피동성 형태들을 추출하여 피동형의 범주를 설정하였다는 것이다. 또한 국내 학자로서는 김규식(1908), 유길준(1909), 주시경(1910)을 거쳐 최현배(1937)에 이르러 본격적인 단계에 들어섰다고 밝히고 있다.

2 한국어 교육 문법의 개념

본격적인 피동·사동에 대한 논의에 앞서 한국어 교육 문법의 개념을 간단히 살펴보고자 한다. 이는 한국어 교육 문법의 개념이 하위 연구들의 전제가 되기 때문이다.

일반적으로 문법은 이론 중심의 학문 문법과 실용 문법으로 나뉜다. 우형식(2006)에서는 문법을 '추상적 실체로서의 문법'과 '구체적 기술로서의 문법'으로 나누고, 후자를 다시 이론 중심의 학문 문법과 실용 문법으로 구분하였다. 또한 실용 문법을 다시 규범문법과 교육 문법으로 재분류하고 교육 문법을 국어 문법과 한국어 문법으로 구분하였다. 한국어 교육 문법을 국어 교육 문법과 같은 위상으로 실용 문법인 교육 문법 안에 포함시킨 것이다.3)

백봉자(1999)는 교육 문법은 전통적인 규범 문법에 근거하여 통일된 체계를 가진 문법이어야 함을 전제하고, 이를 위해서는 무엇보다도 의사소통적 체계 안에서의 문법 이론이 도출되어야 하며, 그 이론과 규칙은 교육 문법의 최종 목표인 언어 생산을 할 수 있는 것으로 이어져야 한다고 지적했다.

강현화(2006)에서는 한국어 교육 문법을 논할 때 관점에 따라 고려해야 할 문법 내용을 몇 가지로 지적하였다. 교사 문법과 학습자 문법, 이해 문법과 표현 문법, 문어 문법과 구어 문법, 교수 문법과 참고 문법의 구별이 그것이다.

----

3) 대체로 한국어교육에서의 문법이 실용 문법의 교육 문법으로 구분되는 데는 별다른 이견이 없다. 그러나 국어 교육 문법과 한국어 교육 문법을 구분할 필요는 없으며 단지 교육 방법론적인 차원에서 그 차이를 다뤄야 한다는 의견도 있다.

또한 국립국어원(2005)에서는 한국어교육의 목표를 한국어로 논리적이고 정확한 의사소통을 하는 것으로 잡고 외국어로서 한국어를 교수-학습하기 위한 문법의 범위에 '단어', '문장', '문법 요소의 기능과 의미' 뿐 아니라 '말의 소리', '담화'까지 포함하여 설명하고 있다.

지금까지 살펴본 바대로 비교적 최근의 연구들은 한국어 문법을 실용 문법(또는 학교문법)의 하위로 분류하면서 국어 문법과 구별되는 것으로 그 구체적 특성을 지적하고 있다. 본고 또한 이러한 입장과 크게 다르지 않다. 그러나 국어 문법과 한국어 문법의 구분은 언어 내용적인 측면이 아니라 접근법의 측면에서 다루어야 한다는 점을 간과해서는 안 된다. 서론에서도 밝혔듯이 국어 문법과 한국어 문법은 그 대상과 목적이 다르다. 따라서 문법에 접근하는 방식과 설명 방법이 달라야 한다. 그러나 접근 방식과 설명 방식이 다르다고 해서 한국어의 내용이 달라지는 것은 아니다. 따라서 한국어의 본질을 훼손하지 않고 학습자에게 그 내용을 충실히 전달할 수 있는 효율적인 한국어 교육방안의 전제가 되는 것이 바로 한국어 문법의 가장 확실한 개념이라고 할 수 있다. 이에 본고는 이러한 한국어 문법의 기본 개념을 바탕으로 효과적인 피동·사동 교육을 위한 논의를 진행할 것이다.

3 한국어 문법서와 교재에 제시된 피동과 사동

학습자들이 언어 보편적인 피동·사동의 개념을 받아들이고 이해하는 것은 그리 어려운 일이 아니다.[4] 그러나 본고 5장에 제시된 한국어 학습자들의 오류 유형을 살펴보면 피동·사동이 이렇듯 단순하게 제시되는 것으로 끝나서는 전혀 생산적인 결과를 얻지 못함을 알 수 있다.

피동·사동이 언어 보편적이라는 것은 그만큼 한국어 학습자들에게 중요한 생산적 문법체계라는 것을 의미하기도 한다. 즉, 이미 내재된 모국어처럼 학습한 한국어에서도 피동·사동 표현 욕구가 강할 것이기 때문이다. 그러나 한국어의 피동·사동의 개념을 쉽게 이해했다고 하여 그 사용이 쉬운 것은 아니다. 5장의 다양한 학습자 오류가 이를 증명한다.

따라서 본 장에서는 한국어 문법서에 제시된 피동과 사동에 대한 기술을 정리해보고 한국어 교재에서 어떻게 구현되고 있는지 살펴볼 것이다. 이는 학습자들의 피동·사동 오류의 원인을 분석하여 보다 효과적인 피동·사동 교육 방안을 마련하는데 기초가 될 것이다.

3.1. 한국어 문법서에 제시된 피동과 사동

백봉자(1999)[5]에서는 한국어의 피동은 영어와 달리 문법 규칙에 의

---

4) 백봉자(2001)는 한국어에서 피동과 사동은 문장 표면에 나타나는 어휘와 구문 규칙에 의해서 해결할 수 있는 것일 뿐, 한국어 본질 속에 숨겨진 어떤 내면적 이론이 있다거나 한국인의 독특한 사고 구조에서 일어나는 현상은 아니라고 하였다. 따라서 피동/사동의 문제는 존대법이나 시제 문제, 조사나 어미의 사용법처럼 한국어 학습자에게 크게 부담이 되는 것은 아니라는 것이다.
5) 백봉자(1999), 『외국어로서의 한국어문법사전』는 한국어 학습자 및 교육자들에게 실질적인 도움을 주고자 만들어진 최초의 체계적인 한국어 문법서라고 할 수 있다. 기존 국어학의 이론을 한국어교육 실정에 맞게 재편하려는 시도를 통해 한국어 문법에 대한 새로운 관점과 기술의 틀을 제시해 주었다. 따라서 현재까지도 많은 연구와 교재, 교육 현장에 인용되고 있다. 그러나 이러한 성과

하지 않고 동사 파생에 의해 이루어진다고 설명하고 있다. 또한 피동사는 일부 동사의 어간에 피동형 어미('-이/리/기/히')를 붙여 만든다고 밝히고 여기에는 일정한 규칙이 없으므로 어휘단위로 기억해야 한다는 학습 및 교육의 유의점을 덧붙였다. 동사파생에 의한 피동 외에도 보조동사 '-아/어 지다, -게 되다'에 의한 피동표현도 소개하였다.

사동에 대한 기술도 같은 방식으로 사역형 어미('-이, -히, -기, -리, -우, -추, -구')를 붙여 만든다고 설명하고 있다. 또한 피동과 마찬가지로 어미 결합에 일정한 규칙이 없으므로 어휘 단위로 기억해야한다 것과 보조동사 '-게 하다'를 붙인 형태도 함께 제시하였다.[6]

이러한 기술은 국어교육에서 통용되는 것과 크게 다르지 않다. 또한 이미 사전에 등재되어 있을 정도로 어휘화된 피동사의 파생규칙을 설명하는 것은 어려운 일이다. 그러나 이러한 상황을 감안한다고 하더라도 단순히 어휘 단위로 기억해야 한다는 설명만으로는 부족하다. 또한 피동 형태와 사동형태가 동일하여 구분하기 어려운 경우나 사동 형태를 분명하게 드러내고 싶을 때는 보조 동사 '-어 주다'를 덧붙인다는 설명과 함께 (1가)와 같은 예를 들고 있는데 이 또한 문제의 여지가 있다. (1가)은 원동사의 어간에 '-아/어 주다'가 붙는 것이 아니라 피동 또는 사동 접사가 붙은 후에 보조동사가 결합하는 것으

에도 불구하고 본 연구에서는 논의를 진행하기 위해 문제제기에 초점을 맞췄음을 미리 밝힌다.

6) 또한 사동문의 문장 구조를 다음과 같이 몇 가지 유형으로 나누어 제시하고 있다.
  ㉠ 목적어가 하나만 있는 경우 : N이/가 N을/를 Verb(사동사)
  ㉡ 직접 목적어, 간접 목적어가 있고 간접 목적어가 사람이어서 조사 '-에게'를 쓰는 경우 : N이/가 N에게 N을/를 Verb(사동사)
  ㉢ 간접 목적어 이외의 명사구가 필요한 경우: N이/가 N을/를 N에/로 Verb(사동사)

로 사동의 형태를 분명해졌다기보다는 기존의 피동·사동형에 보조
동사가 덧붙어서 의미변화가 일어나는 것으로 봐야한다.

그렇다면 (1나)와 같이 원동사에 바로 결합할 때 생기는 형태와의
의미차이 또한 설명해야 할 것이다. 이 때 '보여 주다'와 '보아 주다'
처럼 태가 달라지는 것과 '씻겨 주다'와 '씻어 주다'처럼 유사한 의미
를 갖는 것의 차이를 설명해야 하는 어려움이 있다. 또한 결합이 가
능한 동사 형태에 대해 구체적인 설명이 있어야 한다. '-아/어 주다'
의 경우 대부분의 동사에 대부분 결합하여 그 의미를 보충할 수 있기
때문이다.

(1) 가. 보이다-보여 주다   씻기다-씻겨 주다   들리다-들려 주다   먹이다-먹여 주다
    나. 보다- 보아 주다   씻다- 씻어주다   듣다- 들어주다   먹다- 먹어 주다

국립국어원(2005)[7]도 접사를 붙여 피동과 사동을 만든다는 기본적
인 설명은 백봉자(1999)와 같다. 다만 보조 동사를 붙여 만드는 피동
에서 백봉자(1999)와 다르게 '-게 되다'를 인정하지 않고 '-아/어 지
다'만을 제시하고 있는 것이 특징이다.

또한 피동·사동 접사에 따른 파생규칙을 밝혀 문법 범주화를 시
도하였다. 이는 이전에 피동·사동 형태를 단순 암기하는 것에서 벗
어나 보다 생산적인 학습방법을 제시하였다고 할 수 있다. 그러나 예
외가 있고 설명이 명확하지 않아 자칫 학습자의 혼란을 가중시킬 수

----

7) 국립국어원(2005), <외국인을 위한 한국어 문법>은 최근에 만들어진 문법서로
   문법편과 용례편 두 권으로 구성되어 있다. 특히 용례편을 따로 만들어 많은
   예를 보이고 있어 한국어교육 현장에서 많이 이용되고 있다. 또한 국가기관에
   서 발간하였으므로 그 영향력이 적지 않음을 예상할 수 있다.

도 있다. (2)는 국립국어원(2005)에서 제시한 피동접사가 붙는 규칙인데 설명이 어려워 학습자들이 그대로 받아들이기에는 무리가 있어 보인다.

(2) 가. '-이-'가 붙는 경우 : 주로 모음으로 끝나는 동사이거나 받침이 'ㄱ, ㅎ'인 동사 (예, 놓이다, 묶이다, 쓰이다, 파이다)

　　나. '-히-'가 붙는 경우 : 'ㄱ, ㄷ, ㅂ, ㅈ, ㅊ' 등을 받침으로 갖는 동사 (예, 먹히다, 닫히다, 잡히다, 밟히다)

　　다. '-리-'가 붙는 경우 : 'ㄹ' 받침을 갖는 동사와 '걷다, 듣다'와 같은 'ㄷ'불규칙 동사, '누르다, 자르다'와 같이 어간의 마지막 음적이 '르'인 동사 (예, 눌리다, 들리다, 물리다, 밀리다, 풀리다)

　　라. '-기-'가 붙는 경우 : 받침이 유성자음(ㄴ,ㄹ)이거나 'ㅅ'인 동사 (예, <u>감기다</u>, 끊기다, 안기다, <u>찢기다</u>)

그리고 피동 접사가 결합하지 못하는 동사를 수여동사('주다, 받다, 드리다, 바치다'), 수혜동사('얻다, 받다, 잃다, 돕다'), 대칭동사('만나다, 닮다, 싸우다'), 경험동사('배우다, 느끼다, 바라다'), 'ㅣ'로 끝나는 동사('이기다, 던지다, 지키다, 때리다'), '-하다' 동사('노래하다, 도착하다, 출발하다'), 사동사('먹이다, 입히다, 날리다, 숨기다, 세우다, 낮추다') 등으로 구분하여 설명하고 있다.

그러나 '잃다'가 수혜동사로 구분된 것이나 경험동사의 범위 등이 애매하여 명확한 기준을 제시한다고 보기는 어렵다. 다만 어느 정도의 유형성을 보여준다고 할 수 있다. (2)의 설명 뒤에도 동사를 사동접사가 붙을 수 있는 말과 그렇지 못한 말을 구분하는 뚜렷한 기준은 없다는 기술을 덧붙임으로써 이미 그 어려움을 인정하고 있다. 또한

사동사를 피동접사가 결합하지 못하는 동사로 제시한 것은 그 의도
와 효과가 불분명해 보인다.

사동 접사가 결합하지 못하는 동사도 사동사만 제외하고 피동의
경우와 동일하게 수여동사, 수혜동사, 대칭동사, 경험동사, 어간 말음
'ㅣ'동사, '-하다'동사로 구분하였다. 그러나 이 역시 논란의 여지가
많다. 특히 어간 말음 'ㅣ' 동사의 경우 사동 접사 결합이 불가능하다
는 주장과 함께 예로 '이기다, 던지다, 지키다, 때리다'를 제시하였다.
그러나 이와는 달리 똑같은 조건하에서도 다음과 같이 많은 예에서
사동 접사와의 결합을 쉽게 찾을 수 있다.

(3) 가. 잠을 깨우다

나. 집을 비우다

다. 짐을 지우다

라. 살을 찌우다

마. 꽃을 피우다

(3)의 예들은 모두 어간 말음'ㅣ'동사와 사동 접사 '우'의 결합을 보
여주고 있다. 이것은 또한 주동사에 사동 접사 두 개를 겹쳐 쓰는 예
로 제시한 (4)와 연관지어 생각해 볼 수 있다.

(4) 가. 세우다(서+ㅣ우), 재우다(자+ㅣ우), 태우다(타+ㅣ우), 채우
다(차+ㅣ우)

나. 키우다(크+ㅣ우)

(3)과 (4)를 살펴보면 어간 말음이 'ㅣ'인지 아닌지가 중요한 것이

아니라 'ㅣ우' 형태의 사동 접사에 초점이 맞춰져야 할 것이다. 따라서 사동접사 '이'와 '우'가 겹쳐쓰였다는 설명보다는 'ㅣ우'형태 자체를 사동 접사를 설정하고 어간 말음이 'ㅣ'일 때는 'ㅣ우'와 만나 'ㅣ'가 하나로 축약되는 것으로 설명하는 것이 더 자연스럽다.

또한 위에서 제시한 사동 접사 외에도 드물지만 '-애-', '-시-', '-으키-', '-이키-'와 같은 특이한 사동 접사가 동사나 형용사에 붙는 경우로 (5)를 제시하였다. 그러나 이 경우에는 각각 어휘가 하나씩뿐이다. 따라서 이들 동사는 어휘화한 것으로 보고 사동사에 의해 파생된 사동사와는 구분하는 것이 일반적이다.

(5) 가. '-애-' : 없다 → 없애다

나. '-시-' : 젖다 → 적시다

다. '-으키-' : 일다 → 일으키다

라. '-이키-' : 돌다 → 돌이키다

3.2. 한국어 교재에 제시된 피동과 사동

앞서 한국어 문법서의 피동·사동에 대한 설명 방식을 살펴보았다. 본 장에서는 한국어 교제의 피동·사동 제시형태를 살펴볼 것이다.[8]

---

8) 본 연구에서 분석 대상으로 삼은 한국어 교재는 다음 세 가지이다.
서울대학교 언어교육원(2000), <한국어3>, 문진미디어.
국제교육원(2000), <한국어 중급1>, 경희대학교 출판국,
성균어학원(2004), <배우기 쉬운 한국어3>, 성균관대학교 출판부.
이화여자대학교 언어교육원(2000), <말이 트이는 한국어 Ⅲ>, 이화여자대학교출판부.
위의 교재들은 모두 2000년 이후에 나온 통합교재이면서도 피동·사동이 제

1) 서울대학교 언어교육원(2000), 〈한국어3〉.

-피동 표현 : V - 이/히/리/기

바다가 보입니다. (나는 바다를 봅니다.)
주소가 바뀌었어요. (나는 주소를 바꾸었어요.)
도둑이 경찰에게 잡혔어요. (경찰이 도둑을 잡았어요.)
- 예문 중략 -

이	히	리	기
놓다 - 놓이다	닫다 - 닫히다	걸다 - 걸리다	끊다 - 끊기다
바꾸다 - 바뀌다	읽다 - 읽히다	듣다 - 들리다	안다 - 안기다
보다 - 보이다	막다 - 막히다	열다 - 열리다	쫓다 - 쫓기다
쓰다 - 쓰이다	잡다 - 잡히다	팔다 - 팔리다	
잠그다 - 잠기다			

-사동 표현 : (1) N을/를 V-이/히/리/기/우 ← N이/가 V

철수가 영희를 울려요.　　　　　　(←영희가 울어요.)
고양이가 쥐를 죽였어요.　　　　　(←쥐가 죽었어요.)
내가 친구를 웃겼어요.　　　　　　(←친구가 웃었어요.)

- 예문 중략 -

....
시된 단계가 3급으로 동일하여 분석 대상으로 삼았다. 다른 의도는 없으며 여타의 교재들에서도 별다른 특이점을 발견할 수 없었기에 연구의 편의상 위의 세 교재만을 논의의 대상으로 하였다.

(2) N에게 N을/를 이/히/리/기/우 ← N이/가 N을/를 V

어머니가 아이에게 우유를 먹여요.　　(←아이가 우유를 먹어요.)
선생님께서 학생들에게 책을 읽혀요.　(←학생들이 책을 읽어요.)

- 예문 중략 -

이	히	리	기	우
먹다-먹이다	읽다-읽히다	알다-알리다	벗다-벗기다	자다-재우다
죽다-죽이다	입다-입히다	울다-울리다	신다-신기다	서다-세우다
붙다-붙이다	앉다-앉히다	돌다-돌리다	웃다-웃기다	타다-태우다
끓다-끓이다	눕다-눕히다	살다-살리다	맡다-맡기다	쓰다-씌우다
보다-보이다	맞다-맞히다	놀다-놀리다	감다-감기다	깨다-깨우다
		걷다-걸리다	씻다-씻기다	

(3) v-게 하다

어머니가 아이에게 과일을 사 오게 했어요.
형이 동생에게 방 청소를 하게 했다.
선생님은 내 친구를 연구실로 오게 하셨습니다.

- 예문 중략 -

　피동 표현과 사동 표현의 문형을 제시하고 있으나 단순히 동사에
결합된다는 것만 보여줄 뿐 피동 표현과 사동 표현의 문법적 특징은
설명되어 있지 않다. 또한 학교문법과 달리 사동 접사에서 '구'와 '추'
를 제외한 것이 특징이다. 이들 접사가 결합한 예가 많지 않기에 제

외한 듯하다. 그리고 각각의 피동 접미사와 사동접미사 별로 결합하는 어휘를 제시하고 있는데 단순히 몇 가지 예만 든 것인지 빈도가 높고 중요한 어휘들을 뽑아서 제시한 것인지 알기 어렵다. 물론 교사가 수업 시간에 더 많은 어휘의 예를 들어 설명하겠으나 교재에 제시된 내용만으로 볼 때는 학습자들이 이 같은 어휘를 단순히 외우면 되겠다는 생각을 유도할 수 있다고 본다.

2) 경희대학교 국제교육원(2000), 〈한국어 중급1〉.

- 피동

유형	피동접사	피동사
단형피동	-이-	보이다, 놓이다, 쌓이다, 쓰이다,……
	-히-	잡히다, 읽히다, 먹히다, 닫히다, **뽑히다**,……
	-리-	들리다, 밀리다, 열리다, 떨리다, 풀리다,……
	-기-	쫓기다, 안기다, 끊기다, 찢기다, **빼앗기다**,……
장형피동	-아/어지다	써지다, 깨지다, 풀어지다, 이루어지다, 켜지다, 꺼지다,……

- 사동

유형	사동접사	사동사
단형사동	-이-	죽이다, 먹이다, 속이다, 보이다, 줄이다, 붙이다, 높이다,……
	-히-	익히다, 앉히다, 읽히다, 업히다, 좁히다, 넓히다, 밝히다,……
	-리-	날리다, 돌리다, 울리다, 살리다, 얼리다, 놀리다, 알리다,……
	-기-	웃기다, 남기다, 숨기다, 감기다, 벗기다, 맡기다,……
	-우-	지우다, 깨우다, 비우다, 재우다, 채우다, 태우다,……
장형사동	-게 하다	먹게 하다, 가게 하다, 오게 하다, 밝게 하다, 슬프게 하다,……

앞서 살펴본 <한국어3>과는 다르게 장형의 피동·사동 형태까지 한 번에 같이 제시하고 있다는 것이 특징이다. 이는 한국어 피동·사동의 전체적인 체계를 이해하는데 도움을 줄 수 있을 것이다. 그러나 접사별로 어휘만 나열했을 뿐 문법적 설명이나 문형 제시가 전혀 이루어지지 않고 있다. 철저하게 어휘 암기식을 택했다고 할 수 있다. 이는 학습자들이 실제로 피동 표현과 사동 표현을 사용하는 데 큰 도움을 주기는 어려워 보인다.

3) 성균어학원(2004), 〈배우기 쉬운 한국어3〉

　- 피동 : Vst-게 되다

급하게 읽어야 할 책은 직접 서점에 가서 사게 된다.
그 영화를 보고 많은 것을 느끼게 되었습니다.

　- 사동사

이: 먹이다　보이다　　죽이다　속이다　줄이다　녹이다　붙이다　높이다
히: 넓히다　밝히다　좁히다　앉히다　익히다　입히다
리: 돌리다　살리다　얼리다　올리다　알리다
기: 남기다　숨기다　웃기다　맡기다　벗기다　감기다
우: 깨우다　비우다　세우다　재우다　채우다　돋우다　씌우다
구: 떨구다
추: 낮추다　늦추다　맞추다

- 피동

이: 보이다   쓰이다   놓이다   섞이다   쌓이다
히: 닫히다   잡히다   뽑히다   밟히다   묻히다
리: 들리다   열리다   물리다   밀리다   풀리다
기: 쫓기다   빼앗기다 안기다   담기다

<한국어 중급1>과 마찬가지로 어휘제시로 끝나고 있으나 피동·사동의 제시 순서가 다르고 '-아/어지다'와 '-게 하다'를 제시하지 않은 것이 특징이다. 또 앞서 살핀 두 교재와는 달리 사동 접사에 '구'와 '추'를 포함하고 있다.

4) 이화여자대학교 언어교육원(2000), 〈말이 트이는 한국어 Ⅲ〉

- 사동사(먹이다, 입히다, 재우다)

- 그림 생략 -

어머니는 아기한테 밥을 먹입니다. 그리고 아기를 재웁니다.

먹다/먹이다,   입다/입히다,   남다/남기다,   얼다/얼리다,   타다/태우다,   쓰다/씌우다
늦다/늦추다,   신다/신기다,   자다/재우다,   녹다/녹이다,   앉다/앉히다,   끓다/끓이다

- 게 하다

사장님은 김수민 씨에게 결재 서류를 가져오게 했습니다.

- 어/아지다, -되다

에펠탑은 1889년에 세워졌습니다.

발견하다/발견되다
개발하다/개발되다

- 피동사 (보이다, 열리다)

- 그림 생략 -

보다/보이다, 닫다/닫히다, 켜다/켜지다, 열다/열리다, 흔들다/흔들리다,
떨어뜨리다/떨어지다, 깨뜨리다/깨지다

　피동·사동 표현을 구성하는 문법 설명없이 바로 그림과 예문을 제
시하고 뒤이어 본동사와 피동·사동형을 짝지어 제시하였다. 사동접사
'-구'와 피동접사 '-기'를 제시하지 않고 있으며 학교 문법과 달리 '-뜨
리'가 붙는 동사 '떨어뜨리다'와 '깨뜨리다'를 피동사로 구분한 것이 특
징이다. 아무런 유형성이 없이 산발적으로 제시된 어휘로 인해 학습자
들의 혼란을 야기할 가능성이 커 보인다.

　다음 <표1>은 앞서 살펴본 한국어 교재에 제시된 피동·사동 표
현의 제시 여부와 방법을 비교해 놓은 것이다.

<표1> 한국어 교재에 제시된 피동·사동 표현

교재 피동·사동 표현			서울대 <한국어3>		경희대 <한국어중급1>		성균관대 <배우기쉬운 한국어3>		이화여대 <말이 트이는 한국어Ⅲ>	
			제시여부	제시방법	제시여부	제시방법	제시여부	제시방법	제시여부	제시방법
피동	형태적 피동	-이-	O	단순형태, 어휘	O	어휘	O	어휘	O	어휘
		-히-	O		O		O		O	
		-리-	O		O		O		O	
		-기-	O		O		O		X	
	통사적 피동	-아/어지다	X		O	어휘	X		O	어휘
		-게 되다	X		X		O	단순형태	O	어휘
사동	형태적 사동	-이-	O	자동사와 타동사를 구별하여 목적어와 결합, 어휘	O	어휘	O	어휘	O	어휘
		-히-	O		O		O		O	
		-리-	O		O		O		O	
		-기-	O		O		O		O	
		-우-	O		O		O		O	
		-구-	X		X		O		X	
		-추-	X		X		O		O	어휘
	통사적 사동	-게 하다	O	단순형태	O	어휘	X		O	어휘

<표1>을 보면 우선 제시된 피동·사동 표현의 범위가 각 교재별로 정확히 일치하지 않고 조금씩 다름을 알 수 있다. 교재마다 제시하고 있는 피동·사동 표현이 다른 것은 위의 표현들을 어디까지 피동과 사동의 문법 범주에 포함시켜 교수할 것이냐는 문제와 연관된다. 즉 생산성이 떨어지는 표현들을 생략하여 교육내용을 단순화시킬 것인지 아니면 최대한 다양한 표현들을 범주화하여 제시할 것인지가 명확해야 교재의 내용이 일관성을 지니게 된다는 것이다. 교재에서

모든 내용을 다 포함하는 것이 비현실적이라는 쉽게 추정할 수 있다. 그렇다하더라도 교재에서 지나치게 내용을 단순화한다면 강사의 수업 부담이 늘고 예외에 대한 경험이 부족한 학습자들이 더 많은 오류를 만들어낼 수도 있다.

각 교재별 피동·사동 표현의 제시 방법은 단순 형태와 어휘를 제시하는 것으로 일률적이다. 서울대<한국어3>에서 자동사와 사동사를 구별하여 목적어와의 결합방식을 제시하였으나 이것만으로 학습자들이 피동문과 사동문 전체의 구성을 익히고 오류 없이 사용하는 것은 쉽지 않다.

4 학습자 오류9)

본 장에서는 학습자들의 피동·사동 표현에서 나타나는 오류를 찾아 분석해 보고 그 유형을 정리해 보았다.10) 이는 앞서 제시한 한국

---

9) Corder(1981)는 오류 자료의 중요성을 각각 교사, 연구가, 학습자로 나누어 제시하였는데 먼저 교사에게 있어 학습자의 오류를 체계적으로 분석하는 일은 학습자가 목표언어에 얼마만큼 근접했는지, 그리고 앞으로 학습할 내용은 무엇인지를 알려주는 것이며 둘째로 연구가들에게는 언어가 어떻게 학습되고 습득되는지, 학습자가 학습과정에서 어떤 전략과 절차를 사용하는지를 말해준다. 마지막으로 학습자 자신에게는 오류가 언어 학습을 끊임없이 해나갈 수 있는 학습의 도구로 이용될 수 있다는 것이다. 이정희(2003)에서 재인용.

10) 3급에서 피동·사동을 이미 학습한 중고급 이상의 학생 70여 명의 자유작문 자료와 시험 답안의 오류를 분석하여 몇 가지 유형으로 나누어 제시하였다. 또한 시험 답안 중에서 피동·사동 접사의 형태를 직접적으로 물은 질문에 답을 하지 못한 것도 접사의 형태를 정확히 모르는 것으로 간주하여 오류에

어 문법서와 교재의 기술 방식을 개선하고 보다 효율적인 한국어 피동·사동 교육 방안을 마련하는데 중요한 전제가 될 것이다. 다음은 학습자 오류 유형과 그 예로 오류율이 높은 것부터 제시하였다.

1) 피동 및 사동 접사의 형태 오류

(6) 가. 바람에 문을 닫<u>겼</u>어요.

나. 치마가 길어서 줄<u>겼</u>다.

다. 9시로 늦<u>우</u>면 어떨까요?

라. 형이 동생을 때려서 울<u>였</u>어요.

가장 기본적인 오류형태로 학습자들이 각 동사에 결합하는 피동·사동 접사를 외우지 못하여 생겨난 오류이다. 일반적으로 한국어 교재와 수업에서 단순히 어휘로 제시되기 때문에 학습자들도 암기 이외에는 다른 학습방법이 없다. 따라서 사용빈도가 떨어지는 동사의 피동형과 사동형을 자주 잊어버리게 되는 것이다.

이 오류 유형에서 또 한 가지 눈여겨 볼 것은 학습자들이 수가 많지 않은 피동 및 사동 접사의 형태는 정확히 알고 있다는 것이다. 단지 어떤 동사에 어떤 접사가 붙는지를 혼동하여 오류를 만들어내고 있다. 결국 피동·사동 접사 별로 단순히 어휘 목록만 제시하는 것이 아니라 그 연결고리를 밝혀 쉽게 설명할 수 있다면 이 같은 오류를

포함시켰다.

또한 본 연구는 학습자 오류의 빈도나 비중을 분석하려는 것이 아니고 다양한 유형을 살펴 그 원인을 파악해보고자 하는 것이다. 따라서 각 오류 유형의 구체적인 오류율과 비중은 생략하였음을 미리 밝힌다.

줄일 수 있을 것이다.

2) 피동문·사동문 내에서의 조사결합 오류

(7) 가. 옆집의 음악 소리를 들렸다.
　　나.　퇴근 시간에 길을 밀려요.
　　다. 며칠동안 공부 못해서 숙제를 쌓여요.
　　라. 의사선생님 환자에게 살렸어요

　피동·사동 접사의 형태 오류와 함께 높은 오류율을 보이는 것은 피동문 및 사동문 내에서의 조사결합의 오류이다. 이것은 조사의 기능과 의미를 모른다기보다는 피동문 및 사동문의 구성 방식을 이해하지 못했다고 할 수 있다. 특히 무정물 주어가 쓰인 문장에서 많은 오류를 범하고 있어 이에 대한 설명과 교육이 필요함을 시사한다.

3) 형태적 피동·사동형의 기피 또는 통사적 피동·사동의 일반화

(8) 가. 8시는 너무 빠릅니다. 9시로 늦게 하면 어떨까요?
　　나. 바람이 문을 닫게 해요.
　　다. 퇴근 시간이니까 차를 많이 막게 한다.
　　라. 친구에게 국을 끓게 한다.
　　마. 이 옷을 입으면 날씬해 보게 한다.

　이 오류 유형은 첫 번째로 제시된 피동 및 사동 접사의 형태 오류와 관련된다. 대부분의 학습자들이 형태적 피동·사동 표현을 몰라

기피하여 생겨난 오류들이기 때문이다. 또한 통사적 피동·사동 표현에 대한 이해가 부족한 상태에서 모든 동사에 '-게 하다'와 같은 통사적 형태를 결합시키다보니 결국 어색한 문장을 만들어내는 것이다.

4) 이중 피동 및 사동 형태의 오류

(9) 가. 잠을 설치면 스트레스가 <u>쌓여져요</u>.
　　나. 비가 많이 와서 길이 다 <u>막혀졌어요</u>.

(10) 가. 형이 동생을 때려서 <u>울려준다</u>.
　　나. ×맨이란 프로그램이 진짜 <u>웃겨준다</u>.
　　다. 줄을 <u>끊겨주면</u> 쓸 때가 없다.

(9)와 (10)에서 보여지는 이중 피동 및 사동의 오류 유형 또한 피동 접사에 통사적 표현을 덧붙여 생긴 오류로 통사적 형태의 남용이다. 이 유형을 살펴보면 원동사에 맞는 피동·사동 접사를 정확히 연결한 후에 '-아/어 지다'와 '-아/어 주다' 형태를 다시 결합시켜 오류를 범하고 있다.

이중 피동 및 사동으로 제시된 '-아/어 지다'와 '-아/어 주다'의 경우는 피동과 사동 표현으로 교수해야 하는지 면밀한 검토가 필요하다. '-아/어 지다'의 경우 피동의 의미보다도 '변화'의 속성을 나타내는 경우가 많고 '-아/어 주다'는 보조 동사로서의 의미가 더해져 본래의 의미가 달라질 수 있기 때문이다.

한국어 학습자의 피동·사동에 관한 오류를 살펴보면 몇 가지 특징을 발견할 수 있다. 우선 학습자들이 각각의 동사에 맞는 피동 및 사동 접사를 상당부분 정확히 알고 있다는 것이다. 이것은 아무래도 피동사와 사동사가 사전에 표제어로 등재된 것처럼 하나의 어휘로써 받아들여지고 암기와 연습을 통해 얻어진 결과라 할 수 있다. 한국어 교재에서도 간단히 어근에 접사를 결합하는 방식을 보여주고 몇 가 지 동사들의 피동형과 사동형을 어휘로 제시하고 있기에 당연한 결 과이기도 하다.

그러나 이렇게 피동·사동 표현을 단순히 어휘로만 받아들여 암기 하는 데에는 한계가 있다. 위에서처럼 다양한 오류가 나타나는 이유 가 그것이다. 물론 학습자들이 연습과 암기를 통해 학습 어휘를 확장 시키는 데는 개인에 따라 차이가 있겠으나 접사와 동사의 명확한 결 합 규칙이 없는 피동사와 사동사의 경우 더욱 어렵다. 따라서 학습자 들이 형태적 피동 표현과 사동 표현을 일부러 기피하거나 통사적 형 태를 지나치게 고집하여 오류를 만들어내곤 한다.

또한 (7)과 같은 조사 결합의 오류는 기존의 한국어 문법서가 단순 히 피동·사동의 형태에만 주목하고 피동문과 사동문에 구성 방식에 대한 설명은 부족했음을 알 수 있다. 이것은 그대로 한국어 교재에 반영되었고 학습자들이 피동문과 사동문의 구성 방식을 제대로 학습 하지 못했을 가능성이 크다.

5 정리

한국어교육에서의 문법 개념을 검토해 본 결과 한국어 교육 문법 또한 실용문법에 속함을 확인할 수 있었다. 개별적인 차이가 있겠으나 보통은 한국어교육의 목표가 한국어 학습자의 의사소통능력의 향상에 있기 때문이다. 학습자를 위한 교육 문법은 학습의 범위를 명확히 설정해야 하며 그 체계를 단순화 시켜 학습자의 학습 부담을 줄이고 학습의 효율성을 높이는 방향으로 발전되어야 한다. 한국어 교육 문법 또한 마찬가지이다.

한국어의 피동 표현과 사동 표현의 문법 형식은 학습자에게 비교적 쉽게 받아들여진다. 그러나 본고에서 제시된 오류의 예만 보아도 알 수 있듯이 실제 한국어교육 현장에서는 상당히 많은 학습자 오류를 발견할 수 있다. 한국어 학습자들은 대부분의 한국어 교재에서 제시되는 형태와 그에 따른 수업방식에 따라 피동사와 사동사를 단순히 암기한다. 이로 인해 실제 사용 과정에서 많은 오류가 나타난다. 한국어 학습자들 어렵지 않게 이해하고 학습한 피동 표현과 사동 표현의 오류를 이처럼 많이 만들어 내는 이유는 여기에 있는 것이다.

대부분의 한국어 교재에 제시된 피동 표현과 사동 표현의 설명 방식은 학교 문법의 그것과 별반 다르지 않다. 오히려 그 형태 및 범위가 더 축소되어 있다. 이렇게 단순하게 어휘로만 제시되는 설명 방식으로는 한국어 학습자들이 제대로 된 피동 표현과 사동 표현을 사용하기가 어렵다. 이에 어휘 제시 방식을 보완하여 실제 사용에 유용한 피동 및 사동 표현의 교육 방안이 마련되어야 할 것이다.

효율적인 한국어 피동·사동 교육방안 마련을 위해서는 우선적으로 한국어교육 현장에서 교수되어야할 피동·사동 표현의 범주가 명확히 설정되어 교재에 반영되어야 한다. 또한 피사동 접사와 동사의 결합 규칙을 최대한 밝히고 예외를 생략할 것이 아니라 오히려 주의할 수 있도록 제시하고 설명해 줄 필요가 있다. 피동문과 사동문의 문장 구성에 대한 연습과 오류 수정이 꾸준하게 이루어져야 할 것이다.

참고문헌

강현화(2006), '한국어 문법 교수학습 방법의 새로운 방향', <국어교육연구. 제18집>, 서울대학교 국어교육연구소.
국립국어원(2005), <외국인을 위한 한국어 문법1>, 커뮤니케이션북스.
남기심·고영근(1985), <표준 국어문법론>, 탑출판사.
박덕유(2006), <학교문법론의 이해>, 역락.
백봉자(1999), <한국어 문법 사전>
_____(2001), '외국어로서의 한국어 교육문법-피동/사동을 중심으로', <한국어 교육 제12권 2호>, 국제한국어교육학회.
우형식(2006), <외국어로서의 한국어 교육론>, 부산외대출판부.
이관규(1998), <국어문법론 강의>, 학연사.
이경우(1990), <國語研究 어디까지 왔나>, 서울大學校 大學院 國語研究會 編, 동아출판사.
이익섭·채완(1999), <국어문법론강의>, 학연사.
이정희(2003), <한국어 학습자의 오류 연구>, 박이정.
최해주(2006), '한국어 교육을 위한 보조용언의 의미범주 설정 및 그 활용방 안', 새국어교육 제74호, 한국국어교육학회

<교재>
서울대학교 언어교육원(2000), <한국어3>
경희대학교 국제교육원(2000), <한국어, 중급1>
성균어학원(2004), <배우기 쉬운 한국어3>
이화여자대학교 언어교육원(2000), <말이 트이는 한국어 Ⅲ>

한국어교육에서의
효율적인 피동 교수 방안
일본인 학습자를 대상으로

1 한국어 피동 교수법의 필요성

  2002년 월드컵을 계기로 한국어를 배우고자 하는 외국인의 수요가
급증하면서 한국어와 한국 문화에 대한 교육이 높은 관심을 불러 일으
켰다. 이에 외국어로서의 한국어교육 또한 많은 관심의 대상이 되었다.
그러나 한국어와 한국 문화에 대한 학문적인 이론 연구를 한국어교육
현장과 연계해 적용하고 발전시키는 일은 그다지 용이해 보이지 않는
다. 이것은 그동안 국어학적인 연구가 끊임없이 이루어진 것에 반해,
외국어로서의 한국어에 대한 이론적인 연구는 그 역사가 짧고 한국어
교육에 관련된 논문도 비교적 적기 때문으로 보인다. 따라서 앞으로
한국어교육이 발전되기 위해서는 국어학, 교육학, 사회학 등 다양한 분
야에서의 이론적인 연구와 외국어로서의 한국어를 가르치고 있는 교
사들의 교육 현장에서의 경험을 토대로 교수 방법을 서로 보완하고 문
제를 해결함으로써 실현될 수 있을 것이라 본다. 이와 더불어 국어학

적으로 연구된 다양한 이론이 어떻게 교실 운영에 적용될 수 있는지가 검토되고 한국어교육 현장에서 교수-학습을 위한 효율적인 방안이 모색될 때 외국어로서의 한국어교육은 새롭게 조명되고 실용적인 학문으로 발전할 것이다.

본고에서는 외국인 학습자를 위한 한국어 문법 교육을 위한 시도의 하나로써 한국어의 피동 표현을 일본인 학습자에게 어떻게 가르치는 것이 효율적이고 합리적인 것인가를 연구하고, 교육 현장에 적용할 수 있는 실제적인 교수 모형을 제시하고자 한다.

1.1. 연구 목적

한국어와 일본어는 형태적·통사적으로 많은 유사점을 가지고 있어서 일본인 학습자가 한국어를 학습하는 데 별 어려움이 없어 보인다. 그러나 두 언어는 여러 가지 면에 있어서 유사점이 많다고 인정되지만 피동 표현에 있어서는 유사점보다는 서로 대응이 되지 않는 표현의 차이점이 두드러진다.

일본어의 피동 표현은 능동문을 피동문으로 바꿀 수 있고 술어의 어간에 「-(ら)れる」라는 형태소가 붙어 피동문이 형성됨으로 한국어에 비해 규칙적이고 생산적이다. 이와 달리 한국어의 피동 표현은 실로 다양하다. 일반적으로 피동의 개념이 표현되는 방법은 명사나 동사에 형태론적으로 표현되는 방법과 언어성분들의 통사구조를 변화시켜서 표현하는 방법으로 '-이-'形[1] 피동 접미사에 의한 피동법[2]과 '-아/어지

---

1) 「-이, -히, -리, -기」의 피동접미사에 의한 피동법을 의미한다.
2) 피동법: 문장이 피동이 되게 하는 표현법으로 '피동의 의미'를 갖는 피동 관계 표현을 모두 피동법이라 한다.

다'形에 의한 피동법, '-되다, -받다, -당하다' 形에 의한 피동법 등이 많이 사용되고 있다.

(1)의 예문을 통해서 보면
　a. 개가 아이를 물었다. → 아이가 개에게 물렸다.
　b. 동생이 예쁜 모자를 만들었다.
　　　　　　　　　　　　→ 예쁜 모자가 동생에 의해 만들어졌다.

(1a)의 예문에서 '물다'는 '물리다'를 피동 동사로 가질 수 있으나 '* 물어지다' 또는 '*물게 되다'와 같은 형태로 피동 표현이 실현되지 않는다. 또 (1b)의 '만들다'는 '만들어지다'의 형태로 피동의 의미를 나타내며 '*만들리다' 혹은 '*만들게 되다'와 같은 형태로 피동 표현[3]이 성립되지 않는다.

이와 같이 한국어에서는 피동의 의미를 가지고 있는 표현들이 술어에 따라 다른 방식으로 피동성[4]을 나타내게 되며 어떤 술어가 어떤 방식으로 피동문이 되느냐 하는 것은 규칙을 세우기가 어렵다. 이러한 점 때문에 일본인 학습자들은 피동문 구성에서 많은 오류를 범하고 있다. 이에 필자는 한국어의 피동 표현을 일본인 학습자들에게 보다 쉽고 재

　용어의 기술면에서는 일본어가 「受動」이라는 표현을 사용하고 한국어에서는 국어 문법에 일반적으로 「被動」이라고 써, 두 언어에 용어상의 차이를 보이고 있으나 본 논문에서는 「被動」으로 통일하여 기술한다.
3) 동작 자체에 목적을 두는 표현으로 피동사가 서술어로 쓰인 문장이다. (=피동문) 본고에서는 한국어의 '피동 표현'을 그 표현의 범위를 문장으로 나타낼 경우 '피동문'으로 기술하는 방법을 택하였다.
4) '피동성 표현'이란 전통적으로 논의되어 온 피동접미사에 의한 피동이나 체언과 결합되는 '되다/받다/당하다'에 의한 피동, 보조동사 '-어지다'와 '-게 되다'에 의한 피동 등 '피동'을 의미 특성으로 하는 모든 표현을 포함한다.

미있게 교육할 것인가 하는 연구의 필요성을 절실히 느끼게 되었다. 따라서 본고에서는 한국어의 피동 표현에 대한 이론적인 연구5)가 아니라 한국어를 배우는 일본인 학습자에게 한국어 피동 표현을 어떻게 가르치는 것이 효과적일 것인가 하는 의문에서 본고의 출발점이 되었다.

1.2. 연구 방법

한국어를 배우는 일본인 학습자들에 대한 효율적인 교육을 위해서는 그들의 모국어를 알고 모국어 문법에 대한 인식과 언어사용 상황 등을 충분히 고려해 이를 교육에 반영해야 한다. 따라서 피동문 구성에 대한 그들의 언어적 지식을 검토하고 그 결과를 토대로 한, 한국어 피동 표현에 대한 교수 모형을 개발해야 한다. 일본어의 경우 한국어와 문법적인 공통점이 많으므로 이러한 점을 교수-학습에 적절하게 활용하면서 두 언어의 차이점을 이해할 수 있도록 교육한다면 학습의 효과를 높일 수 있을 것이다.6)

이에 본고에서는 오류 원인에 대해 간략히 살펴본 후, 일본인 학습자들에게 의뢰한 일기나 작문 과제물을 통해 어떤 오류가 발생되는지 오류 원인에 대해 분석해 보고자 한다.

나아가 한국어 피동 표현에 대한 교육 현황을 파악하기 위해 국내 한국어교육기관의 교재를 살펴보고, 필자의 교실 현장 경험을 토대로

---

5) 피동 표현 교육의 어려움은 동사에 따라서 파생에 의한 피동만 가능한 경우, 그리고 통사적 구성에 의한 피동만 가능한 경우 또 어떤 경우에는 둘 다를 허용하는 경우들도 있는데 동사에 따라 나타나는 이러한 차이를 어떻게 구분해서 이해시킬 것인가 하는 점에 대해서는 아직 많은 연구를 필요로 하고 있다.
6) 효율적인 교수 방안의 하나인 한·일 양국어의 피동 표현에 대한 대조 분석은 본고에서는 다루지 않기로 한다.

'-이-'形 피동 접미사에 의한 피동과 '-아/어지다'形에 의한 피동에 대한 효율적인 교수 방안을 단계별 교육으로 나누어 수업 현장에 적용할 수 있는 교수 모형을 제시해 보고자 한다.

 2 일본인 학습자의 오류 분석

본 장에서는 Brown(2001)이 제시한 오류의 원인을 살펴보고 오류 분석 가설에 따라 일본인 학습자들에게 의뢰한 과제물을 통하여 일본인 학습자들이 한국어 피동 표현을 어떻게 이해하고 있으며 어떤 요인에 의해 잘못 사용되고 있는지를 조사해서 교수 방법에 대해 모색해 보고자 한다.

2.1. 오류의 원인

Brown(2001)에서는 실수는 이미 알고 있는 체계를 잘못 활용한 것에 불과하고 언어능력 부족에서 발생한 것이 아니라 말하는 과정에서 생기는 일종의 고장이나 결함이라고 하였다. 또한 오류는 학습자의 현재 언어 체계를 직접적으로 보여주는 학습자 언어의 고유 특성의 반영, 원어민의 성인 문법을 기준으로 보았을 때 무엇인가 잘못된 것, 이탈 형태(deviation)로써 그 학습자의 언어 능력을 반영한 것이라고 하였다.

일반적으로 오류의 원인은 다음과 같이 알려져 있다.7)

----

7) 오류의 원인, 1)~7)까지는 Brown(2001)에서 재인용.
　(2) 언어내 전이 : 학습자가 새로운 언어체계를 습득하기 시작하면 더욱 언어

(1) 언어간 전이 : 부정적인 언어간 전이에 기인하는데 모국어에는 없든지, 부분적으로 틀린 요소가 외국어 학습에 있어서 난점으로 전이되는 것을 말한다. 비교적 학습 초기에는 이러한 간섭현상이 많이 나타나나 목표언어에 익숙해짐에 따라 점차 간섭현상이 줄어든다.

2.2. 일본인 학습자의 오류 분석

오류 분석 가설은 1970년대에 발달한 것으로 오류의 원인을 학습자의 모국어보다는 학습자 내부에서 찾으려는 견해로 생겨났다. 필자는 학습자가 한국어를 학습하는 과정에서 자연스럽게 발생되는 오류의 원인을 찾고자 오류 분석에 의한 접근 방법을 택하고자 한다. 주지하다시피 오류 분석 이론에서는 오류를 부정적인 것으로 보지 않고 언어 학습과정에서 나타날 수밖에 없는 자연스러운 현상으로 보았다.

....

내 전이, 즉 목표언어내의 일반화 현상이 나타난다. 목표어의 구조 그 자체가 곤란하거나 이미 학습한 언어규칙을 미지의 구조에 적용하려고 할 때 이러한 오류가 나타난다. Dulay와 Burt(1974)의 오류 분석에서는 이 부류의 오류가 가장 많은 것으로 나타났다.

(3) 잘못된 유추 : 새로운 항목이 등장했을 때 이미 알고 있던 목표어의 지식을 근거로 유추하여 적용하는 것이다.

(4) 잉여적 사용 : 불필요한 형태소를 중복해서 사용하는 것이다.

(5) 과잉 교정, 모니터 과 사용 : 목표어 표현에서 단순한 표현을 더 복잡하게 만드는 것이다.

(6) 학습맥락 : 교사, 교재, 나아가 사회적 상황까지 포함하는 오류로, 학습자 측면이 아닌, 학습상황이나 기타 외적 요인에 기인하는 오류이다.

(7) 의사소통전략 : 외국어 학습자가 자기의 의사를 상대방에게 전달하기 위하여 여러 가지 방법을 사용할 때 발생되는 오류 즉, 신조어 만들기, 바꾸어 말하기, 잘못 된 유사 동족어 등이 오류의 원인이 될 수 있다는 것이다.

본 연구에서는 일본인 학습자의 오류를 분석하는 과정에서는 다음 사항을 기준으로 한다.

첫째, 오류 평가는 학습 목표에 따라 어떠한 오답을 어떠한 기준으로, 누가 판단하는가가 중요한 문제가 될 것이다. 따라서 언어전달(문자언어로서의 커뮤니케이션)능력 양성을 학습 목표로 하며 언어적 정확성보다 의미 전달을 우선시 하고자 한다.

둘째, 평가 대상의 오답은 학습한 사항을 틀린 것에 한한다. 왜냐하면 학습하지 않은 사항을 사용해 틀린 것은 실제 오류라고 할 수 없기 때문이다.

셋째, 평가의 기준은 전달상의 이해 정도를 고려했다. 실제 커뮤니케이션이 이루어지는 가장 중요한 요인은 전달자의 의도를 정확히 파악(이해)하는 데 있을 것이다.

다음으로 이 연구에 실험 대상이 된 집단은 선문대학교 한국어교육원에서 한국어 수업을 받고 있는 일본인 학습자 16명과 한국어교육의 석사과정 중인 일본인 학생 4명을 포함한 20명이다. 학력, 연령, 성별은 다양하며 피험자들의 등급은 사동사와 피동사를 배운 중급 이상의 학습자들이다. 주로 이들 학습자의 오류 조사는 선문대학교 일본인 학습자들이 쓴 일기와 대학원 석사과정 중인 일본인 학습자들에게 과제로 주어진 작문(글짓기)을 통하여 이루어졌다. 한국어교육원의 학습자의 경우 피동사 교육 현장에서의 직접 반응도 추가하였다.

먼저, 이들 일본인 학습자들의 오류 (예)를 보기로 한다.

(2) a. ***가족을** 소중하게 느껴질 것이다.
　　 b. **가족이** 소중하게 느껴질 것이다.

(2a)는 학습자가 피동사를 제대로 만들고도 조사를 잘못 써서 오류를 범한 경우이다. 이는 한국어 피동 표현을 통사적인 면에서 규칙화하지 못하고 피동사를 개별 단어로 학습했기 때문으로 보인다. 따라서 '언어내 전이'로 보여진다.

(3) a. *꿈을 **이루어지려고** 일본에 돌아간다.
    b. 꿈을 **이루려고** 일본에 돌아간다.

(3a)는 능동주가 분명하게 드러나 있어서 능동 표현이 어울리는 경우인데 피동 표현을 사용해서 오류가 생긴 경우로 '언어내 전이'로 보여진다.

(4) a. *동생 집에서는 늘 재미있는 웃음소리가 **들었다.**
    b. 동생 집에서는 늘 재미있는 웃음소리가 **들렸다.**

(4a)는 '-이-'形 피동 표현의 오류에서 발생되는 '언어내 전이'로 보여진다.

(5) a. *미래에 대해 진지하게 **생각해졌다.**
    b. 미래에 대해 진지하게 **생각되어졌다.**

(5a)에서는 '-하다'의 동사에 그대로 '-어지다'形 피동을 사용해서 발생된 '언어내 전이'의 오류로 보여진다.

(6) a. *스트레스는 모르는 사이에 **쌓고 있었다.**

b. 스트레스는 모르는 사이에 **쌓여 있었다.**

(6b)와 같이 일정한 행위의 영향을 입는 피동주가 문장의 주어가 되는 피동문을 사용해야 하는 경우에 (6a)처럼 능동 표현을 썼기 때문에 적절하지 못하다. 따라서 '언어내 전이'로 보여진다.

(7) *그때부터 수영이 **못해졌어요.**

(7)은 선행어가 '-어지다'와 결합해서 피동문을 만들기가 어려운 경우이다. '언어내 전이'로 보여진다.

(8) a. 감기에 걸려서 밥이 잘 **안 먹여요.**
    b. 감기에 걸려서 밥이 잘 **안 먹혀요.**

(8a)는 능동사 '먹다'에 피동사 먹히다'를 사용해야 하는 경우인데, 사동사 '먹이다'를 사용하였다. 피동과 사동을 정확히 구별하지 못해서 발생된 오류로 '언어내 전이'로 보여진다.

(9) a. *부록**에서** 받침 「ㅁ」 한자를 모두 **실렸다.**
    b. 부록**에** 받침 「ㅁ」 한자를 모두 **실었다.**

(9a)에서는 조사의 오류로 보여지며 (9b)에서처럼 능동사 '싣다'의 과거형 '실었다'를 써야 하는데 (9a)의 '남에게 피해를 입음'의 뜻인 피동사 '실렸다'를 사용했으므로 '언어내 전이'로 보여진다.

(10) a. *유명 연예인이 우리 가게를 찾은 이후로 주문 전화가 **쇄도 되고 있다.**

　　 b. 유명 연예인이 우리 가게를 찾은 이후로 주문 전화가 **쇄도하 고 있다.**

(10a)는 선행어인 '쇄도'가 '-되다'와 연결되어 피동문을 구성하지 못 하는 경우의 오류이다. 일본인 학습자들이 이러한 오류를 범하는 것은 피동문을 구성하는 형태가 단순하고 선행어에 대한 제약이 적은 일본 어의 영향으로 보인다. 따라서 '언어간 전이'로 보여진다.

(11)　a. *일본어 문자는 「히라가나, 카다카나」로 **분해해져** 있다.

　　 b. 일본어 문자는 「히라가나, 카다카나」로 **나뉘어져** 있다.

(11a)의 '분해해지다'는 일본어로 '分解される'이며, 한국어로는 그다 지 사용되지 않는 피동문이다. 따라서 (11b)에서처럼 '나뉘어져'로 사용 해야 한다. 이는 모국어 간섭 현상에서 오는 '언어간 전이'로 보여진다.

　이상과 같이 학습자의 오류를 살펴본 결과8) 일본어에 비해 피동문

----

8) 최근의 교수법은 의사소통을 중요시함으로 피동 표현 교육에 있어서도 말하기 중심의 교수 방안이 연구되어져야 한다. 그러나 본고에서는 쓰기 교육에서만 오류를 살펴보았다. (예2)~(예8)까지는 중급 일본인 학습자의 오류 결과이다. 이들은 피동 표현을 상당히 어려워해서 배운 즉시 문장체로 사용하지 못했다. 또한 피동사와 사동사를 모두 배운 중급 학습자들은 동일 형태에서 오는 복잡 함으로 혼동을 일으켰다. (예9)~(예11)는 대학원 과정의 일본인 학습자들의 오류이다. 이들은 모국어 간섭 현상으로 인해 피동 표현으로 나타내는 것을 어려워함을 알 수 있었다. 필자는 두 집단의 일본인 학습자들의 피동 표현 오 류에 대한 많은 예를 제시하지 못한 점을 아쉽게 생각한다.

구성이 제한적인 한국어에서 피동문이 쓰이는 상황과 능동문이 쓰이는 상황을 파악하지 못해 오류를 범하는 경우가 많았다. 다시 말해 모어의 영향보다는 학습자가 외국어 학습 과정에서 목표어의 내적 요인 때문에 발생하는 언어 내적인 오류와 언어간 전이, 목표어(한국어) 자체의 복잡성, 교육 현장에서의 불충분한 지도[9] 등이 오류의 대표적인 원인임을 알 수 있었다.

일본인 학습자들의 오류를 분석하는 일은 이들이 피동문을 어떻게 인식하고 있으며 이를 한국어 학습에 어떻게 적용하게 될 것인지를 예측하고 예방할 수 있게 한다. 이는 외국어로서 한국어를 가르치고 있는 교사에 있어서 중요한 교수 상을 시사한다고 여겨진다. 교사는 객관성 있는 기준을 갖고 어떤 경우에 피동의 의미를 표현해야 하는지를 이해시키면서 학습자를 지도할 수 있도록 해야 한다.

3 효율적인 피동 교수 방안

현재 한국 내에는 많은 한국어교육 기관이 있어 외국인을 위한 한국어 교재 또한 다양하게 개발되어 있다. 그러나 한국어의 피동 표현에 대해 구체적으로 제시하고 교수하도록 구성되어 있는 교재는 찾아보기 어렵다. 일부 교재에서 한국어의 피동 표현을 문법 항목으로 제시하고 있기도 하지만 이들 또한 국어문법에서 다루어지고 있는 내용과 큰 차이가 없다.

---

9) 오류 분석 결과, 문법적 오류에 따른 '언어 내 전이'가 가장 많았다. 이는 교사의 정확한 지도가 불충분하였기 때문에 발생될 수도 있다고 본다.

다음 <표 1>은 각 기관의 교재에 수록된 피동 교육의 현황을 조사하여 작성한 목록표이다.

<표 1> 각 학교의 피동에 대한 한국어 교재 분포도

학 교 명	교 재 명	단 계	피동
경희대	① 「한국어」 7과 p. 113 ② 「단기교육용」 pp. 26~27	중급Ⅰ 중급Ⅱ	○ ○
고려대 민족문화연구원	① 「한국어」 pp. 163~165 ② 「한국어 회화」 p. 38	2권 3권	○ ×
서울대 어학연구소	「한국어」 p. 68, p. 93	2권	○
선문대	① 「한국어」 p. 137 ② 「한국어」 p. 149, p. 190 ③ 「한국어 회화」 p. 18 ④ 「한국어 회화」 p. 77	초급Ⅰ 중급Ⅰ 2권 3권	○ ○ ○ ○
연세대	① 「한국어」 - 회화교재 p. 201 ② 「한국어」 - 회화교재 p. 71	2권 3권	× ×

○ : 피동이 제시되어 있다.   × : 피동이 제시되어 있지 않다.

<표 1>을 보면 각 기관마다 피동 표현을 한국어 교재에 다루고 있으며 중급 단계에서 제시하고 있음을 알 수 있다. 또한 구문론적인 교육(회화 중심의 교재)보다 형태중심의 교육(문법 중심의 교재)으로 행해지고 있음을 알 수 있다. 하지만 이들을 어휘로 제시하는 차원에서 다루고 있을 뿐, 피동문을 구성하는 규칙이나 구조적인 특징에 대한 접근은 찾아보기 어렵다.10) 이것은 한국어 피동 표현이 다양하고 체계

––––––––––––––––––
10) 필자가 각 기관 교재의 내용을 살펴본 바에 의한다.

가 복잡하기 때문이 아닐까 생각된다.

본 장에서는 교사들이 교실 수업에서 활용할 수 있는 방법의 하나로 단계별 교육으로 효율적인 피동 교수 방안을 제시해 보고자 한다.11)

3.1. 단계별 피동 교육

교사가 최선의 방법으로 최고의 효과를 거두려면 매시 교수 계획을 세워 철저한 수업이 이루어지도록 준비할 필요가 있다. 이에 아래와 같이 5단계로 나누어 단계별 피동 교육 방법을 모색해 보고자 한다. 이 는 현장에서 가르치는 교사들에게 조금이나마 도움이 되고자 함에서 출발한다.

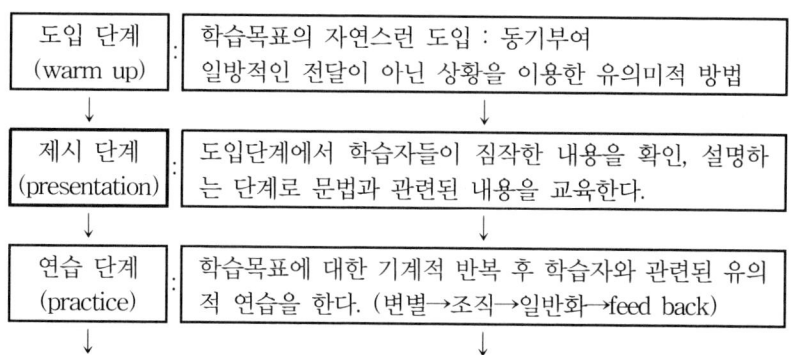

---

11) 이 방법은 어디까지나 필자의 개인적인 현장 경험을 토대로 하였으며, 학습자 개개인의 성취도에 따른 결과는 앞으로 좀더 연구하여 근거 있는 자료를 마련 하고자 한다.

| 사용 단계
(use) | : | real world task(open task)를 줘서 실생활에 활용할 수 있는 내용들로 구성하며 의사소통 중심의 단계이다. |
| 마무리 단계
(follow up) | : | 학습자가 과제를 완결 지을 수 있도록 학습자에게 발표할 수 있는 기회를 부여해서 그 날의 학습목표가 달성되어 있는지를 확인한다. 또한 관련된 문화교육을 한다. |

(1) 도입단계

피동문 교수에 들어가기 전 시간에, 미리 학습자의 모국어로 된 피동 어휘 목록표12)를 나누어 주고 예습할 수 있는 기회를 제공한다. 이것은 일본인 학습자의 수업에 많은 도움을 제공하게 된다. 본시 수업에서 교사는 몇 개의 피동 어휘를 학습자에게 행동으로 보여 이해와 흥미를 제공할 수 있다. 이것은 자연스러운 피동의미 추측과 동기화를 유도하게 되는 것이다.

(2) 제시 · 설명단계

이 단계에서는 피동적 묘사나 피동 표현의 의미 및 개념을 이해시킨다. 일본인 학습자의 경우 일본어와 대조하여 제시하면, 빈번하게 발생되는 격조사 중심 문장의 오류를 줄일 수 있게 된다. 그러기 위해서는 대응되는 형태를 도식화하여 제시해 줄 필요가 있다.

① 「~に」: '-에, -에게, -한테'   ② 「~から」: '-로부터'
③ 「~によって」: '-에 의해서'

---

12) 본고에서는 피동 어휘 목록표를 별도로 제시하지 않는다.

다음으로는 문장 속에서 이들 형태들이 어떻게 대응되는지를 보여
준다. 이때 보조 도구(실물, 그림, 사진, 비디오, 신문 화보, 뉴스 등)를
이용할 수 있다. 방법으로는 도둑이 경찰에 쫓기는 <그림>을 보여 주
면서 '도둑이 쫓기고 있어요.'를 발화하여, 피동 상황과 피동사를 연결
시키고 피동의 개념을 이해시킨다.

<보기 - 도식화>

경찰**이** 도둑**을 쫓아요.** → 도둑**이** 경찰**에게 쫓겨요.** 쫓기고 있어요.
경찰**이** 도둑**을 잡았어요.** → 도둑**이** 경찰**에게 잡혔어요.**

---

(3) 연습 단계

제시 단계에서 설명된 것을 반복 연습을 통해 암기토록 하고 바로 사용
할 수 있게 하는 단계이다. 유의적인 연습단계로 빈칸 메우기, 연결하기,
대화하기, 상황 묘사하기 등 교체 연습이나 형태에 맞춰진 통제된 연습을
이 단계에서 행하게 된다.

(4) 사용 단계

앞서 학습한 어휘와 문법적 기술을 바탕으로 의미 전달에 중점을 두
고 과제를 수행하는 의사소통적 연습 단계로 묘사하기, 묘사문 쓰기,
그림이나 단어카드를 이용해 교사와 학생이 묻고 답하기 연습 등이다.

(5) 마무리 단계

그날 학습한 피동 어휘에 대한 질문을 받는다. 교사가 제시한 몇 개
의 피동사를 이용하여 일기를 써 보게 하거나 연습단계에서 연습한 형
태나 구조를 바탕으로 하여 실제 생활에서 활용할 수 있도록 과제를

부여한다.

이와 같은 5단계의 피동 교수법은 외국인 학습자들이 쉽고 흥미롭게 학습할 수 있다는 점에서 아주 효과적이다.

3.2. 피동 표현의 단계별 교수 방안

의사소통 중심의 교수법에 있어서 모범적인 수업 구성은 주지하다시피 도입, 제시, 연습, 사용, 마무리 단계로 구성된다. 아래에서는 위의 수업 구성 단계에 따른 문법 항목의 구체적인 교수 방안을 제시하고자 한다. 단, 여기서는 한국어의 피동문 구성에서 활용도가 높은 표현을 우선적으로 교수해 보고자 한다. 이에 구체적인 피동문 교수 방안은 '-이/히/리/기-', 'V · A 아/어/여 지다' 두 가지로 국한하여 제시하기로 한다.

(1) '-이/히/리/기-' 피동 교수 방안

○ **도입 단계**

(1) 인사말

1) 간단한 인사나누기 (날씨, 아침 식사, 주제 관련 내용 등)[13]

(2) 교수-학습활동

1) 전 시간에 나눠 준 학습자의 모국어로 된 피동표를 확인한다.

---

13) 대상: 일본인 학습자, 인원: 14명, 학력 · 연령: 제한 없음

① 다 같이 큰 소리로 따라 읽는다. 이 때 1회는 한국어로 읽고 1회는 일본어로 읽어 의미를 이해시킨다.

② 교사가 능동사를 말하면 학생들은 표를 보지 않고 피동사를 말하게 한다. 다음으로 학생 대 학생으로 나누어 말할 수 있도록 한다.

③ '빈칸 메우기'로 된 피동표를 나눠주고 채워 넣기를 하면서 외우게 한다.

2) 교사가 피동사를 직접 행동으로 보이면 학생들이 피동사를 맞추도록 한다. 또 그림을 이용하여 학습자가 자연스럽게 피동의 의미를 추측하여 말하게 한다.

예문) 쌓다(능동) : 블록을 쌓는 그림을 제시한다. **"X가 블록을 쌓아요."** (판서)

　쌓이다(피동) : 눈이 내리는 그림을 제시한다.

　　"(눈이 내려서) 눈이 쌓여요." (판서)

　　판서한 두 문장을 비교 설명하며 격변화를 강조 설명한다.

　　(X가) 블록**을 쌓아요.** (능동문)

　　(눈이 내려서) 눈**이 쌓여요.** (피동문)

○ 제시 단계

이 단계에서는 의사소통적으로 유의미한 담화·화용적 맥락에서 그날의 학습 목표가 되는 문법 항목을 제시하는 단계이다. 이 단계에서는 피동 표현을 설명하기보다는 상황 제시를 통해 그 상황에서 사용되는 피동 표현의 의미나 개념을 이해하도록 유도한다. 수업 자료 보조 도구인 사진, 그림, 비디오 자료, 각종 물건, 인쇄물 등이 사용된다.

(1) 교수-학습활동

　1) 피동표를 제시한다. [ㄱ, ㄹ, ㅂ, ㅍ, ㅎ] 홀소리 뒤에서는 /ㅎ/
　　이 쓰이고 [ㄴ, ㅁ, ㅅ, ㅈ, ㅊ, ㄲ] 뒤에서는 /기/가 쓰이며 [ㄷ,
　　ㅈ] 뒤에서는 원칙적으로 /ㅎ/이 쓰이되 /기/가 가끔 쓰이고
　　있다. 이것은 절대적인 것이 아니며 문장 내에서 학습하는 방
　　법으로 택해야 할 것이다.

　2) 일본어 예문을 들어 학습자의 이해를 증진시킨다.
　　(예15) a. 石油の價格**が下げられた**。→ 석유 가격이 내려갔다.
　　　　　 b. 石油の價格**が下がった**。　→ 석유 가격이 내려갔다.

　(예15a)의 「石油の價格が下げられた」는 '석유회사나 아니면 또
다른 누군가가 억지로 석유가격을 내리게 해서 내렸다'는 의미이고
(예15b)의 「石油の價格が下がった」는 '저절로 내렸다'는 의미이다.
또 「車が止められた」는 '누군가가 멈추세요.'라고 말해서 멈춘 경우
이고, 「車が止った」는 '스스로 멈추려고 생각해서 멈춘 경우'이다.

　3) 일본어 피동 표현이 한국어에 존재하지 않음을 예를 들어 설
　　명한다.
　　雨が**降る**。(비가 **내리다**.) → (私は)雨に**降られる**。(나는 비를 **맞
　　다**.)
　　親が**死ぬ**。(부모가 **죽다**.) → 親に**死なれる**。(부모님이 **돌아가시
　　다**.)

4) 관용적으로 사용되는 피동 표현을 따로 분류해 어휘 차원에서 교수한다.

(예a) **날씨가** 많이 **풀렸다.**　　(예b) **차가 밀리기** 시작했다.

(예c) **스트레스가 쌓이면** 빨리 풀어야 한다.

(예d) 사람들은 **병에 걸려서** 일을 그만두었다.

○ **연습 단계**

연습 단계에서는 해당 목표에 대한 원활한 말하기 교육을 과제 수행으로 유도하고 언어 구조에 대한 연습 및 의사소통적으로 유의미한 대화 구성, 게임 등을 통한 활동을 함으로써 연습 단계에서 어떻게 다루어지고 있는가를 보이고자 한다.

예문에 해당되는 어휘 선정은 쉬운 것에서 어려운 것으로 난이도를 선별하여야 한다. 왜냐하면 처음부터 쉬운 어휘를 제시하면 학습자의 부담을 최소화시키고 말하기에 대해 자신감을 갖게 할 수 있지만, 어려운 어휘부터 제시하게 되면 학습자의 혼란을 야기 시킬 수 있기 때문이다.

(1) 교수-학습활동

1) 능동문에서 피동문으로의 전환

⇒ 피동문에서 능동주의 표지로는 기본적으로 유정물일 경우는 '-에게'가 쓰이고, 무정물일 경우는 '-에'가 쓰임을 주지시킨다.

<보기> 학생들이 책을 읽어요. → 책이 학생들에게 읽혀요.

예문) 친구가 전화를 끊었어요. → 전화가 _____ .

　　　　　　선생님이 문을 닫았어요. → 문이 ＿＿＿＿＿＿＿＿＿.

2) 피동사로 바꾸어 문장 만들기

　　예문) 바람에 창문이 (열다). ⇒ ＿＿＿＿＿＿＿＿＿＿＿.

　　책상 위에 먼지가 하얗게 (쌓다).

　　　　　　　　　　　　⇒ ＿＿＿＿＿＿＿＿＿＿＿.

3) ( )에 알맞은 조사 넣기

```
<보기>　은,　는,　이,　가,　에,　에게,　을,　를
 1. 경찰(　) 도둑(　) 잡았다. → 도둑(　) 경찰(　) 잡혔다.
 2. 종이(　) 손(　) 베었다. → 손(　) 종이(　) 베였다.
```


4) 빈칸 메우기: 문맥에 맞게 빈칸에 능동사나 피동사를 채워 넣
　　는다. 이때 제시되는 자료는 문장, 대화문, 학습자 수준에 맞게
　　각색한 신문기사 등 모두 가능하다.

　　⇒ '-이-'形 피동법은 제한된 생산성을 가지며 규칙화에 어려
　　　움이 있다. 따라서 어휘적 접근을 통한 교수와 학습이 효
　　　율적이다.

```
 1. 놓다/놓이다
 ⇒ 책상 위에 꽃 한 송이가 ＿＿있는데 누가 그것을 ＿＿갔
   을까?
 2. 쓰다/쓰이다
 ⇒ 많이 ＿＿는 단어를 외워야 필요할 때 ＿＿수 있다.
```


5) 연결하기: 그림과 제시된 피동사를 연결하고, 피동사를 사용해
　　그림의 내용을 문장으로 만들어 본다.

○ **사용 단계**

이 단계에서는 전 단계에서 충분히 언어적 연습이 끝난 후, 이를 바탕으로 실제의 의사소통적 활동으로 들어간다. 그러므로 여기서는 자료나 과제 자체가 매우 실제적이고 현장에의 적용과 전달이 가능해야 한다.

(1) 교수-학습활동

1) 교사가 학생에게 능동사를 말하면 피동사로 대답하게 한다. 또 반대로 피동사를 말하면 능동사를 말하게 한다. 전체 학생이 하도록 한다.

2) 피동 표현을 이용한 묻고 답하기

예문) 가: 그 책이 얼마나 팔렸어요? 나: _____.

3) A라는 학생이 피동문을 만들어 B라는 학생에게 질문하면 B라는 학생은 피동문을 만들어 대답한다. 이번에는 B라는 학생이 피동문을 만들어 C라는 학생에게 질문한다. 이렇게 해서 전체 학생이 모두 돌아가면서 묻고 답하기를 한다. 교사는 학생들에게 제시할 단어를 준비한다.

4) A팀과 B팀으로 나눈다. → 각 팀에서 한명 씩 나온다. → 교사는 준비한 2개의 피동문을 각각의 팀원에게 말하기로 제시한다. → 두 학생은 잘 듣고 칠판에 들은 피동문을 쓴다. → 이때 먼저 정확하게 쓴 학생의 팀이 이긴다. → 자기 팀원이 잘못 쓸 경우 가르쳐 줄 수 있다. (단, 칠판 앞으로 나오거나 하

면 안 되고 자리에 앉아서 큰 소리로만 가르쳐 줄 수 있다. 이 때 시간제한을 둔다.) 이 게임은 전체 학생이 힘을 합쳐 할 수 있기 때문에 자신감도 생기고 협력심도 배우게 된다.

5) A는 녹화된 자료인 태풍이나 허리케인 등의 수해 사건 피해 장면을 보고, 그 장면을 보지 못한 친구 B에게 사건을 묘사하여 말한다. B는 A의 말을 들으면서 궁금한 것을 묻는다. 이 활동은 뉴스를 들려 준 후 듣기 활동으로 연결시키는 것도 가능하다.

○ **마무리 단계**

학습자들에게 부과되는 과제는 형태나 구조에 대한 연습뿐만 아니라 실제적인 것을 포함해야 하며 학습자의 관심과 동기를 유발하도록 구성되어야 한다.

(1) 교수-학습활동

1) 피동사 예문으로 된 다양한 문장을 주고 해 오도록 과제를 부여한다.

2) 세계적으로 유명한 한국의 건축물이나 발명품에 대한 소개의 글을 읽고 질문에 답하기, 피동표 완성하기, 중심 내용 찾기, 제목 붙이기 등의 활동을 한다.

3) 황혼이 깔리고 점점 어두워지면서 불이 이 집 저 집에서 한둘

씩 켜지는 그 시간에 볼 수 있는 광경을 묘사토록 한다. (광고 자료 이용)

4) 일기장에 그 날 하루 일과를 피동 어휘를 사용해 일본어로 쓴 후, 그것을 한국어로 번역하여 써 보도록 한다. 이것은 한·일 피동 표현의 차이점을 이해할 수 있다.

5) 고급 학습자나 한국인을 만나 어떤 경우에 피동 표현을 사용하는지에 대해 조사하도록 인터뷰 과제를 부여한다.

(2) '-아/어지다' 교수 방안

'-아/어지다'는 타동사뿐만 아니라 자동사와 형용사에도 두루 연결되는 높은 생산성을 보이므로 한국어를 학습하는 외국어 학습자에게는 다른 피동 표현에 비해 쉽게 접근할 수 있는 형태이다. 또한 '-아/어지다'는 비교적 초급 단계에서 학습되고 있으므로 다른 피동 표현에 비해 먼저 제시하는 것이 학습의 효과를 높일 수 있다.

○ 도입 단계

(1) 교수-학습활동

1) 한국음식인 '잡채' 재료가 준비 된 사진 1장, 만드는 사진 1장, 완성된 잡채 사진 1장을 각각 제시한다.
 ① 각각의 사진을 보여주면서 '잡채 재료를 준비해요. → 잡채를 만들고 있어요. → 잡채가 만들어졌어요.' 하고 말한

후 피동의 개념을 이해시킨다. (판서 후 설명)

2) 뚱뚱한 사진 1장, 운동하는 사진 1장, 날씬한 사진 1장을 각각
   제시한다.
   ① '뚱뚱해요. → 열심히 운동하고 있어요. → 날씬해졌어요.'
   (판서 후 설명)

○ **제시 단계**

(1) 교수-학습활동

1) 피동표를 이용하여 교사가 능동사를 말하면 학생들은 '-아/어
   지다'로 바꿔서 말하게 한다. 이때 자연스런 표현과 어색한 표
   현이 만들어지는데 주의하여 교수한다.

2) 다양한 그림이나 사진을 이용해 '-아/어지다'를 익히고 말할
   수 있게 한다. 이 때 교사의 순발력이 요구된다.

3) 국내외의 떠들썩했던 수해나 테러 사건 등의 사진을 보여 주
   고 '여기 좀 보세요. 나무가 쓰러져 있어요. 그리고 여기 집도
   무너져 있어요.'를 발화함으로써 피동 상황과 피동사를 연결시
   키고 피동의 개념을 이해시킨다.

○ **연습 단계**
'타동사+-아/어지다' 는 문장의 주어가 일정한 상태에서 다른 상태

로 변화를 겪게 된다는 의미를 나타내며, 대개 행위자가 분명하게 드러나고 능동문의 목적어인 행위의 대상이 피동문의 주어가 된다는 점에서 '자동사+-아/어지다'나 '형용사+-아/어지다'와 차이를 보인다.

(1) 교수-학습활동

1) 「V·A아(어/여)지다」로 바꿔 문장 만들기
예) 출발 시간을 뒤로 (미루다). 나.⇒ _____.
강물이 예전보다 더 (깨끗하다). 나.⇒ _____.

2) 틀린 부분을 찾아 바르게 고치기
예) 빵이 맛있게 만들려요. → _____.

3) 주동문에서 「V·A 아(어/여)지다」로의 전환
<보기> 누나가 **불을 껐어요.** → **불이 꺼졌어요.**

4) 대화하기: 제시된 사진이나 자료를 보고 한국의 유명한 탑, 건물 등이 언제 세워졌는지, 세계를 떠들썩하게 했던 사건의 범인이 누구로 밝혀졌는지, 훈민정음 등이 언제, 누구에 의해서 만들어졌는지 대화한다.

5) 상황 묘사하기: 아침에 허겁지겁 출근했다 돌아 왔을 때 어지럽혀져 있는 방안이나 사무실 그림을 보고 묘사한다. 이때 문법 '-아/어 있다'와의 통합 연습도 가능하다.

○ 사용 단계

(1) 교수-학습활동

1) 여러 가지 그림을 제시해 주고 이야기를 만들어 보게 함으로써
   이야기를 구성하는 표현력과 함께 문형을 자연스럽게 익힐 수
   있다.

> <그림1> 쌍꺼풀이 없는 작은 눈
> <그림2> 쌍꺼풀 수술을 하다. → 쌍꺼풀이 있는 커다란 눈
> <그림3> 눈이 커지다.
> <그림1> 여자가 뚱뚱하다.   <그림2> 열심히 운동하다.
> <그림3> 운동해서 날씬해지다.

2) 대화 만들기

> <보기> ① 현관문 - 잘 잠기다   ② 그 소설 - 많이 읽히다
>   ③ 생선 - 맛있게 굽다   ④ 건물 - 멋있게 세우다
> 가 : _____이/가 _____아(어/여)졌어요?
> 나 : 예, _____이/가 _____아(어/여)졌어요.

3) 문장 완성하기

> ① _____니까 _____아(어/여)졌어요.
> ② _____으니까 _____아(어/여)졌어요.
> ③ _____(으)면 기분이 좋아질 거예요.
> ④ _____스트레스가 다 없어졌어요.

○ **마무리 단계**

(1) 교수-학습활동

1) 교사가 주제를 선정해 주고 '아(어/여)지다'를 사용해 독창적인 생각과 의사가 담긴 내용의 글을 써오도록 과제를 부여한다.

2) '요즘 자신의 생활'에 대한 주제로 '아(어/여)지다'를 사용하여 글을 쓴 후, 컴퓨터 자료실에 올리도록 한다.

5 정리

본고에서는 외국어로서의 한국어교육에 대한 실제적인 교수 모형을 제시하기 위한 노력의 하나로 한국어의 피동 표현을 일본인 학습자에게 어떻게 가르쳐야 효율적인 학습이 될 것인가 하는 점에서 출발하였다.

한국어의 피동 표현은 '-이-'形, '-어지다'形, '-되다'形을 첨가하거나 대치시키는 다양한 형식으로 나타나고 있고, 각기 개별적인 형태 결합을 하는 특수성을 지니고 있어 사용 빈도가 낮다. 그런데 일본어의 피동 표현은 거의 모든 동사에 「-(ら)れる」를 연결시키면 하나의 피동 형태가 실현되므로 형태적인 면에서 안정적이다. 따라서 한국어 피동에 비해 일본어 피동이 생산적이고 사용 빈도도 높다고 할 수 있다. 이러한 차이로 인해 일본인 학습자들은 한국어 피동 표현을 학습하는데 있어서 많은 어려움을 겪고 있다.

이에 피동 표현의 교수 방안으로 첫째 Brown(2001)에서 제시한 오류의 원인을 살펴보고 오류 분석 가설에 따라 일본인 학습자들에게 의뢰한 과제물을 통하여 일본인 학습자들이 한국어 피동 표현을 어떻게 이해하고 있으며 어떤 요인에 의해 잘못 사용되고 있는지를 알아보았다. 둘째 한국어 피동 표현에 대한 교육 현황을 파악하기 위해 국내 한국어교육기관의 교재를 살펴본 결과 구문론적인 교육보다 형태 중심의 교육으로 행해지고 있음을 알 수 있었다. 그러나 이들을 어휘로 제시하는 차원에서 다루고 있을 뿐, 피동문을 구성하는 규칙이나 구조적인 특징에 대한 접근은 찾아보기 어려웠다. 마지막으로 필자의 현장 경험을 토대로 도입→제시→연습→사용→마무리 단계로 피동 표현의 구체적인 교수 방안을 제시하였다.

본 연구에서는 일본인 학습자만을 대상으로 이루어졌지만 앞으로는 타 언어권 학습자를 대상으로 교수 방안이 이루어져야 할 것이다. 그리고 이러한 한·일 양국어의 피동 표현을 고찰함에 있어서 구어에서 사용되는 피동 교수 방안에 대해서도 연구가 이루어진다면 좀더 보편적인 결과를 도출해 낼 수 있을 것이라는 생각이 들었다. 필자는 한국어교육 현장에서의 경험을 논문에 반영하려고 노력하였으나 아직도 많은 부분에서 미흡하며 또한 많은 과제가 남아 있음을 알았다.

향후 본 논문에서 제시된 교수 방법 외에도 쉽고 재미있게 할 수 있는 교수 방안에 대한 다양한 연구 논문이 나와 한국어교육에 많은 발전이 있기를 기대한다.

참고문헌

김순좌(1994), "한국어 피동 표현의 연구", 덕성여자대 석사학위논문.

김홍수(1998), 「피동과 사동」, 『문법 연구와 자료』, 태학사.

서정수(1996), 「국어문법」, 한양대학교 출판원.

오시정(1984), "한국어의 피동문 연구", 중앙대 석사학위논문.

우인혜(1997), 『우리말 피동 연구』, 서울: 한국문화사.

전나영(2003), 『일본어권 학습자를 위한 한국어 교육』, 경진문화사.

최병구(1985), "한국어와 일본어 피동문 비교연구", 중앙대 석사학위논문.

최선숙(1999), "한・일 양언어 피동표현에 관한 연구", 동아대 석사학위논문.

최현배(1978), 『우리말본』, 정음사.

기타무라 다다시(北村唯司)(2004), 「한국어 피동 표현 연구」, 서울시립대 박
　　　　사학위논문.

鈴木重幸(1978), 「日本語文法・形態論」, むぎ書房.

三上章(1979), 『現代語法序說』, くろしお出版.

森田良行(1990), 『講座日本語敎育』, 早稻田大學校育硏究所.

野田常史(1991), 『はじめての人の日本語文法』, くろしお出版.

제 **2** 장

교육과정의 전략과 탐색

제2장 교육과정의 전략과 탐색

의사소통능력 향상을 위한 한국어교육과정 개발 방향

화교 학생 대상의 한국어교육을 위한 기초 연구
인천·서울 지역 화교학교 학생의 요구분석을 중심으로

학문목적 한국어교육과정 설계 연구
고급학습자를 대상으로

의사소통능력 향상을 위한
한국어교육과정 개발 방향

 교육과정의 개념

교육과정(敎育課程, curriculum)은 교수요목, 교육목표, 교육내용, 교수방법, 교육평가 등을 포함하는 개념이다. 박영순(2001)은 교육과정을 집을 지을 때의 설계도와 여행할 때의 지도에 비교하면서 교수학습의 전체적인 계획표라고 정의하였다. 또한 안경화(2007)는 교육과정을 하나의 교과에서 가르쳐야 할 언어 교수 프로그램의 전반적인 계획 및 운영을 의미한다고 하였고 김정숙(2005)은 Stern(1992)의 말을 빌려 '목표, 내용, 전략, 기술, 교수/학습 자료뿐만 아니라 이들의 시간적 순서적 배열, 사회적 조직, 평가 과정을 응집적인 전체(coherent whole)로 구조화한, 언어 교수의 전반적인 계획'이라고 하였다. 이런 여러 가지 논의들이 공통적으로 말하는 교육과정이란 넓은 의미로는 한 교과의 전반적인 틀을 제공하는 것이고 좁은 의미로는 한 교과에서 교수·학습의 실재를 의미하는 것이다.

그러므로 교육과정은 교육목표를 정하고 교육목표에 따라 교육내용이 만들어지고 이에 따라 교수방법이 구체화되어야 한다. 이러한 교수요목을 토대로 교재가 만들어지며 이 교재를 이용한 교수·학습은 이후 평가를 거치며 평가의 피드백을 통해 교육과정이 다시 수정된다. 이러한 순환과정을 통해 더욱 유의미한 교육과정이 만들어지는 것이다.

다음은 교육과정이 설계되는 절차이다.

교육 과정 설계 → 검토 및 평가 → 교육과정 수정 보완 → 교수요목 설계 → 교재개발 → 교육실행 → 평가 → 교수요목 수정 → 교재 평가 → 교재 수정 → 교육 실행 → 교육과정 설계[1]

2 교수요목의 개념과 종류

교육과정의 가장 핵심부라고 할 수 있는 교수요목(syllabus)은 크게 교육내용과 교육방법을 포함하고 있다. 김정숙(2003)은 교수요목은 무엇을, 어떻게 가르칠 것인가를 보여 주는 교육과정의 설계도라고 하였고, 박영순(2001)은 교수요목이란 하나의 교과목이나 교과서의 내용을 항목별로 일목요연하게 보여주는 구체화된 목록이라고 하였다. 또한 김인규(2003)는 교수요목을 '언어교육 현장에서 무엇을 가르칠 것인가?'에 대한 논의라고 규정하였는데 이는 교육내용에 초점을 둔 것이라고 할 수 있다. 위의 논의들을 바탕으로 할 때 교수요목이란 교육과

---

1) 박영순(2001), 외국어로서의 한국어교육론, 월인, p.180.

정에서 평가영역을 제외한 교수·학습을 총괄하는 개념이다.

이러한 교수요목은 크게 결과 지향적 교수요목과 과정 지향적 교수요목으로 나눌 수 있다. 먼저 결과 지향적 교수요목으로는 문법 중심의 교수요목이라고도 하는 구조 중심 교수요목과 상황 중심 교수요목, 개념-기능 중심 교수요목이 있다. 구조 중심 교수요목은 말 그대로 목표 언어의 문법이나 구조를 강조하는 것이며 상황 중심 교수요목은 특정 언어 상황에서 사용할 언어를 중심으로 교육 항목을 선정한 교수요목으로 언어의 사용 측면을 강조한 교수요목이다. 또한 개념-기능 중심 교수요목은 언어 기능과 개념의 범주에 초점을 둔 교수요목으로 학습자의 의사소통능력을 향상시키는 것을 목표로 삼는 교수요목이다. 결과 지향적 교수요목과 달리 과정 지향적 교수요목으로는 과정 중심 교수요목과 과제 중심 교수요목이 있다. 과정 중심 교수요목은 교수요목이 수업에서 교사나 학습자에 의해 계속 재해석, 재창조되어야 한다는 주장에 근거하는 것으로 학습자 중심적 교수요목이라고도 할 수 있다. 그리고 과제 중심 교수요목이란 학습자들이 과제를 수행하면서 요구되는 언어를 바탕으로 언어 능력을 향상 시키는 교수요목을 말한다.

위와 같이 다양한 교수요목이 존재하지만 요즘 한국어교육 분야에서는 통합적인 교수요목이 주류를 이루고 있다. 어느 한 가지 기능에만 치우친 것이 아니라 교육과정 중에 다양한 교수요목이 학습목표나 학습자에 따라 적용되고 있다. 이는 한국어교육의 여러 가지 통합 교재에서도 찾아볼 수 있는데 통합교육에 대한 논의는 다음 장에서 하도록 하겠다.

3 의사소통 중심 교육과정

3.1. 의사소통능력의 개념과 의사소통 중심 언어교육

1970년 이후 의사소통능력 향상과 숙달도 개발을 목적으로 한 한국어교육이 이뤄지면서 교육의 결과보다는 교육과정에 초점을 두는 언어교육이 주류를 이루고 있다. 언어 학습의 궁극적인 목적은 의사소통능력 향상이다. 즉, 언어 능력이란 의사소통 능력이라고 할 수 있게 되었다.

Canale와 Swain(1980)과 Bachman(1990)은 언어사용에서 맥락과 의사소통 능력의 중요성을 중시하는 언어 능력 모형을 다음과 같이 제시하였다. 먼저 Canale와 Swain의 모형에서 언어 능력을 문법적 능력(grammatical competence)[2], 사회 언어학적 능력(sociolinguistic competence)[3], 담화적 능력(discourse competence)[4], 책략적 능력(strategic competence)[5]으로 나누었다. 이후 Bachman이 Canale와 Swain의 모형을 이어받아 더 포괄적인 모형을 제시하였다. Bachman은 의사소통 능력을 구성하는 요소로 언어 능력(language competence), 책략적 능력(strategic competence)[6], 심리-생리적 기제(psychophysiological

---

2) 문법적 능력(grammatical competence)이란 언어의 기호체계, 즉 어휘, 단어형성 규칙, 문장 형성 규칙, 문자적 의미, 발음, 철자 등에 대한 습득을 말한다.
3) 사회언어학적 능력이란 맥락에 따라 말의 의미나 형태가 적절한 언어를 구사하는 능력을 말한다.
4) 담화적 능력이란 앞뒤가 조리 있고 체계적인 말이 되도록 말의 형태와 의미를 잘 배합할 수 있는 능력을 말한다.
5) 책략적 능력이란 문법적 능력 등의 결핍으로 의사소통이 장애를 받거나 실패를 할 때 사전을 이용하거나 다른 말 혹은 방법을 동원하여 보완하는 책략을 사용하는 능력을 말한다.

mechanisms)[7]를 들었다. 이때 언어 능력(language competence)은 언어를 통하여 의사소통이 이루어지는 과정에 사용되는 각종 구체적 언어 정보에 관한 지식을 말한다. 이 언어 능력은 구조적 능력(organizational knowledge)과 화용적 능력(pragmatic knowledge)으로 나누어지는데 구조적 능력에는 문법적 능력(grammatical knowledge)[8]과 구문적 능력 (textual knowledge)이 있고 화용적 능력에는 언어 기능에 관한 지식 (functional knowledge)과 사회 언어학적 지식(sociolinguistic knowledge) 이 있다. 언어 학습의 목적이 언어 능력의 향상을 통한 효과적인 의사소통의 실현이라고 할 때 언어 교육, 특히 제2언어 학습자가 학습한 언어를 이용해 효과적인 의사소통을 하기 위해서는 Canale와 Swain, 그리고 Bachman이 제시하는 모형의 어느 한 요소만 학습하지 못해도 학습자들이 목표어의 학습을 통해 얻고자하는 목표에 실패하는 결과를 안게 된다. 즉, 의사소통능력 향상을 위해서는 언어의 어느 한 영역에 치우치지 않는 통합적인 교육이 이루어져야 한다는 것이다. 게다가, 모어가 아닌 외국어를 학습하기 위해서는 통합교육을 통해 언어의 모든 기능을 향상 시킬 수 있는 교수·학습이 이루어져야 한다. 이는 Savignon (1983)의 "역삼각형"교실상황 모델로도 설명될 수 있다.

6) 언어를 사용하여 의사 소통을 하는 맥락에서 언어 능력을 구성하는 하위 요소들을 제대로 실행에 옮길 수 있는 정신 능력(mental capacity)을 의미하는 것으로 Canale와 Swain(1980)의 그것과는 차이가 있다.

7) 심리-생이적 기제는 언어사용을 하나의 물리적 현상으로 실행하는 데에 관여하는 신경학적이고 심리적인 과정을 가리킨다.

8) Widdowson이 말하는 언어의 용법(usage)과 관련된 지식으로 어휘(vocabulary), 통사(syntax), 음운/문자(phonology/graphology) 지식이라는 하위 요소를 가진다.

<그림-1> Savignon의 의사소통 능력 구성 요소

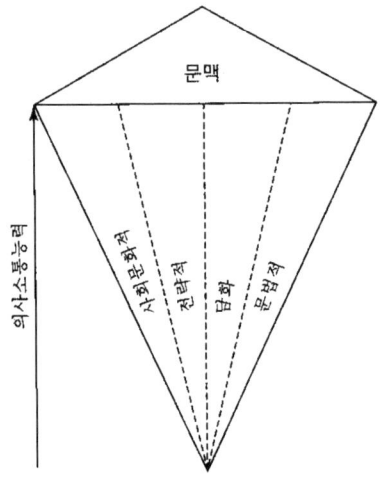

<그림-1>의 의사소통 능력의 구성 요소 중에서 문법적 능력은 단지 형태 중심의 능력을 의미하는 것이 아니라 언어 규칙을 통해 의미를 해석하고 표현하고 목표어를 사용할 때 이를 활용해 말할 수 있는 능력을 말하는 것이다. 그리고 담화 능력은 글을 개별적으로 보는 것이 아니라 의미가 있는 전체를 연관 지어서 보는 것이다. 또한, 사회문화적 능력은 언어가 상용되는 사회적 맥락을 이해하는 것이며 의사소통 상황에서의 참여자의 역할, 공유하는 정보, 상호작용의 기능을 기르는 능력을 의미한다. 마지막으로 의사소통 중심 언어교육에서 가장 중요시 되는 것이 전략이다. 언어의 모든 기능을 활용하여 학습자는 언어 전략을 활용하여 의사소통 상황에서 상대방과 협상할 수 있는 능력을 기르는 것이다. 즉, 의사소통 중심 언어교육에서는 원어민과 같은 능력의 언어를 구사하는 것이 목표가 아니라 자신만의 언어를 활용하여 자신이 목표로 하는 의사소통을 하는 능력을 키우는 것을 목표이다.

그러므로 <그림-1>과 같이 의사소통 능력은 구성 요소들은 모두 연관되어 있으며 의사소통 능력에 따라서 각 요소들의 상대적인 중요성이 달라지기도 한다. 하지만, 하나하나가 모두 필수적인 요소이며 서로 연관되어 있다. 그러므로 학습자가 의사소통 능력의 한 요소에서 능력이 향상되었다면 이는 다른 요소에서의 향상도 함께 이루어진다. 예를 들면, 문법적 능력이 향상되었다면 이는 그 문법을 활용한 담화 능력도 함께 향상된 것을 의미한다는 것이다.

이를 한국어교육과 관련지어 생각해 본다면 현재 한국어교육은 통합교재를 활용한 주제중심, 과제중심 교수·학습이 이루어지고 있다. 이는 각 영역과 기능을 분리시켜 교육하는 것이 아니라 각 의사소통 상황에 맞는 언어능력을 향상시키는 것을 목적으로 한다는 것을 알 수 있다. 그러나 언어의 형태와 규칙, 즉, 문법을 간과하고 있지는 않다. 실제 교수요목은 주제 중심, 기능 중심이지만 학습 목표는 언어지식을 학습하고 이를 활용하여 의사소통능력을 향상시키는 것이기 때문이다. 그러므로 한국어교육에서는 의사소통 중심의 언어교육이 이루어져야 겠지만 목표어 자체에 대한 지식, 즉, 형태 학습도 함께 이루어지는 교육이라고 하는 것이 옳다.

3.2. 의사소통 중심 교육과정 개발

의사소통 중심 언어교육을 위해서는 이에 맞는 교육과정이 정립되어야 한다. Savignon(1997)은 의사소통 중심 교육과정을 형성하기 위해서는 다음 다섯 가지를 고려해야 한다고 하였다.

1. 언어기술
2. 목적을 위한 언어
3. 나의 언어는 곧 나의 표현
4. 무대예술
5. 교실수업을 초월하기

첫째, 언어 기술은 교사가 교수하기 위한 언어지식을 말한다. 즉, 형태에 정확성을 강조하는 형태 중심의 활동이다. 예를 들면, 형태론, 통사론, 음성학 등이 이에 속하며 학습자의 요구에 맞게 언어를 가르칠 수 있는 기술을 의미한다. 둘째, 목적을 위한 언어는 언어분석과 대조되는 의미의 언어경험을 의미한다. 학습자가 즉각적인 의사소통 상황을 경험함으로서 언어 학습의 목적이 정해지고 교재가 선택된다. 즉, 학습자의 목적에 초점을 둔 언어교육을 의미하며 이는 형태보다는 의미에 초점을 둔다. 셋째는 학습자 중심의 언어 교육이다. 이는 교실에서 교사가 목표어만을 이용해서 교수하는 것을 의미하는 것인데 학습자만의 표현에 귀 기울이고 학습자가 자신의 의사소통능력을 이용해 전략을 사용하여 협상하도록 하는 것이다. 이 때 교사의 긍정적인 반응과 적절한 피드백이 중요한 역할을 한다. 넷째, 무대예술이란 목표어의 사회에서 경험하는 모든 것들이 언어모델이 될 수 있다는 것이다. 학습자는 항상 물건을 사거나, 주문하는 사람이 아니라 파는 사람이 될 수도 있고 의사가 될 수도 있으며 경찰관이 될 수도 있다는 것이다. 즉, 목표어의 사회맥락을 이해하기 위해 사회를 구성하는 구성원들의 역할을 이해하면서 사회묵화적인 규칙을 이해하고 이를 통해 더 넓은 의사소통 능력을 향상시킬 수 있다는 것이다. 마지막으로 교실수업 초월하기라는 것은 실제 수업은 교실에서 이루어지지만 학습자가 교실 밖에서도 실제 목표어를 사용할 수 있는 기회를 제공해야 한다는 것이다. 결과적으로 의사소통 중심 언어교육이란 학습자 중심의 언어교육이며 교육내용과 교육방법이 학습자의 목표에 따라서 매우 다양하게 정립될 수 있는 교육이다. 단지 언어의 한 능력을 향상시키기 위해 듣고, 말하고, 읽고, 쓰는 연습을 반복하는 것이 아니라 실제 학습자의 요구를 충족할 수 있는 교육과정이 이루어져야 한다는 것이다. 그 안에서 언어의 네 가지 기능이 향상될 것이고 이는 성공적인 의사소통을 이루게 해 줄 것이다.

의사소통 중심 통합교육의 필요성

앞서 논의한 의사소통 중심 언어교육을 위해서는 의사소통능력을 향상시키기 위해 가장 적합한 언어접근법이 요구된다. 인간은 언어를 구사할 때 이해하고 표현한다. 언어의 네 기능인 듣기, 말하기, 읽기, 쓰기 기능은 효과적인 의사소통을 가능하게 한다. 즉, 입력(input)과 출력(output)은 어느 한 쪽에 치우치지 않고 상호작용한다는 것은 앞서 논의한 바와 같다. H. Douglas Brown(2001)은 의사소통적, 상호작용적인 틀 안에서 가장 적합한 틀은 언어의 네 기능의 통합적 접근법이라하면서 이를 뒷받침 할 수 있는 주장을 다음과 같이 제시하였다.

1. 언어의 표현과 이해는 동전의 양면처럼 쪼갤 수 없는 영역이다.
2. 문어(written language)와 구어(spoken language)는 밀접한 관련

성을 지니고 있다.

3. 문자해득력이 있는 학습자에게 있어 문어와 구어의 관련성은 언어와 문화와 사회를 반영하는 것으로서 내적인 동기를 유발한다.

4. 언어를 가지고 학습자가 무엇을 할 수 있는가에 주된 관심을 두고, 언어의 형태에 부수적인 관심을 둠으로써 교실 상황과 유관한 기능은 무엇이든지 이용하거나 혹은 네 기능 모두를 이용할 수 있다.

5. 많은 경우에 한 가지 언어 기능은 다른 기능을 강화해준다. 예컨대, 들은 내용을 모델링함으로써 말하기를 배우고, 읽은 내용을 꼼꼼히 살펴봄으로써 쓰기를 배우게 된다.

6. 인간이 실생활에서 언어를 수행하는 것을 보면 한 가지 이상의 기능을 통합하여 사용할 뿐 아니라 언어와 사고, 감정, 행동방식이 밀접하게 관련되어 있다고 한다.9)

이는 Savignon(1997)의 의사소통 능력의 구성 요소와 일맥상통하는 것으로 결국, 의사소통 능력을 향상시키기 위해서는 기능의 독립된 교육이 아니라 통합이 필요하다는 것이다.

현재 한국어교육은 앞서 논의한 의사소통 중심 통합교육이 주류를 이루고 있다. 그러나 이를 위한 교육과정의 개발이 제도적인 문제 등으로 실제 교육을 반영하지 못하고 있는 것이 사실이다. 한국어능력평가원에서 시행하는 한국어능력시험에서 분류하는 한국어 학습자의 의사소통 능력의 단계와 그에 따른 기준이 있기는 하지만 학습자와 학습자 요구가 다양한 한국어교육의 실제를 반영하지 못하고 있다. 이를 위해

----

9) H. Douglas Brown(2001)의 내용을 정리하였다.

한국어교육의 특성에 맞는 교육과정의 정립이 요구되고 있다. 따라서 의사소통 중심 통합교육을 지향하는 한국어교육의 교육과정 개발 방향을 제안해 보고자 한다.

학습자 중심의 의사소통 중심 교육과정을 개발하기 위해서 가장 중요한 것은 학습자가 누구인지, 학습자가 학습하고자 하는 것이 무엇인지를 아는 것, 즉, 학습자의 요구조사가 선행되어야 한다는 것이다. 외국어로서의 한국어교육에는 국어교육의 학습자들과는 달리 다양한 연령의 다양한 목적을 가진, 그리고 다양한 모국어를 구사하는 학습자들이 존재한다. 게다가 한국어교육과정은 모든 학생들이 같은 시기, 같은 목적, 같은 기관, 같은 과정에서 학습하는 의무적인 교육인 국어교육과는 달리 학습자와 학습자들의 목적에 따라 다른 과정에서 학습하며 학습자의 필요에 따른 수의적이 교육이다. 그러므로 한국어교육과정은 학습자와 학습자의 학습 목표에 따라서 교육과정이 달라진다. 즉, 다양한 교육과정이 존재할 수밖에 없다. 만약 한국어를 배우려는 학습자가 한국에서 돈을 벌기 위해 온 외국인노동자라면 학습목표는 의사소통 능력 향상과 함께 그들이 일하는 현장에서 많이 사용하는 표현에 초점을 둔 교육내용, 교수방법이 적용되어야 하고 오전부터 오후까지 매일 근무한다는 점을 고려하여 야간수업이나 격일제 수업이 이루어져야 할 것이다. 그렇다면 외국어로서의 한국어교육에는 국어교육과정과 같이 공신력을 갖춘 교육과정이 개발될 필요가 없는 것인가? 라는 의문이 제기될 수 있다. 그러나 모든 외국어 학습의 궁극적인 목적은 의사소통 능력향상이라는 점이 중요하다. 즉, 기본적인 언어 능력향상을 위한 정규과정 교육과정을 바탕으로 학습자들의 요구를 반영한 다양한 교육과정이 더 개발되어야 한다. 현재 일반적으로 한국어교육에서 흔히 많이 하는 언어교육코스는 대학기관에서 운영하는 정규언어교육과

정이며 이는 한국어능력시험에서 나누는 6단계에 맞춘 교육과정이라
고 할 수 있다. 한국어능력시험의 등급별 평가 기준표를 통해 각 급에
서 요구하는 의사소통 능력에 대해 살펴보자.

<표-1> 한국어능력시험 등급별 평가 기준표

등급		평가기준
초급	1급	• '자기 소개하기, 물건 사기, 음식 주문하기' 등 생활에 필요한 기초적인 언어기능을 수행할 수 있으며 '자기 자신, 가족, 취미, 날씨' 등 매우 사적이고 친숙한 화제에 관련된 내용을 이해하고 표현할 수 있다. • 약 800개의 기초 어휘와 기본 문법에 대한 이해를 바탕으로 간단한 문장을 생성할 수 있다. • 간단한 생활문과 실용문을 이해하고 구성할 수 있다.
	2급	• '전화하기, 부탁하기' 등의 일상생활에 필요한 기능과 '우체국, 은행'등의 공공시설 이용에 필요한 기능을 수행할 수 있다. • 약 1,500~2,000개의 어휘를 이용하여 사적이고 친숙한 화제에 관해 문단 단위로 이해하고 사용할 수 있다. • 공식적 상황과 비공식적 상황에서의 언어를 구분해 사용할 수 있다.
중급	3급	• 일상생활을 영위하는 데 별 어려움을 느끼지 않으며, 다양한 공공시설의 이용과 사회적 관계 유지에 필요한 기초적 언어 기능을 수행할 수 있다. • 친숙하고 구체적인 소재는 물론 자신에게 친숙한 사회적 소재를 문단 단위로 표현하거나 이해할 수 있다. • 문어와 구어의 기본적인 특성을 구분해서 이해하고 사용할 수 있다.
	4급	• 공공시설 이용과 사회적 관계 유지에 필요한 언어 기능을 수행할 수 있으며, 일반적인 업무수행에 필요한 기능을 어느 정도 수행할 수 있다. • '뉴스, 신문 기사'중 평이한 내용을 이해할 수 있다.

		일반적·사회적·추상적 소재를 비교적 정확하고 유창하게 이해하고 사용할 수 있다. ● 자주 사용되는 관용적 표현과 대표적인 한국 문화에 대한 이해를 바탕으로 사회·문화적인 내용을 이해하고 사용할 수 있다.
고 급	5 급	● 전문 분야에서의 연구나 업무 수행에 필요한 언어 기능을 어느 정도 수행 할 수 있다. ● '정치, 경제, 사회, 문화' 전반에 걸쳐 친숙하지 않은 소재에 관해서도 이해하고 사용할 수 있다. ● 공식적, 비공식적 맥락과 구어적, 문어적 맥락에 따라 언어를 적절히 구분하여 사용할 수 있다.
	6 급	● 전문 분야에서의 연구나 업무 수행에 필요한 언어 기능을 비교적 정 하고 유창하게 수행할 수 있다. ● '정치, 경제, 사회, 문화' 전반에 걸쳐 친숙하지 않은 주제에 관해서도 이용하고 사용할 수 있다. 원어민 화자의 수준에는 이르지 못하나 기능 수행이나 의미 표현에는 어려움을 겪지 않는다.

<표-1>에서 보듯이 대부분의 대학교육기관의 정규수업은 TOPIK (Test of Proficiency In Korean)이라는 언어인증시험에서 분류하고 있는 언어능력 6단계의 수준별 교육과정에 따라 이루어지고 있다. 그러나 앞서 제시하고 있는 6단계 분류는 매우 단순해서 실제 정규교육과정이 10주에 200시간씩 6급까지 한다고 해도 1년 반이라는 기간 동안 한국어능력시험에서의 목표를 달성하기는 어렵다. 즉, 너무 이상적인 목표라는 것이다. 한국어능력시험에서의 달성 목표는 일반적인 의사소통에 목적을 두고 단계를 분류한 것이지 그 이상의 수준을 달성하려면 이외의 과정이 필요한 것이 사실이다. 6단계의 교육과정이외에서 연구반이나 한국학반처럼 국어에 대한 더 많은 지식을 전달할 수 있는 그 이상의 교육과정이 필요하며 실제 정규과정에서도 이러한 수업이 이루어지고 있다.

즉, 앞서 논의한 바와 같이 한국어교육과정개발을 위해서는 먼저 한국어교육에서 공신력을 가진 한국어능력교육과정평가원에서 좀 더 세분화된 언어 수준별 평가 기준과 언어학습 목표를 수립해야 한다. 외국어로서의 영어교육의 언어인증 시험인 TOEFL(Test of English as a Foreign Language)에서는 각 기능별, 영역별 언어기준을 제시하고 이에 따라 언어능력 단계를 구분한다. 게다가 각 기능별, 영역별 학습자들이 갖추어야 할 전략을 통한 협상의 수준을 향상시킬 수 있는 피드백까지 함께 제시하고 있다.

<표-2> TOEFL의 평가 기준과 등급 분류

영역		점수	단계
읽기(Reading)		22-30	High
		15-21	Intermediate
		0-14	Low
듣기(Listening)		22-30	High
		14-21	Intermediate
		0-13	Low
말하기 (Speaking)	친숙한 주제에 관련된 말하기 (Speaking about Familiar Topic)	3.5-4.0	Good
		2.5-3.0	Fair
		1.5-2.0	Limited
		0-1.0	Weak
	대학생활에 관련된 주제에 관련된 말하기 (Speaking about Campus situations)	3.5-4.0	Good
		2.5-3.0	Fair
		1.5-2.0	Limited
		0-1.0	Weak

		3.5-4.0	Good
	대학수업내용에 관련된 말하기 (Speaking about Academic Course Content)	2.5-3.0	Fair
		1.5-2.0	Limited
		0-1.0	Weak
쓰기 (Writing)	읽기와 듣기를 바탕으로 한 쓰기 (Writing Based on Reading and Listening)	4.0-5.0	Good
		2.5-3.5	Fair
		1.0-2.0	Limited
	지식과 경험을 바탕으로 한 쓰기 (Writing Based on Knowledge and Experience)	4.0-5.0	Good
		2.5-3.5	Fair
		1.0-2.0	Limited

<표-3> TOEFL 대학수업내용에 관련된 말하기
(Speaking about Academic Course Content)영역의 피드백

LIMITED(1.5-2.0)	
Practice speaking about current events. Read newspaper articles, editorials and cultural events in English. Share the information that you read with a friend in English.	현재 일어나는 일들에 대한 실제 말하기
	신문의 기사나, 사설 그리고 문화에 대한 글을 읽어라. 그리고 그 정보를 친구와 영어로 이야기해라.
Visit a university class and take notes in the class. then use your notes to tell a friend about some of the information you heard in English.	대학교 수업을 듣고 필기한 후에 필기자료를 이용하여 친구에게 영어로 말해라.
Develop your academic vocabulary. Write down important new words that you come across while reading or listening and practice pronouncing them.	학문적인 어휘를 향상시켜라. 읽거나 듣는 중에 접하는 새 단어를 메모하고 단어의 발음을 연습해라.

| Listen to a weather report and take notes on what you heard. Then five the weather report to a friend in English. | 일기예보를 듣고 메모한 후에 이를 활용하여 친구에게 영어로 이야기해라. |

<표-2.3>에서와 같이 TOEFL에서는 먼저 언어 능력을 읽기, 듣기, 말하기, 쓰기의 네 기능으로 나누고 각 기능별로 요구하는 수준을 등급화 하였다. 특히 말하기와 쓰기에서는 각 주제 중심의 평가를 실행하고 있다는 것이 우리의 한국어능력시험과 다른 특이한 점이다. 실제 한국어능력시험에는 말하기 평가가 존재하지 않으며 쓰기 영역의 평가도 단순히 하나의 주제에 대한 이어쓰기 형식으로 띄어쓰기나 맞춤법에 초점을 둔 평가가 이루어지고 있다. 이는 의사소통능력을 평가하기에는 매우 미미하다. 우리의 언어능력평가는 매우 단순하고 매우 추상적이며 실제 의사소통능력 중심 교육과정과 매우 이질적인 형태의 기준을 제시하고 있다는 점이 문제점으로 지적될 수 있다.

따라서 외국어로서의 한국어교육을 위한 교육과정을 개발하기 위해서 다음과 같은 점들이 고려되어야 한다.

1. 학습자 대상을 고려한 교육과정을 구분할 필요가 있다.
2. 학습자의 숙달도의 발달 정도에 따라 급수를 세분화시킬 필요가 있다.
3. 정규과정은 통합수업을 하므로 통합교육과정을 바탕으로 한 기능별, 영역별 교육 과정이 개발되어야 한다.
4. 언어인증을 위한 평가의 기준은 존재하지만 이를 응용하여 학습자의 목표와 수업의 특성에 맞게 세분화된 교육과정이 달리 존재해야 한다.

교육과정을 개발하기 위해는 학습 대상에 대한 조사와 학습자의 요구조사가 선행되어야 한다. 특히, 다양한 국적의 다양한 언어를 구사하는, 그리고 다양한 목적을 위해 한국어를 배우고자 하는 학습자들의 특징을 알고 이에 따른 교육과정을 구분할 필요가 있다. 예를 들면, 학습자들을 중국어권과 영어권 등으로 구분하여 언어권별로 반을 구성한다거나 수업내용과 수업방법, 그리고 수업재료도 각각 다르게 적용하는 것이다. 또한 학습자의 숙달도의 발달 정도에 따라 급수를 세분화시킬 필요가 있다. 한 예로, 연세대학교의 연세한국어학당에서는 한자문화권 학습자들은 6급으로 비한자문화권 학생들은 8급을 단계로 구성된 교육과정을 가지고 있다. 이는 한자어가 많은 한국어의 특성, 그리고 이미 많은 현지에서 많은 한국어교육이 성행하고 있는 한자문화권 학습자들은 숙달도가 비한자문화권학생들보다 높았기 때문이다. 즉, 일률적인 교육과정은 학습자의 의사소통능력을 저해할 수 있다는 결론이다.

게다가 대다수의 대학들의 한국어교육기관의 정규과정에서는 통합수업을 하므로 통합교육과정을 바탕으로 한 기능별 교육과정이 개발되어야 한다. 현재 한국어정규과정에서 사용하는 한국어교재는 대부분 통합교재의 성격을 띠고 있으며 실제 수업도 통합교육으로 이루어진다. 앞서 논의한 바와 같이 통합교육이 의사소통능력향상을 위해 매우 적절한 교육과정이기 때문이다. 그러므로 한국어교과정도 통합교육과정을 기본으로 하되 학습자의 능력에 따른 기능별, 영역별 교육과정도 존재해야 한다는 것이다. 정규과정에서 습득하지 못하는 경우에는 정규과정 이외의 과정을 통해 기능별, 영역별로 보충할 수 있는 교육과정이 존재해야 한다. 예를 들면, 1급에서 통합교육과정에 따라 수업을 받은 학생이 언어의 네 기능 중 한 기능의 능력이 다른 능력에 비해 부족하다면 부족한 기능을 보충할 수 있는 기능별 교육과정이 개발되어야 한다는 것이다. 왜냐하면 언어의 네 기능과 각 영역은 상호보완적이며 이해와 표현 능력이 함께 신장되어야만 학습자가 목표로 하는 의사소통능력의 수준에 도달할 수 있기 때문이다. 한 예로, 정규과정 중에 선택수업과정에서는 읽고 말하기 반과 같이 기능별 수업이나 한국어시사반과 같이 학습자의 개별 요구에 따른 수업도 구성되어야 한다.

　마지막으로 언어인증을 위한 평가의 기준은 존재하지만 이를 응용하여 학습자의 목표와 수업의 특성에 맞게 세분화된 교육과정이 달리 존재해야 한다. 예를 들면, 다문화 가정의 외국인 어머니들을 대상으로 하는 과정에서는 의사소통능력 향상을 위한 통합교육과정을 바탕으로 학습자가 속한 사회에 맞는 가정생활 용어를 학습할 수 있는 교육과정이 필요하다. 만약 외국인며느리가 속한 사회가 농촌이라면 농기계의 이름이나 지역 사투리 등을 위한 과정이 꼭 존재해야 할 것이다. 혹은 대학이나 대학원 진학을 목적으로 하거나 이미 대학, 대학원 생활을 하고 있는 학습자들을 위해서는 학습자들의 전공과 수업 시간에 따라 교육과정이 정해져야 한다는 것이다. 실제, 인하대학교 한국어교육과정에는 학문목적반, 단기과정 중 회화반, TOPIK반 등이 운영되고 있으며 학문목적반도 학습자의 전공에 따라 수업 내용과 방법이 다르게 진행되고 있다. 그러나 이러한 모든 수업들의 바탕에는 그 수업을 위해 필요한 정도의 의사소통 능력을 갖추어야 한다는 전제가 있다.

5 교수과정의 실제

5.1. 교육 목적 및 교육 목표

교육 목적이 학습자가 교육 과정을 통해 이루어내야 할 장기적인 도달점이며 교육 목표는 교육 목적을 달성하기 위해 단기적으로 성취해야 할 단기적인 목표를 말한다. 현 강좌의 학습자들의 궁극적인 목표는 의사소통능력 향상이며 단기적인 교육 목표는 대학진학이다. 그러므로 본 강좌의 수업은 일반 목적 한국어와 학문 목적 한국어가 통합된 형태로 진행되고 있다. 그러나 1급은 한국어의 가장 초급 단계이므로 단계의 특성상 학문 목적 수업이 어려우므로 일반 목적 한국어교육 목표를 설정하도록 한다.

① 1급 과정의 교육 목적
　　가. 한국어의 특징을 알고 한글 자음과 모음을 학습하여 한국어 학습의 기본을 다진다.
　　나. 한국어능력평가원에서 제시한 기준에 의거하여 약 800개의 기초 어휘와 기본 문법에 대한 이해를 바탕으로 기본 적인 문장을 생성하여 듣고, 말하고, 읽고, 쓸 수 있다.
　　다. 일상생활에 필요한 생활문을 이해하고 기본적인 의사소통을 할 수 있다.

본 연구에서는 앞서 논의한 이론을 바탕으로 인하대학교 한국어강좌 1급 교수요목을 설계해 보고자 한다. 실재 수업을 통해 설계한 것으로 학습자 요구 조사가 이루어지지 못 했지만 교재와 학습자 특성 등을 바탕으로 하여 교수요목을 설계하고자 한다. 본 연구에서 설계하려는 인하대학교 한국어강좌는 주 20시간 씩 10주의 과정으로 총 200시간의 교육 과정으로 되어 있다. 1급의 특성에 맞는 교육 목표를 제시하고 이에 따라 영역별, 단원별 교육 목표의 예와 교육 내용 및 평가를 제시하겠다.

앞서 밝힌 한국어교육과정 개발을 위해 고려해야할 점을 기준으로 논의하도록 하겠다.

1) 학습자 대상을 고려한 교육과정을 구분할 필요가 있다.

교육과정 개발을 위해 학습자 특징을 다음과 같이 밝힌다.

<표-2> 인하대학교 한국어강좌 1급 학습자 정보

국적	베트남	일본	몽골	중국	캄보디아	인도네시아	카자흐스탄	스리랑카	네팔	탄자니아	브라질
인원	1	1	3	9	2	2	1	1	1	1	1
학습동기	대학(원)진학	대학(원)진학	대학(원)진학	대학(원)진학	대학(원)진학	대학(원)진학	대학(원)진학	대학(원)진학	대학(원)진학	대학(원)진학	대학(원)진학

2009.6

학습자들은 다국적으로 구성되어 있으며 모두 한국에서 대학이나 대학원을 진학을 위해 한국어를 공부하고 있다. 그러므로 수업은 어느 언어권에 치우치지 않고 이루어져야 하며 수업 중 필요한 경우에만 영어로 진행하는 것을 원칙으로 한다.

2) 학습자의 숙달도의 발달 정도에 따라 급수를 세분화시킬 필요가 있다.

현재 인하대학교 한국어강좌 1급은 총 3반으로 한 반에 10명씩으로 구성되어 있으며 전 급수는 1급부터 6급까지 있으며 6급 이후에도 연구반을 개설하여 정규과정 이상의 학업 수준을 목표로 하는 학습자들을 위한 강좌를 진행하고 있다. 또한 정규과정을 듣지 못하거나 정규과정을 들어도 부족한 영역을 보충할 수 있도록 야간에는 회화 집중반, 기초반, 한국어능력시험 대비 및 문법반, 학문 목적 반 등을 개설하여 강좌를 열고 있다.

학습자들은 각 급수에서의 평가를 통해 평가 기준 이상의 학업성취도를 보이는 학생들만이 다음 급으로 진급하는 것을 원칙으로 한다. 현 교육과정의 수업은 <표-3>과 같이 구성되어 있다.

<표-3> 인하대학교 한국어강좌 수업 구성

정규과정	야간과정			
1급-6급 / 연구반	한국어 기초반	회화 집중반	학문 목적반	한국어능력시험 대비 및 문법반

3) 정규과정은 통합수업을 하므로 통합교육과정을 바탕으로 한 기능별, 영역별 교육과정이 개발되어야 한다.

1급 수업에서 사용하고 잇는 교재는 '인하 한국어1(가칭)'으로 통합교재이며 주제 중심, 과제 중심 교재이다. 그러므로 실재 수업도 교재에 따라 통합수업으로 진행되고 있으며 각 차시마다 기능별, 영역별로 다른 교육목표와 교육내용을 가지고 있다. 특히, 듣고 말하기, 읽고 쓰기의 표현 영역과 이해 영역으로 나누어 진행되고 있다. <표-4>는 실제 교수요목 및 영역별 과별 학습 목표 및 학습 내용이다.

<표-4> 인하대학교 한국어강좌 수업 구성 예

과	주제	표현 및 문법	
		듣고 말하기	읽고 쓰기
준비	한글	-글자와 소리 익히기	-교실 표현
학습목표		한글의 특징을 알고 이해한다.	교실 표현을 읽고 쓸 수 있다.
1과	인사 안녕하세요?	-첫인사 -저는 N + -입니다 -첫인사 나누기	-다양한 인사 표현 -다양한 인사 표현 써 보기
학습목표		한국의 인사표현을 듣고 말할 수 있으며 간단한 자기 소개를 할 수 있다.	한국의 다양한 인사 표현을 읽고 쓸 수 있으며 자신의 나라의 인사표현과 비교할 수 있다.
2과	소개 정현 씨는 한국사람입니다.	-이름 + 씨 -N + -입니까?/-입니다. -N + -은/는(1) -네/아니요 -친구 소개하기	-N + -에서 왔습니까? /-에서 왔습니다. -N + -도 -자기 소개 쓰기
학습목표		간단하게 자기 소개와 친구를 소개할 수 있으며 '네/아니요' 대답을 구별하여 할 수 있다.	자기 소개를 위한 표현을 읽고 쓸 수 있으며 자기를 소개하는 간단한 문장을 생성하여 쓸 수 있다.
3과	교실 이것이 무엇입니까?	-이것,그것,저것 -N + -이/가 -무엇 ~ ? -(N + -은/는) N + -이/가 아닙니다 -교실 물건 묻고 답하기	-이/그/저 + N -누구 ~ ? -N + -의 -친구의 물건 이름 써 보기
학습목표		지시 대명사를 익히고 교실 물건을 지시 대명사를 이용해 묻고 대답할 수 있다.	-소유를 나타내는 조사 '의'를 학습하고 물건의 소유 관계를 나타내는 문장을 생성하여 쓸 수 있다.

4과	학교 학생 식당에 갑니다.	-어디 ~ ? -N(장소) + -에(1) -V + -(스)ㅂ니까?/(스)ㅂ 니다. -여기, 거기, 저기 -위, 아래, 앞, 뒤, 옆, 왼쪽, 오른쪽, 안, 밖	-N + -이/가 있다 /없다 -N + -와/과 + N -N + -만 -우리 반 소개하기
학습목표		의문사를 이용해 장소를 묻고 답할 수 있으며 여러 가지 위치를 나타내는 부 사어를 듣고 말할 수 있다.	목표 문법을 익히고 이를 활용하여 우리 반을 소개 하는 글을 쓸 수 있다.
5과	문화편 한국의 음식	한국의 기본 음식 / 젓가락 게임	
학습목표		한국의 기본 상차림을 이해하고 기본 음식의 이름을 익힌다. 젓가락을 이용하는 방법을 게임을 통해 배워 본다.	

4) 언어인증을 위한 평가의 기준은 존재하지만 이를 응용하여 학습자의 목표
  와 수업의 특성에 맞게 세분화된 교육과정이 달리 존재해야 한다.
  본 교육과정의 평가는 한 학기, 즉 10주 과정 중 중간, 기말시험으로
2회 치러지며 평가 내용은 다음과 같다.

① 평가 대상 : 본 한국어강좌를 수강하고 있는 외국인 학습자
② 평가 시간 : 5주차 2일간 50분씩 8시간
③ 평가 영역 : 어휘·어법, 읽기, 쓰기, 듣기, 말하기
④ 평가 방법 : 어휘·어법, 읽기, 쓰기, 듣기 - 5지선다형의 객관식
         및 주관식 25문항 씩
         말하기 - 각 급에 맞는 말하기 평가
         예) 1급 - 주제 및 상황에 맞게 질의에 응답하기

⑤ 평가 문제 예시

[1급 어휘·어법]

1. 그림을 보고 알맞은 것을 고르십시오.(   )

① 가: 축하합니다.   ② 가: 맛있게 드세요.
   나: 감사합니다.   나: 잘 먹겠습니다.

③ 가: 안녕히 가세요.   ④ 가: 실례합니다.
   나: 안녕히 계세요.   나: 어서 오세요.

 정리

　한국어교육과정은 국어교육과정과 같이 정해진 교육과정을 정립하기란 실제로 어렵다. 그러나 앞서 논의한 바와 같이 의사소통능력 향상을 위한 교육과정 개발을 위해서는 한국어교육과정에 축이 되는 교수요목과 평가가 필요하다. 하지만 현재 한국어교육과정에서는 이러한 교수요목과 평가가 부족한 실정이다.

　이를 보완하기 위해서는 먼저 학습자 요구조사와 분석이 선행되어야 하며 이를 통해 통합교육과정을 정립하여 학습자의 목적에 맞고 학습자가 목표로 하는 의사소통 능력에 도달하기 위한 통합교육이 이루어져야 하며 이를 위해서는 통합교재와 교육방법에 대한 개발도 이루어져야 할 것이다.

외국어로서의 한국어교육의 역사가 짧기는 하지만 발전된 시간에 비해 그 발전 속도와 양은 매우 크다고 생각한다. 이젠 더 넓은 마음과 눈으로 한국어교육의 현재를 바라보되 이를 뒷받침하기 위한 제도와 시스템이 구축되어야 할 것이다. 전과 달리 자격을 갖춘 교사들이 한국어교육 현장에 있으며 그 수요도 늘고 있다. 이제 양적인 발전만이 아닌 질적인 내실을 다질 때이다. 그러기 위해서는 앞서 논의한 한국어교육이 나아갈 방향에 대해 알고 이를 올바른 방향으로 이끌어 줄 수 있는 한국어교육만의 교육과정이 정립되어야 할 것이다.

참고문헌

김영춘 외(2006), 고등학교 제2외국어과 선택 중심 교육과정 개선 방안 연구, 한국교육과정평가원.

김인규(2003), 「학문 목적을 위한 한국어 요구 분석 및 교수요목 개발」, 한국어교육 14-3, 국제한국어교육학회.

김정숙(2003), 「통합 교육을 휘한 한국어 교수요목 설계 방안 연구」, 한국어교육 14-3, 국제한국어교육학회.

_____(2005), 「한국어 교육과정론, 제 2회 동남아서남아한국어교육자초청연수자료집」, 국제한국어교육학회.

박영목 외(2001), 국어과 교수 학습론, 교학사.

박영순(2001), 외국어로서의 한국어교육론, 월인.

안경화(2007), 한국어 교육의 연구, 한국문화사.

허 용 외(2005), 외국어로서의 한국어교육학개론, 박이정.

H. Douglas Brown(2006), 원리에 의한 교수-언어 교육에의 상호작용적 접근법, Longman, 권오량 외 역.

H. Douglas Brown(2007), 외국어 학습·교수의 원리, Longman, 이흥수 외 역.

Marrianne Celce-Murcia(2004), 교사를 위한 영어교육의 이론과 실제, 임병빈 외 역, Thomson.

TOEFLE iBT Performance Feedback for Test Takers
자료출처 :http://www.ets.org/portal/site/ets/menuite.

화교 학생 대상의
한국어교육을 위한 기초 연구
인천·서울 지역 화교학교 학생의 요구분석을 중심으로

 1 화교 학생을 위한 한국어교육 연구와 동향

1.1. 연구목적과 방법

최근 우리나라는 다문화사회로 이행되고 있고, 경제·정치적 면에서의 국제적 위상이 높아짐에 따라, 한국어에 대한 교육적 수요가 증가하게 됨은 물론 학습자도 다양해지고 있다. 한국어교육이 민족 교육의 일환으로 해외 교포들 대상으로 이뤄지던 정의적 차원에서 벗어나서이제는 실질적인 목적을 가지고 한국어를 학습하려는 외국인 및 기타학습자로 확대돼 가고 있는 것이다.[1] 이러한 추세 속에서 많은 관공서

....

1) 이러한 한국어 수요자 집단의 변화를 정명숙(2003)은 국내 한국어 학습자 집단을 ①순수 한국어 연수생, ②직업과 관련한 연수생, ③ 외국내 대학, 대학원에서 한국어를 수강하는 학생, ④중고등학교의 제2외국어로 한국어를 배우는 학생, ⑤해외 입양아 집단, ⑥외국인 취업 연수생, ⑦해외 교포와 같이 7개의 그룹으로 제시했다.

및 교육기관에서 자체적으로 한국어교육을 시행하게 되었으나, 교육과
정이나 교재 등 여러 측면에서 일정한 체계가 없어 많은 문제를 내포
하게 되었다.

한국어교육이 단순한 양적 성장이 아닌 질적 성장을 이루기 위해서
는 이를 뒷받침할 수 있는 교육과정 및 교재, 교수자 및 학습자 등에
관한 연구가 깊이 이뤄져야 한다. 특히 '교육'의 주체라 할 수 있는 학
습자나 교사에 대한 연구가 미비하여, 학습자 중심 교육은 물론 교육
목표 달성도 힘든 실정이었다. 즉, 학습자의 만족도를 높이지 못했고,
학습자의 성취동기에 기초한 학습 효과의 극대화도 기대할 수 없었다.
학습자 집단에 따라서 교육내용이나 방법이 달라져야 하는 데도 배경
이 다른 모든 학습자에 대하여 일률적인 교수 이론 내지 교사 중심의
교육과정이 적용되었던 것이다.

교육의 질과 효율성을 위해서라면, 모든 교육의 가장 중심에 학습자
가 놓여야 할 것이다. 다양한 학습자들의 배경 – 연령, 성별, 가정 및
성장 배경 등-은 물론 언어 사용 수준, 학습에 대한 요구사항 등의 요
소들을 구체적으로 알아야, 학습자에게 안성맞춤인 교육과정 및 프로
그램, 교재 등을 구현할 수 있을 것이다. 그래서 최근에 다양한 학습자
에 대한 기초 연구가 많이 진행되고 있으나, 오랜 세월 외국인으로서
우리와 역사를 함께 해 온 화교에 대한 연구는 거의 전무한 상태이다.

화교들은 약 100여년 전부터 우리 땅에 정착하여, 대대로 살아왔기
때문에, 한국어의 사용이 유창한 편이다. 하지만 한국어와 한국문화에
대한 체계적인 지식과 기능이 학습되지 않는다면, 숙달된 한국어 사용
은 힘들다. 화교 학생을 대상으로 한 한국어교육이 필요한 이유가 여
기에 있다. 화교학교 현장을 살펴보면, 한국어교육을 위한 독자적인 교
육과정이나 교재가 있으나, 한국인 학생들이 사용하는 국어 교재에서

발췌해 만든 것을 사용하고 있다. 이는 학습자로서 '화교' 학생을 고려하지 않은 결과이며, 이런 상황이라면 숙달된 고급 한국어 사용에 있어 필요한 지식과 기능을 빠짐없이 학습하기가 힘들 것이다.

따라서 본고에서는 화교들을 대상으로 하는, 효율적인 한국어교육의 실현을 위한 기초 연구를 수행할 것이다. 학습자로서의 '화교' 학생이 가진 여러 특징을 파악하고, 한국어교육에 대한 요구 분석을 통해, 화교학교에서의 한국어교육 계획 설계 및 교육과정·교재 구현을 위한 기틀을 마련할 것이다. 우선 인천중산화교학교와 한성중산화교학교를 중심으로 한국어 교사와의 인터뷰, 문헌조사를 통해 '한국어 학습자'로서의 '화교' 학생의 특징과 한국어교육의 특징 및 실태를 개괄적으로 파악할 것이다. 그리고 이를 바탕으로 설문 문항을 작성하여 화교 학생들을 대상으로 요구분석을 실시하고, 화교 학생 대상의 효율적인 한국어교육을 위한 몇 가지 제언을 하고자 한다.

이 주제로 연구를 할 경우 첫째, '화교'를 한국어교육의 학습자로서 인식했다는 점, 둘째, 화교 학생들의 특징 및 요구 분석을 통해 한국어교육 및 교육과정·교재 설계의 방향 설정을 위한 시사점을 얻을 수 있다는 점, 마지막으로 이중언어 사용자인 화교 학생[2]을 고려한다면, 외국어로서의 한국어교육과정과 내국인 대상의 국어 교육 과정의 연계의 가능성을 찾을 수 있다는 점에서 의의를 찾을 수 있을 것이다.

....

2) 재한 화교 학생들은 한국어를 외국어로서 배우면서도, 한국에서 성장한다는 배경 때문에 고급 한국어 사용 능력을 가지고 있었다.

1.2. 연구동향

학습자의 특징 파악과 요구분석은 모든 교육활동의 기본이기 때문에, 교육과정 및 교수요목 개발, 교재 개발, 한국어의 하위 언어기능 교수의 각 분야 등 다양한 분야의 연구와 연계하여 많이 이루어졌다. 특히, 최근에 학습자 요인에 따른 특수목적의 한국어교육에 관심을 갖게 되면서, 학습자의 요구분석 연구는 더욱 활기를 띠게 되었다. 그간 이뤄진 학습자의 특징 및 요구에 대한 연구 흐름을 살피면 다음과 같다.

첫째, 한국어교육 목적에 따라 일반 목적 및 특수 목적의 교육과정 개발과 연계된 요구분석 연구로, 비즈니스맨과 관광안내원, 미군을 위한 연구인 이미혜(2003), 정명숙(2003), 조수현(2005), 최연주(2005) 등이 있다. 특히 가장 활기를 띠고 있는 것은 학문 목적 교육과정 관련 연구로 김정숙(2000), 이덕희(2004), 이해영(2004), 신문경(2006), 김승환(2007) 등이 있다.

둘째, 대상별 한국어 학습자에 따른 교육과정 개발이 절실히 요구됨에 따라, 학습자적 특징과 요구를 분석하는 연구가 나왔는데, 해외와 국내 학습자 관련 연구로 나눌 수 있다. 해외의 학습자에 대한 교육과정 연구에는 미국과 중국 대학 및 일본의 고급 학습자를 위한 교육과정과 교수요목에 대해 연구한 김은주(2003), 손정일(2003), 신쪼오 후토시(2004), 아사리 텐세이(2006), 해외의 재외교포 대상의 교육과정 연구인 류재택 외(2002), 박은미(2007) 등이 있다. 특히 류재택 외(2002)는 요구 분석을 통해 이중언어 사용자로서 재외동포 학습자를 위한 교육과정 설계의 방향을 제시하고 있다.

국내의 한국어 학습자 대상의 연구에는 우선, 아동을 대상으로 주제 통합 교육과정에 대해 연구한 고사슴(2003), 성명경(2004)과 국내 이주

노동자를 대상으로 하는 교육과정에 대한 연구인 안설희(2003), 박성수(2005), 정혜란(2005), 조선경(2007), 국내의 여성 결혼 이민자 및 국제 결혼 가정 자녀들 대상의 교육 과정에 대한 연구인 조선경(2007), 김일란(2007) 등이 있다.

셋째, 다양한 교수요목 설계에 관련하여 요구 분석을 실시한 것으로, 김정숙(2003), 조항록·강승혜(2001), 안유미(2003), 이정희·김지영(2003), 성명경(2004), 조선경(2006), 김양희(2007) 등이 있는데, 과제 중심·기능 중심·내용 중심 교수요목과 의사소통 능력 개발을 위한 교수요목, 통합 교수요목 등을 개발하는데 있어 토대를 마련했다.

넷째, 교재 개발 및 각 영역별 교육론의 이론 및 교수 방법, 교수 모형 연구를 목적으로 한 요구 분석이 있다. 강승혜(2003)a, 강승혜(2003)b와 전수정(2004), 정혜란(2005), 홍애란(2006) 등이 대표적이다. 특히 홍애란(2006)은 - 다른 연구들이 양적인 요구조사 방법을 사용한 반면 - 심층면접을 통한 질적인 요구분석 방법을 사용하여, 양적인 자료 분석 방법이 지닐 수 있는 도구 개발 측면의 타당도의 한계를 극복했다는 의의가 있다.

2 화교 학생과 이중언어 교육이론

화교 학생들은 일반적으로 제1언어로서의 중국어와 제2언어로서의 한국어3)를 능숙하게 사용하는 이중언어 사용자(Bilingual)이다. 이중언

---

3) '제2언어로서의 한국어'에 대한 본격적인 언급은 최정순(2006)에서 살펴 볼 수 있다. 최정순(2006)은 2003년까지는 '국어'와 '한국어'를 구별하여, '국어'는 '한

어(bilibgulism)란 두 가지 언어를 구사하는 현상 또는 이중언어 교육을 뜻한다. 그러나 '이중언어'에 대한 견해는 최대론에서부터 최소론에 이르기까지 다양하다. 최대론(maximalist)은 두 개의 언어가 동등하게 거의 모국어 수준으로 잘 구사할 수 있을 때만 이중언어로 인정한다는 이론이고, 최소론(Minimalist theory)은 하나의 모국어를 잘 구사하며, 제2언어에 대해서는 최소한의 수동적인 능력만 있어도 이중언어로 보아야 한다는 이론이다. 이 때, '이중'은 단순히 두 개라는 뜻만이 아니고 복수(plural)의 개념으로 보아야 한다. 이렇듯 '이중언어'의 개념은 매우 다양하게 해석할 수 있겠지만, 본고에서는 제2언어를 제1언어에 가깝게 유창하게 사용할 수 있는 경우, 즉 최대론의 관점에서 논의를 전개할 것이다. 즉, 이중언어와 제2언어(a Second Language)를 비슷한 개념으로 설정하는 것이다.

흔히 학습자들의 언어 발달은 무의식적 과정인 '습득(acquisition)'과 언어 형태와 문법 구조 등에 관심을 갖고 배우는 의식적 과정으로서의 '학습(learning)'으로 구분한다. 이정희·김지영(2003)은 이중언어 교육을 통해 모국어 수준의 제2 언어 능력을 갖추기 위해서는 학습보다는 습득이 유리하다는 Krashen의 의견을 제시했다. 화교 학생들은 가정

....

국인이 사용하는 언어'로, '한국어'는 '외국어에 대응하는 언어'로 사용했으나, 2004년이 되면서 용어의 혼용이 시작됐다고 했다. 이런 흐름 속에서 한국어는 <그림1>과 같

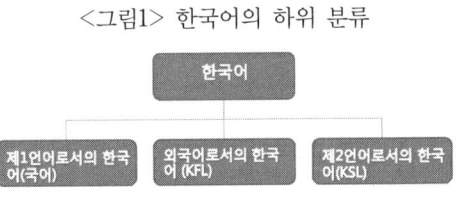

<그림1> 한국어의 하위 분류

이 제1언어로서의 한국어(Korean as a First Language), 외국어로서의 한국어(Korean as a Foreign Language), 제2언어로서의 한국어(Korean as a Second Language)로 분류해야 한다고 주장했다.

에서는 모국어를 사용하지만, 화교 사회 밖에서는 한국어를 사용하는, 이중적 언어 사용 환경 속에서 살고 있다. 이러한 성장 환경은 '학습'이 아닌 '습득'을 통해 한국어를 배우게 하여, 이중언어 사용자로 성장하는데 아주 중요한 기여를 한다. 화교 학생들은 어렸을 때부터 매체나 부모님 등을 통해 부모님의 모국어와 한국어를 자연스럽게 '습득'하게 된다. 물론 가정어로서 더 많이 사용되는 언어가 더 우세하겠지만, 화교 학생들은 '학습'보다는 '습득'의 과정을 통해 더 유창한 이중언어 사용 능력을 얻을 수 있는 것이다. 따라서 화교 학생이 한국어를 능숙하게 구사하지 못한다면, 화교 학생을 위한 한국어교육이 학습보다는 습득의 과정에 가깝도록 한국어교육의 여러 교수-학습 조건을 조성4)하여 문제를 해결할 수 있을 것이다.

또, 이중언어와 관련된 논의 중 주목할 것이 '이중언어 교육과 언어 발달 및 학업 성취의 관계'에 대한 것이다. 초기에는 이중언어 교육의 부정적 영향에 대한 주장이 설득력을 얻었으나, 이중언어 교육이 언어 발달 및 학업 성취에 긍정적이라는 연구들이 발표되어 이중언어 교육의 필요성을 증명하는 근간이 되었다.

대표적으로 Cummins(1976)는 이중언어 교육의 이론적 핵심이라 할 수 있는 두 개의 이론을 제시했는데, 그 중 하나가 '언어상호의존설(Linguistic Interdependence Hypothesis)'이다. 첫 번째 언어능력이 효과적으로 함양되고 있을 때 두 번째 언어를 적절한 환경에서 열심히 배운다면 첫 번째의 언어능력이 두 번째의 언어능력으로 전이된다는

---

4) 이를 위해 교육이 실생활에 바탕을 두어야 하고 '전체에서 부분(whole to part)'으로 이루어져야 하며, 습득이 이뤄질 수 있는 최상의 입력1)을 제시할 수 있도록, 선행 지식에 기초하는 교육과정 내용 구성이 이뤄져야 할 것이다.(이정희·김지영, 2003)

것이다. 두 번째 이론은 '문지방이론(Threshold Hypothesis)'으로서 단순히 이중언어 환경에 놓여진다고 누구나 다 지적 발달과 언어적 발달에 도움을 받는 것이 아니고 그 이점을 얻기 위해서는 이중언어 능력을 심화시켜 이중언어 능력의 상위 단계에 있는 '문지방'을 넘어서야 한다는 것이다(김영곤, 1996).

Cummins의 첫 번째 이론은 이중언어 사용자인 화교 학생이 지적 언어 발달에서 단일 언어 사용자에 비해서 유리하다는 이론적 근거가 되어 주고, 그의 두 번째 이론은 화교 학생들이 겪을 수 있는 이중언어 사용 초기 단계의 부적응증을 설명해주며, 나아가서 이중언어의 이점을 얻기 위해서는 두 언어 모두를 높은 수준으로 발전시키기 위한 체계적이고 적극적인 한국어교육이 필요하다는 시사점을 주게 된다. 즉, 이중언어 사용자로서의 화교 학생은 언어 발달 면에서 많은 가능성이 있는 학습자이기 때문에 훌륭한 제2언어로서의 한국어교육이 필요한 것이다. 그리고 이상적인 한국어교육을 하기 위해서는 학습자적 특징 파악 및 요구 분석이 절대적으로 필요할 것이다.

<그림 2> SUB모델

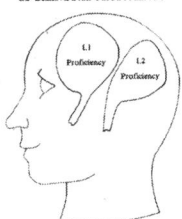

<그림 3> CUP모델

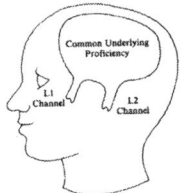

또한 김창호(2002)에서는 이중언어의
습득과 저장·활용 방법에 대한 이론으
로 기저별개능력(Separate Underlying
Proficiency;SUP)[5]과 기저공통능력
(Common Underlying Proficiency;CUP)
에 대해 제시하고 있는데, CUP(Common
Underlying Proficiency)에 의하면 두

<그림 4> 빙산모델

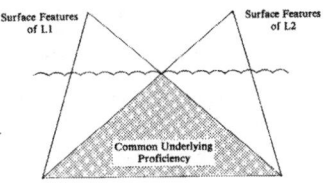

개 이상의 언어를 습득할 때 <그림 3>처럼 분리되지 않은 하나의 두
뇌에서 여러 개의 언어가 동시에 개발된다고 한다. 즉, 한 언어의 습득
으로 개발된 두뇌 기능이 다른 언어 습득에 도움이 된다는 것이다.

이런 CUP 이론은 <그림 4>[6]처럼 빙산모델(Iceberg model)과 연계될
수 있다. 따라서, 화교 학생들의 모어 사용 능력이 제2언어로서의 한국
어 학습에 있어서 긍정적 작용을 하게 될 것이라는 사실을 바탕으로, 화
교 학생을 위한 한국어교육의 방법론적 측면의 모색이 가능할 것이다.

결국, 김창호(2002)는 Cummins의 '이중언어 습득 단계 이론(The

---

5) 기저분리능력(SUP) 모델에 따르면, 학생들의 L1과 L2 구사능력은 두뇌에서
   분리되어 각각 독립적으로 개발된다. 즉 L1의 습득 시간과 노력이 L2와는 무
   관하며, L2의 조기 습득 노력이 오히려 L1 습득에 부정적인 영향을 미칠 수
   있다는 것으로, 더 우월한 위치를 점하는 언어를 교육할 것을 암시하고 있다.
   (김창호, 2002)

6) <그림 4>의 수면 위에 나타난 두 개의 얼음은 각각 L1과 L2를 나타내는 것으
   로, 노출된 부분만 본다면 두 개의 언어가 SUP 이론에서처럼 상호 관련 없이
   개별적으로 습득되는 것처럼 인식되기 쉬우나, 수면 밑에는 두 언어 습득의
   공통적 근간이 되는 커다란 얼음이 존재하고 있다. 즉 CUP 이론이 설명하는
   것처럼 두 언어 습득이 서로 영향을 주고 받을 수 있는 것이다. 예를 들어 L1에
   대한 읽기 능력이 뛰어난 학습자는 L2에 대한 읽기 능력 역시 뛰어났으며,
   역인 경우도 성립 됐다. 이 때, 수면 밑의 언어 기능은 높은 인식력이 요구되는
   상황에서 나타난다고 한다.(김창호, 2002)

Threshold Hypothesis)'을 제시하면서 이중언어 교육과 학업 성취에 대한 논쟁을 정리했다. '이중언어 교육의 실시 여부보다는 습득된 이중 언어 구사 능력의 수준이 학생들의 학업 성취나 인지도 발달에 영향을 미친다'는 것이다. 이중언어 구사 능력은 '제한적 이중언어 습득(limited bilingualism)', '부분적 이중언어 습득(partial bilingualism)', '능숙한 이중언어 습득(proficient bilingualism)'의 3단계로 나눌 수 있다[7]. 그 리고 L1과 L2 모두가 모국어의 수준 혹은 이에 근접한 상태를 의미하 는 '능숙한 이중언어 습득(proficient bilingualism)' 단계에 속해 있는 경우에만 학습자의 이중언어 발달이 학업 성취에 긍정적이었다고 말했 다. 이를 통해, 능숙한 이중언어 습득 단계를 보이는 화교 학생들이, 이 중언어 즉, 제2한국어교육을 통해, 언어발달과 학업 성취에 있어서 단 일언어 사용자보다 큰 진전을 얻을 수 있음을 예측할 수 있다.

이와 같이 사용자의 언어 발달과 학업 성취 면에서 긍정적 작용을 하 는 이중언어 교육은 다양한 유형이 있다. 그 중에 박영순(2007)이 정리 한 유형 분류를 살펴보면, 초기의 이중언어 교육은 전환적 이중언어 (Transitional Bilingualism)교육으로 소수민족 어린이들이 표준 영어 를 완전히 익히고, 학교에 적응하게 되는 2, 3년간만 운영되는 과도기 적 형태여서, 결국에 모국어가 소실되는 소극적 유형이었다고 한다. 하 지만 7~80년대로 접어들면서 보존적 이중언어 교육(Maintenance Bilingualism)으로 발전하게 되어 제1언어는 언어대로 보존하면서 제2언

----

7) 제한적 이중언어 습득은 학습자의 L1과 L2의 습득 수준이 모두 모국어 수준 (native-like)에 훨씬 미달되는 단계로, 이 경우 학습자의 학업 성취도나 인지 도 발달이 저조한 것으로 나타났고, 부분적 이중언어 습득은 학습자가 L1과 L2 중 하나는 모국어의 수준에 도달했으나 다른 하나는 모국어의 수준에 훨씬 미달하는 단계로, 이중언어의 습득 상태가 학업 성취 및 인지도 발달에 긍정적 이지도 부정적이지도 않았다.

어인 표준 영어도 모어처럼 통달할 수 있게 하는 적극적 유형의 언어교
육이 이뤄졌다. 그리고 세계적인 추세에 맞추어 보존적 이중언어 교육은
이중언어를 하나의 자원으로 인식하는 첨가적 이중언어(enrichment
bilingualism) 교육으로 발전하게 되었다. 세계화 및 다문화 사회화 되
는 현 시대의 추세로 볼 때, 앞으로 전개될 화교 학생 대상의 이중언어
교육은 첨가적 이중언어 교육의 관점에서 이뤄져야 할 것이다.

　마지막으로 이중언어 사용자로서의 화교 학생에 대해 한 가지 더 고
려해야 할 사항이 언어 교체(language shift) 현상이다.

<표 1> 언어 교체(language shift) 현상

1세대	가정에서 지속적으로 제1언어(모어)를 사용하면서 다수의 언어(제2언어)를 배우려고 시도한다. 제2언어의 사용 영역이 확장됨에 따라 제1언어의 사용과 제2언어의 사용이 중첩되기 시작함.
2세대	제2언어 사용에 있어 높은 숙달도에 도달하나 원어민과 같은 수준의 언어를 구사하지는 못한다. 제1언어 즉 모어를 지속적으로 사용하나 이전 세대보다 그 정도가 제한적임.
3세대	가정을 포함한 모든 영역에서 제2언어를 주로 사용하며 전승언어의 실용적 지식을 거의 혹은 전혀 갖고 있지 않다.

　홍애란(2006)은 언어 교체(language shift)란 이중언어 사용자의 언
어 주도권이 한 언어에서 다른 언어로 옮겨가는 것이라고 하면서 피쉬
먼(Fishman)의 세대별 언어 교체 현상에 대해 제시하고 있다. <표 1>8)
을 보면, 3세대에 걸쳐 발생하는 언어 교체에 대해, 제1언어가 완전하게
습득되지 않은 전 세대로부터 불완전한 제1언어를 전수받게 되고, 이
과정이 반복되면서 제1언어가 소실되어 간다고 설명했다. 이런 언어교
....
8) 홍애란(2006)에서 인용함.

체 현상은 세대 간 뿐만 아니라 한 개인의 성장 과정에서도 발견할 수 있다. 홍애란(2006)은 개인적 차원에서의 언어 교체 현상은 '이민자 가정의 아이들이 그들이 사는 사회의 주요 언어를 말하는 다른 아이들의 집단에서 사회화되기 시작하는 시점에서 발생하게 된다'고 하였다.

일반적으로 화교 가정에서도 1세대에 비해 2, 3세대에서 모어가 약화되고 있으며, 가정 내에서도 한국어를 혼용하여 사용하는 경우가 늘고 있다. 이 말은 1세대보다는 2세대가, 2세대보다는 3세대가 한국어를 더 잘 사용할 것을 뜻하는 것이다. 하지만 또 다르게 생각해 보면 한국어에 익숙치 않은 부모로부터 후대가 한국어를 배울 때 자녀의 한국어 사용에 많은 오류를 지닐 수 있음을 뜻한다. 그래서 화교 학생을 위한 한국어교육의 의미는 더 중요해지는 것이며, 화교 학생 뿐만 아니라 그 부모를 대상으로 한 한국어교육도 고려해야 함을 알 수 있다.

3 화교학교의 한국어교육 실태

화교학교에서는 학생들에게 중국어를 국어로, 한국어를 외국어로 가르치고 있으며, '화교'라는 -한국에서 살아가면서 중국어를 모어로 보존하고 사용한다는- 특이한 처지 때문에 외국어로서의 한국어를 제2언어로서 아주 능숙하게 사용하는 경우가 많다. 화교학교에서는 한국어를 어떻게 가르치고 있는지, 교육과정은 어떠한지 그 실태를 제시하면 다음과 같다.

3.1. 화교학교의 현행 '한국어' 관련 과목 편제 및 시수

한국 화교학교의 학제는 중화민국 즉, 대만의 교육체제와 일치한다. 6년의 소학교 과정을 거친 후, 중학교 3년과 고등학교 3년의 과정이 이어지게 된다. 한국의 중·고등 교육과정과 다른 점은 3월이 아닌 8월에 첫 학기가 시작된다는 점이다. 또한 학교에서 사용되는 교과서는 대만 정부로부터 제공받으므로 교육내용은 중화민국 내의 중·고등학교들과 일치한다. 다만 교육과정에 있어서 교사 정원이나 학생 수의 감소, 경제적 기반 미약 등의 한계를 이유로 대만에서와 같이 다양한 교과 과목이 개설되지 못하고 있다.(우심화, 1999)

국내의 대부분의 화교학교들이 다 비슷한 상황이지만, 인천화교중산학교는 현재 화교 학생 수의 감소로 고등학교는 없어지고 소학교와 중학교만 남아 있는 상태이다. 또한 한성화교학교도 화교 학생들이 많이 줄어, 한성화교중고등학교로 중학교와 고등학교가 통합되었고, 우리의 중학교에 해당하는 초중부(初中部)와 고등학교에 해당하는 고중부(高中部)로 나뉘었다.

인천화교중산학교와 한성화교학교는 교육과정이 비슷하나, 학생 수가 많은 한성화교학교가 교육과정이 좀 더 내실화되어 있고, 운영에 있어서도 좀 더 여유가 있다[9]. 초중부 교육과정은 국·영·수에 중점을 두고 있는데, 대만의 교육과정을 따르고 있기 때문에, 여기서 국어(國語)는 중국어(中國語)를 말한다. 또한 화교들이 살고 있는 곳이 한국인

....
9) 인천화교중산중학교는 1999년 당시 학생 수의 제한과 재정적 어려움으로, 한성화교중고등학교처럼 한국 대학 지원생들에게 별도의 반을 운영하지 못했다. 귀국 진학 지원자는 韓語 수업 대신 三民主義를, 한국 내 대학 지원생들은 三民主義 대신 韓語 수업을 배운다.(우심화, 1999)

까닭에, 현재 한국 내 모든 화교학교에서는 한국 관련 교과목으로 '한어(韓語)'를 가르치고 있다. '한어(韓語)'는 소학교 5학년부터 중고등학교에 초중부와 고중부까지 각각 주 3시간씩 가르치고 있다.

현재 한성화교학교에서의 고중부는 대학 입시에 따라 과정별로 맞춤식 교육과정이 편성되어 운영되고 있다. 과거에는 고 3만 귀국 진학반과 한국 내 대학 진학반으로 나누던 것을, 한국 내 대학 입학지원자가 급증함[10]에 따라, 1997년부터는 고중부 2·3학년을 한국대학진학반과 대만대학진학반으로 나누어 한국 내 대학 입학 지망자들에 대한 한국어교육을 강화하였다(우심화, 1999). 고중부 1학년까지는 통합 교육과정에 의해 수업을 하되 대만의 교육과정에 따라 운영되지만, 2학년부터는 대학 입시에 맞추어, 대만대학진학반은 대만 교육과정으로, 한국대학진학반은 독자적인 교육과정으로 운영된다[11]. 한국대학진학반의 한어(韓語) 과목 즉 한국어 수업 시수는 – 한 때는 주당 4시간(2학년), 8시간(3학년)씩 배정했지만, – 2008년을 기준으로, 2학년 주당 3시간, 3학년 주당 6시간씩 배정되었다. 또한 대만대학진학반 학생의 경우는 이전에는 주당 3시간씩 배우던 한국어를 3학년 때는 아예 입시 준비로 가르치지 않는다.

한국대학진학반에서는 학생들이 한국 대학에 진학한 후, 학업을 제

---

10) 우심화(1999)에 의하면, 1998학년도 2학기를 볼 때 고2의 학생 수가 194명인데 한국 대학 지망생이 144명에 달하고, 고3은 179명 가운데 122명에 이르렀다.

11) 우심화(1999)는 1999년을 기준으로 한성화교중고등학교 고중부(高中部)의 한국대학진학반은 입시에 맞추어 독자적인 교육과정으로 운영하기 시작했다고 한다. '한어(韓語, 한국어)' 외에도 '영어, 수학, 생물, 화학, 물리, 영문작문, 한국역사, 한국지리, 한국사회' 등의 과목을 개설하여 한국어로 수업을 했다. 또한 한성화교중고등학교의 교과서 재고 통계 계표(2005)를 통해 확인했을 때, 앞에 언급한 과목들은 한국대학진학반의 경우 대만 교과서가 아닌, 한국 일반계 고등학교에서 사용하는 보통 한국어로 된 교과서를 사용한 것으로 드러났다.

대로 수행할 수 있도록, 한어(韓語) 뿐만 아니라 '한국역사, 한국지리, 한국사회' 등을 가르치는데, 2학년 때는 주당 2시간을, 3학년 때는 주당 3시간을 배당하고 있다. 또한 기타 과목들도 현재 한국의 보통 고등학교에서 사용하는 한국어로 된 교과서를 사용하고, 한국인 교사를 채용하여 가르치고 있다.

3.2. 인터뷰로 살펴본 한국어교육의 실상

화교학교에서는 화교들의 모어, 즉 제1언어 뿐만 아니라 제2언어로서의 한국어도 원어민 수준으로 활용하여, '사회적으로 경쟁력 있는 삶을 영위하는 것'을 목표로 하기에, 첨가적 이중언어(enrichment bilingualism) 교육의 관점을 택하고 있다 하겠다.

특히 현재 화교 소학교에는 중국어 조기 교육의 목적으로 한국 학생들이 많이 재학하고 있는 형편이어서-정식적인 한국어교육은 5학년 때부터 시작된다 하더라도- 화교 학생들이 한국 학생들과 한 교실에서 생활하고 공부하면서, 한국어를 자연스럽게 접하게 되고 점차 한국어에 자신감을 갖는 경우가 더 늘어남에 따라, 교사들이 수업 시간에 한국어와 중국어를 혼합하여 설명하는 상황에 놓이게 되었다. 이런 점에서 화교 소학교에서의 한국어교육은 양방향이중교육모델(two-way/dual language)[12]과도 비슷한 성격을 지니고 있다 하겠다.

화교중고등학교 고중부의 한국대학진학반은 좀 특이한 경우에 속하는데, 한국 내 대학에 진학하여 무리 없이 공부하는 것을 목표로 한국

----

12) 이중언어 교육이 이뤄지는 교실에서 소수 언어 사용자와 다수 언어 사용자들이 각각의 언어로서 제2언어를 배울 수 있게 하는 것으로, 다원주의를 기반으로 한 적극적인 이중언어 교육의 형태 중 하나이다.(박준언, 1998)

어를 통해 전 교과 교육을 하는 등 한국어교육에 특별한 관심을 두므로, 집중교육모델(immersion) 형태13)를 띤다고 할 수 있다.

화교학교의 한국어교육은 학교 급별로 약간씩 다른 형태로 이뤄지지만, 언어학습을 내용학습과 통합시킨 내용 중심 교수(Content Based Instruction : CBI)와 유사한 교수방법을 선택하고 있다는 점에서 비슷하다. 화교학교에 재직 중인 선생님들과의 인터뷰를 통해 보면, 한성화교소학교의 경우는 주로 '한국의 문화나 역사'와 관련된 내용을 학생들에게 가르치는 활동을 통해 한국어를 자연스럽게 습득할 수 있도록 하고 있다. 인천화교중산소학교의 경우 한국의 역사, 위인, 문화와 문학 같은 내용학습과 정확하게 말하고 듣고 읽고 쓰는 언어학습이 통합되어 이뤄지고 있는 점에서 CBI에 의한 제2언어로서의 한국어교육이 이뤄지고 있다는 것을 알 수 있다.

....
13) 박준언(1998)은 이머젼 프로그램들의 공통점을 다음과 같이 정리하고 있다. 이머젼 프로그램은 첫째, 외국어를 학교 수업의 매체로 사용한다. 둘째, 이머젼 교과과정과 모국어 교과과정을 병행 실시한다. 셋째, 모국어에 대한 분명한 뒷받침이 존재한다. 넷째, 이머젼 프로그램은 가산적 이중언어 습득(additive bilingualism)을 목표로 한다. 다섯째, 외국어의 접촉은 주로 학교 교실수업에 제한된다. 여섯째, 학생들은 비슷한 수준의 외국어 능력을 가지고 이머젼 프로그램에 입문한다. 일곱째, 교사는 이중언어 사용자들이다.
　　또한 김현진(2000)은 국내 외국인 학교의 몰입 프로그램에서 외국어 학습에 교과 내용을 통합하여 가르치는 CBI를 활용하는 경우가 많음을 지적하면서, 제2언어 수업에 배당된 시간의 양에 따라 완전 몰입 프로그램(total immersion)과 부분 몰입 프로그램(partial immersion)으로 구분하였다. 즉, 화교학교의 한국어교육도 다른 외국인 학교와 같이 내용 중심 교수(CBI)에 의해 전개되는 일종의 몰입프로그램이라 해야 할 것이다. 한성화교중고등학교에서의 고중부 2~3학년의 한국대학진학반의 한국어 프로그램은 완전 몰입프로그램이라 할 수 있을 것이며, 소학교 5학년에서부터 중고등학교 고중부 1학년 및 대만대학 진학반의 프로그램은 부분 몰입 프로그램적 성격을 지닌 프로그램이라 할 수 있을 것이다.

또한 한성화교중고등학교에서도 다양한 내용을 다루고 있는 비문학적 글이나 한국 문학작품을 통해 한국어를 가르치고 있다는 점에서 CBI의 형태로 한국어교육이 이뤄지고 있다 하겠다. 화교중고등학교 학생들의 경우는 이미 일상생활에서의 음성언어 사용은 능숙하기에, 주로 읽기 쓰기에 초점을 맞춰서 언어학습과 내용학습이 함께 이뤄지고 있었다. 읽기 특히, 문학 텍스트를 중심으로 한 CBI 한국어교육이 이뤄지고 있었는데, 문학 읽기는 고급 언어 사용 기능이나 사고 능력이 요구된다는 점에서, 이중언어 사용자로서 화교 학생들에게 꽤 높은 수준의 한국어교육이 이뤄짐을 알 수 있었다.

마지막으로 화교학교에서의 한국어 교재는 한국에서 한국인 학생을 대상으로 사용했던 국어 교과서(제1언어로서의 한국어 교과서)에서 선별·발췌하여 제작한 것을 사용하고 있었다. 한성화교학교의 한국어 교재는 <韓語>초급용 1~3, 고급용 1편, <韓文> 고급용 2편으로 나뉘지며 '문학' 텍스트를 활용한 읽기 중심의 독본식 교재였다. 이 교재들을 가지고 한국어교육을 한다면, 전체적으로 한국어 텍스트의 갈래나 특징과 관련된 교육은 충실히 이뤄질 수 있으나, 실질적인 한국어 사용 능력을 신장시키는 것은 힘들어 보였다.

4 화교 학생들의 요구분석(needs analysis)

'학습자 중심 교육'을 지향하는 현 교육의 실정을 고려한다면, 교육의 방향 설정에 있어 가장 중요한 것이 바로 '학습자' 요인이다. 다시 말해, 학습자로서의 화교 학생의 특징 및 요구분석(needs analysis)에서 한국어교육의 시작이고, 필요성을 결정한다고 해도 과언이 아닌 것이다. 따라서 본 절에서는 화교학교 학생들의 요구 조사 결과를 분석·제시하겠다.

4.1. 요구 조사 방법

어떤 교육 프로그램을 계획하거나, 교육과정 또는 교재를 설계할 때, 학습자들의 요구가 무엇인지 파악하는 절차는 필수적인 것이다. 이 때 학습자들의 요구는 다양하게 분류할 수 있는데, 민현식(2004)에서는 J. D. Brown의 요구 유형을 다음과 같이 정리하여 제시했다.

¤ **언어적 요구와 상황적 요구** : 언어적 요구는 언어의 성취목표에 따른 것이며, 상황적 요구는 학습환경 관련 교육기관에 대한 행정·재정·종교·개인적 요구이다.

¤ **객관적 요구와 주관적 요구** : 학습자에 대한 진단 조사 결과는 객관적 요구가 되지만 개인적 희망, 기대 사항 등은 측정 불가능한 주관적 요구 사항들이다.

¤ **개인적 요구와 단체적 요구** : 학습자 개인의 요구와 학습자가 위탁교육이나 주문 교육을 할 때의 특정 집단의 요구를 말한다.

또한 김정숙(2003)은 학습자의 요구조사란 '학습자들이 무엇을 어떻게 배우고 싶어하는가' 등에 대한 요구를 조사하고 분석하는 것이라고 하면서, 이전에는 학습목적이나, 희망 학습내용, 학습자의 모국어, 학습자의 연령 등 객관적인 내용에 대한 조사가 중요했으나, 요즘은 학습자의 학습 전략, 선호 활동 유형 등과 같은 주관적인 요구를 파악하는 것도 중요하게 다뤄지고 있다고 했다.

학습자 요구분석 자체가 주관적인 성격을 띠는 것이라면, 교육의 방향 설정 및 교육과정·교재 개발을 위한 요구분석은 당연히 객관적인 것뿐만 아니라 주관적인 부분까지 아우를 수 있어야 할 것이다. 따라서 본고에서는 학습자의 객관적 요구와 주관적 요구를 고르게 파악할 수 있도록 <표 2>와 같이 설문 문항을 작성하고 분석하는 양적인 조사방법을 선택하였다.

<표 2> 설문조사지 문항 구성

유형	항목		문항수
설 문 조 사 (1)	1. 화교학생들의 인적 정보	성별 및 학년	2
		부모님의 구성 유형	1
	2. 화교학생들의 한국어 사용 상황 및 경험	가정의 언어	1
		일상 대화시의 언어	1
		맨 처음 한국어 학습 시기 및 방법	2
	3. 화교학생들의 한국어 능력 수준 인식	또래 한국인 학생과의 비교	1
		화교학생의 한국어와 중국어 사용 능력 비교	1
		화교학생들이 한국어 등급 인식	1
	4. 화교학교에서의 한국어 교육의 실태 및 요구	한국어를 배우는 목적	1
		한국인 학생에 비해 부족한 영역 (기능/자료)	1
		한국어 영역 발달도에 대한 인식	1
		한국어 시간에 많이 배우는 영역 (기능/자료)	1
		어려운 영역(기능/자료)	1

		중요한 영역(기능/자료)	1
		더 배우고 싶은 영역(기능/자료)	1
		한국어 중어의 비교대조에 의한 교육의 필요	1
		한국인이 배우는 교육 내용 수준과의 비교	2
	소계		20
설문조사 (2)	1. 발음교육	발음교육의 필요성 및 시기	2
	2. 어휘교육	필요도와 난이도	7
	3. 문법교육	필요도와 난이도	5
	4. 언어기능	필요도와 난이도	19
	5. 텍스트 유형	필요도와 난이도	10
	소계		43
총계			63

우선 인터뷰와 문헌 조사를 통해 기초 조사를 마친 후 설문지를 작성하였다.[14] 설문조사지는 <표 2>처럼 설문조사(1)과 설문조사(2)로 나누어 작성하였는데, 설문조사(1)은 한국어교육에 대한 일반적 인식 및 객관적 요구를 조사하기 위한 양식이고, 설문조사(2)는 한국어교육 내용에 대한 구체적 요구 파악을 위해, 내용 항목에 대한 필요도와 난

---

14) 설문조사지는 임영애(1993), 강정희(1996), 김유정(1999), 안경화·김정화·최은규(2000), 김정숙(2000), 강승혜(2003), 전수정(2004), 정혜란(2005), 박성수(2005), 김승환(2007), 조선경(2007), 김일란(2007), 박은미(2007) 등에서 실시했던 설문 조사를 참조하여 작성하였다. 설문조사를 하기에 앞서 예비검사를 통해 설문 문항의 타당도를 검증하는 절차가 필요하겠으나, 피검사대상인 학교의 여건상 예비검사가 힘들어, 인천화교중산소학교와 한성화교소학교 및 한성화교중고등학교에 재직 중인 한국어 선생님들의 자문을 얻어 설문 문항을 작성하고 검사를 실시하였다.

이도를 중심으로 주관적 요구를 조사하는 양식이다.

화교학교의 한국어 선생님과 의논 하에 설문조사(1)은 전 학생들에게, 설문조사(2)는 중고등학교 학생들에게만 실시하기로 결정하였다. 설문조사(2)의 내용이 소학교 학생들이 이해하기에는 힘들 것으로 보였기 때문이다.

설문 대상은 인천과 서울 소재의 화교학교 학생들로 계획하였으나, 학교 측의 사정으로 인천화교중산소학교 학생들과 한성화교중고등학교 학생들만을 대상으로 하였다[15]. 설문은 화교학교 한국어 선생님들의 도움을 받아 실시하였는데, 한성화교중고등학교의 경우는 2008년 4월 7일부터 2008년 4월 10일까지 4일간, 인천화교중산소학교의 경우는 2008년 4월 30일부터 2008년 5월 2일까지 3일간에 걸쳐 실시하였다.

소학교 5·6학년은 학년 당 40부씩 총 80부를 배부하였고, 중고등학교에서는 초중부 1~3학년과 고중부 1학년을 대상으로 학년 당 40부씩, 고중부 2·3학년은 한국대학반과 대만대학반 각 각 30부씩 120부를 배부하여, 총 360부를 배부하였다. 수거된 설문지는 소학교 73부, 중고등학교 242부였는데, 그 중 유효 설문지는 소학교 73부, 중고등학교 204부였다. 그래서 유효 설문지 총 277부로 통계분석을 실시하였다.

본 연구 수행에 있어 설문 자료의 처리는 다음과 같이 이루어졌다. 첫째, 응답자의 일반적 특성을 알아보기 위해 빈도분석(Frequency

---

15) 인천화교중산소학교는 우리나라 최초의 화교학교로 그 의미가 크며, 한성화교중고등학교는 대부분의 화교학교가 학생 수 감소로 교육 실정이 악화되는 가운데, 그나마 가장 많은 학생 수를 확보하고 가장 내실있는 교육과정을 운영하고 있는 학교이다. 따라서 인천화교중산소학교와 한성화교중고등학교 학생들의 설문을 통해 현재우리나라 화교학교에서의 한국어교육의 실태를 파악하는 작업은 유의미하다 하겠다.

Analysis)[16]을 실시했다.

둘째, 응답자의 학년에 따른 화교학교에서의 한국어 습득의 차이를 살펴보기 위하여 x^2검증[17]과 일원변량분석(one-way ANOVA)[18]을 실시하였으며, Duncan의 다중범위 검정(Duncan's multiple range test)을 통하여 $p < 0.05$에서 유의한 차이를 검정하였다.

셋째, 학부모의 구성에 따른 한국어 사용의 차이를 살펴보기 위하여 x^2검증을 실시하였다.

넷째, 본 연구의 실증분석은 모두 유의수준 5%에서 검증하였으며, 통계처리는 SPSSWIN 12.0 프로그램을 사용하여 분석하였다.

다섯째, 통계분석 시 그룹을 소학교, 초중부, 고중부, 한국대학진학반으로 네 개 그룹으로 나누어 분석하였다. 소학교, 초중부, 고중부는 학교급별로 나눈 분류였고, 한국대학진학반의 경우는 고등학교 고중부 중에서 독자적인 교육과정으로 운영되고 있었기 때문이다. 따라서 이 네 개의 그룹 별로 한국어교육에 대한 요구가 다를 것이라는 가설을 바탕으로 분석을 실시하였다.

·····················

16) 빈도분석은 자료의 분포 특성을 파악하기 위한 분석으로, 수집된 자료들을 정리하여 측정된 변수들이 지닌 분포의 특성을 쉽게 알 수 있게 하므로, 자료 파악과 이해에 편리하다.(김호정 · 허전, 2004)

17) x^2검증은 t검증과 F검증과 함께 가장 많이 이용되는 가설 검증의 기법이다. 비모수통계학의 영역에 속하므로 까다로운 통계요건을 충족시킬 수 없는 상황에서도 적용할 수 있어, 광범위하게 이용되는 분석기법이다. x^2의 활용영역은 '동질성의 검증', '독립성의 검증', '적합성의 검증'으로 크게 구분된다.(김호정 · 허전, 2004)

18) 세 집단 이상의 평균차이 검증에 활용되는 F검증의 일종인 일원변량분석(one-way ANOVA=일원분산분석)은 독립변수의 차이가 종속변수의 평균에 미치는 영향을 분석하는 분석법이다.(김호정 · 허전, 2004)

4.2. 객관적 요구분석 : 설문조사 (1)

객관적 요구를 파악하기 위한 설문 조사(1)은 인천화교중산소학교 5~6학년, 한성화교학교 초중부 및 고중부 학생을 대상으로, 화교 학생들의 인적 정보, 한국어 사용상황 및 경험, 한국어 능력 수준 인식도, 한국어교육의 실태 및 요구 파악을 위한 20개의 선다형 문항으로 구성되었다.

1) 화교 학생들의 인적 정보

우선 본 설문의 응답자 성별은 전체 응답자 277명 중 남학생이 123명(44.4%), 여학생이 154명(55.6%)으로 남녀의 비율은 비슷하게 조사되었다. 또한 화교 학생들의 학교 급별 응답 빈도를 분석하면, 중고등학교의 초중부(37.2%) > 소학교(26.4%) > 중고등학교의 한국대학진학반(19.9%) > 고중부 1학년(16.6%) 순서로 나타났다. 학년별로 보면 고중부 3학년 대만대학반이 0.4%로 응답수가 적게 나타났는데, 이는 대만대학의 입시 일정에 따라 대만대학진학반 3학년의 학사 일정이 이미 끝난 상태라 설문조사를 실시할 수 없었기 때문이다.

또한 응답자 가정의 부모님 구성은 두 분 다 화교(41.8%), 아버지는 화교, 어머니는 한국인(36.7%), 두 분 모두 한국인(19.6%), 아버지는 한국인, 어머니는 화교인 경우(1.8%)의 순서로 나타났다. 부모님 구성에서 부모님 모두 한국인 경우가 19.6%로 상당 부분 차지하고 있는 것은, 중국어 조기 교육을 목적으로 화교학교에 재학 중인 한국인 학생이 많음을 확인해 주는 것이었다.

2) 화교 학생들의 한국어 사용 상황 및 경험

첫째, 화교 학생들이 가정과 일상생활에서 사용하는 언어를 살펴보면 '한어와 중국어를 섞어서 사용하는 가정(56.2%)'의 비중이 가장 높았고, 여기서 급별에 따른 차이는 유의수준 5%에서 유의미하지 않아, 가정어의 급별 차이가 없는 것을 알 수 있었다.

<표 3> 학교 급별 및 부모 구성 유형에 따른 가정의 언어

가정어	부모 구성 유형별				χ^2 (p)
	모두 화교	화교 +한국인	모두 한국인	전체	
가족 모두 중어	19	3	0	22	
	16.5%	2.9%	.0%	8.0%	
가족 모두 한어	3	43	45	91	121
	2.6%	41.0%	83.3%	33.2%	.654
부모님 중어 나는 한어	2	2	0	4	***
	1.7%	1.9%	.0%	1.5%	(.000)
부모님 한어 나는 중어	1	2	1	4	
	.9%	1.9%	1.9%	1.5%	
한어, 중어 섞어 씀	90	55	8	153	
	78.3%	52.4%	14.8%	55.8%	
전체	115	105	54	274	***
	100%	100%	100%	100%	p< 0.001

오히려 가정에서 사용하는 언어는 <표 3>과 같이 부모님 구성 유형의 영향을 받는 것으로 분석되었다. 가정에서 주로 사용하는 언어는 부모님이 두 분 다 화교인 경우와 한 분은 화교, 한 분은 한국인인 경우에 한어와 중국어의 혼용이 각각 78.3%, 52.4%로 가장 높게 나타났

다.(p<0.001)

둘째, 화교 학생들이 일상생활에서 대화할 때 사용하는 언어는, 상대방에 따라 중국어와 한어를 선택하여 사용(87.7%), 한국어만 사용(11.2%), 중국어만 사용(1.1%) 순으로 나타났다. 따라서, 화교 학생들은 이중언어 사용자로서 상황에 따라 한국어와 중국어를 선택하여 원활히 사용할 수 있는 상위인지 능력이 발달하였음을 알 수 있다. 이것은 모든 학년에서 비슷한 양상이었으나, 초중부에서는 한국어만 사용(19.4%)이 다른 학년에 비해 높게 나타났다(p<0.05). 이것은 피쉬먼(Fishman)이 말했듯이, 또래 집단 간의 결속력이 높은 예민한 사춘기 때에 사회의 주 언어인 한국어 사용이 자연스럽게 받아들여져서, 개인적 언어교체(language shift) 현상이 일어난 것이라 볼 수 있다.

마지막으로 화교 학생들이 한국어를 처음 배우기 시작한 시기와 배운 방법을 살펴보면, 학교 급별 차이 없이 '학교 입학 이전'에 한국어를 처음 습득한 것으로 나왔고, 한국어를 처음 배운 방법은 '특별히 공부하지 않았지만 한국에서 살다보니 저절로 알게 됨(55.3%)'이 가장 높게 나타났다. 즉 한국에서 살다보니, 자연스럽게 한국어를 습득하게 된 것이다. 화교 학생들에게 유아·아동기의 한국어교육은 '학습'이 아닌 '습득'의 과정으로 이뤄졌기에, 이중언어 능력을 갖추게 되었음을 알 수 있다. 하지만 소학교에서는 한국어를 처음 배운 방법으로 '집에서 부모님들께'(37.0%)와 '학원이나 과외를 통해'(11.0%)가 다른 학년에 비해 높게 나타났다(p<0.05). 이는 화교 소학교의 경우, 중국어 조기교육을 위해 화교학교에 입학한 한국인 학생들을 중심으로 그룹을 만들어 한국어 과외를 하기 때문인 것으로 사료된다.

3) 화교 학생들의 한국어 능력 수준 인식도

화교 학생들이 자신의 한국어 능력 수준을 어떻게 인식하고 있는지를 알아보면, 화교 학생들은 스스로 자신이 한국어를 꽤 능숙하게 사용한다고 인식하는 것으로 드러났다.

첫째, 화교 학생들이 자신의 한국어 능력 수준을 또래의 한국인 학생과 비교했을 때, 전체적으로 비슷하다고 응답했으며, 한국어 실력이 비슷하거나 뛰어나다고 인식하는 학생이 고학년으로 올라갈수록 늘어났다. 소학교에서는 '뒤떨어짐'이 24.7%로 다른 학년에 비해 높게 나타났는데, 이것은 소학교 학생들의 경우 일상 의사소통은 어느 정도 할 수 있으나, 체계적인 한국어 수업은 소학교 5~6학년이 되어서야 이뤄지므로, 한국어 사용의 능숙도가 떨어지기 때문으로 사료된다. 또한 한국 대학 진학반에서는 '뛰어남'이 20.0%로 다른 학년에 비해 높게 나타났는데(p<0.05), 이는 학생들이 한국 대학에 입학하여 공부하는 것을 목적으로 집중적인 한국어교육을 받기 때문에, 능숙도 측면에서 상당한 발전을 이루고 자신감을 갖게 되기 때문인 것으로 보인다.

둘째, 화교 학생이 자신의 한국어 실력과 중국어 실력을 비교했을 때는, 일반적으로 한국어를 더 잘 함(53.3%)이 높게 나타났으나, 소학교에서만 중국어를 더 잘 함(35.6%)이 가장 높게 나타났다(p<0.001). 이것은 화교 학생에게 언어교체(language shift)가 일어났기 때문으로 볼 수 있다. 화교 학생들이 소학교 저학년 때까지만 해도 가정에서는 모어 중심으로 생활하기에, 중국어를 더 잘하는 학생의 비중이 꽤 되는 것으로 보인다. 하지만, 소학교 5~6학년부터 체계적이고 지속적으로 한국어를 학습하게 되고, 가정을 벗어나 좀 더 넓은 사회와의 접촉이 늘어남에 따라 한국 사회의 주 언어인 한국어를 더 잘하는 학생들이 늘어가는 것으로 보인다.

셋째, 화교 학생들의 한국어 등급 인식도를 확인하면, <표 4>와 같이 고학년으로 올라갈수록 6급에 해당하는 한국어 수준을 가지고 있다고 답한 학생의 비율이 높아진 반면, 일상 의사소통 수준인 3급에 해당하는 학생의 비율은 낮아졌다. 여기서도 학교 급별 차이는 분명히 나타났는데(p<0.05), 소학교와 초중부에서는 4급이, 집중적인 한국어 수업을 하는 한국대학 진학반은 6급이 가장 높았고, 고중부는 3급·5급·6급이 비슷하게 나타나, 일반적으로 한국어 사용 수준이 높은 것을 알 수 있다.

<표 4> 화교 학생의 한국어 등급 인식

한국어 수준	소	초중	고중	한국진학	전체	χ^2 (p)
일상 기본 의사소통(3급)	23	25	12	10	70	
	31.9%	24.5%	26.1%	18.5%	25.5%	
뉴스, 신문 이해 일반 업무(4급)	28	31	10	13	82	
	38.9%	30.4%	21.7%	24.1%	29.9%	
정치, 경제 등의 낯선 소재 의사소통(5급)	12	25	12	9	58	19.205* (.024)
	16.7%	24.5%	26.1%	16.7%	21.2%	
전문공부·업무 한국인 정도의 능숙도(6급)	9	21	12	22	64	
	12.5%	20.6%	26.1%	40.7%	23.4%	
전체	72	102	46	54	274	* p<0.05
	100.0%	100.0%	100.0%	100.0%	100.0%	***p<0.001

4) 화교학교에서의 한국어교육의 실태 및 요구

첫째, 화교학교 학생들이 한국어를 배우는 목적은, 소학교·초중부·고중부에서는 '의사소통을 위해서' > '학교 교육과정에 들어있어서' 순으로 나타났지만, 한국대학진학반에서는 '학교 교육과정에 들어있어서'

> '대학 진학을 위해서' 순으로 나타나, 급별 유의미한 차이가 있었다
(p<0.001).

따라서 화교 학생을 위한 소학교・초중부・고중부의 한국어교육은
원활한 의사소통 및 생활을 목표로 해야 할 것이고, 고중부 한국대학
진학반의 경우는 '대학 진학 및 수학'을 목표로 해야 할 것이다. 또한
전체적으로 '학교 교육과정에 있어서'에 응답한 학생이 많은 것으로 보
아, 학생들에게 한국어를 배워야겠다는 목적의식을 심어주는 과정이
중요할 것이다.

둘째, 화교 학생의 한국어 능력 중 한국 학생들에 비해 부족한 영역
을 <표 5, 6>에서 정리하면, 우선 언어기능은 <표 5>처럼 전체적으로
쓰기(42.9%)와 해당없음(36.7%)이 높게 나타났다. 이는 화교학교의 교
재가 독본식의 형태를 취하고 있어 읽기가 가장 비중이 높은 반면 쓰
기의 비중이 상대적으로 적은 점, 한국어의 표음주의 및 형태주의 표
기법에서의 혼란 등에서 그 이유를 찾아 볼 수 있을 것이다. 또한 '해
당없음'이 많은 것은, 화교 학생들이 -한국어 사용 환경에서의 노출도
가 높은 때문인지- 주당 3시간이라는 적은 학습 시간에 불구하고 상대
적으로 유창한 한국어 능력을 갖고 있기 때문이다. 또한 한국어 관련
형식적 교육이 소학교 5학년 이후에나 시작되어 소학교 학생들이 언어
기능의 부족함을 상대적으로 많이 느낌을 알 수 있다.

<표 5> 부족한 한국어 언어기능

언어기능	소학교	초중부	고중부	한국진학	전체	$\chi^2(p)$
말하기	6	10	4	2	22	25.196*
	8.6%	9.9%	8.9%	4.0%	8.3%	(.047)

듣기	1	5	1	2	9	
	1.4%	5.0%	2.2%	4.0%	3.4%	
쓰기	44	34	15	21	114	
	62.9%	33.7%	33.3%	42.0%	42.9%	
읽기	2	2	0	0	4	
	2.9%	2.0%	.0%	.0%	1.5%	
전부 다	3	5	2	4	14	
	4.3%	5.0%	4.4%	8.0%	5.3%	
해당 없음	14	45	23	21	103	
	20.0%	44.6%	51.1%	42.0%	38.7%	
전체	70	101	45	50	266	*p<0.05,
	100.0%	100.0%	100.0%	100.0%	100.0%	***p<0.001

<표 6>에서 보면, 한국 학생에 비해 부족함을 느끼는 언어자료는 전체적으로 문학(24.3%)이 가장 높게 나타났으며, 이 항목에서도 급별 차이가 나타났다(p<0.001). 소학교에서는 '어휘'(26.0%)가 가장 높았는데, 소학교 5, 6학년 때에 비로소 한국어 문어 텍스트를 배우는 화교 학생들의 경우, 일상 구어 생활에서 사용하는 어휘만으로는 문어 텍스트 이해가 힘들기 때문인 것 같다. 초중부에서는 '문법'(21.6%)이 높게 나타났는데, 초중부에 들어서면서 - 단순한 의사소통이 아닌 정확하고도 유창한 언어 사용을 강조함에 따라 - 한국어 '문법'에 대해 본격적으로 배우게 되고, 이에 따라 '문법'에서 부족함을 느끼게 되는 것 같다. 또한 고중부와 한국대학 진학반에서는 문학(32.6%, 43.1%)이 가장 높게 나타났는데, 문학 텍스트 중심의 읽기 교육 위주로 교육이 이뤄짐에 따라, 고차원적인 사고 및 언어 능력이 요구되는 문학 텍스트에서 부족함을 느끼게 되는 것으로 사료된다.

<표 6> 부족한 한국어 언어자료

언어자료	소학교	초중부	고중부	한국진학	전체	χ^2(p)
문학	8	21	15	22	66	
	11.0%	20.6%	32.6%	43.1%	24.3%	
문화	13	15	8	5	41	
	17.8%	14.7%	17.4%	9.8%	15.1%	
문법	12	22	6	9	49	
	16.4%	21.6%	13.0%	17.6%	18.0%	65.659
어휘	19	10	3	2	34	***
	26.0%	9.8%	6.5%	3.9%	12.5%	(.000)
발음	12	5	0	1	18	
	16.4%	4.9%	.0%	2.0%	6.6%	
전부 다	8	7	2	3	20	
	11.0%	6.9%	4.3%	5.9%	7.4%	
해당 없음	1	22	12	9	44	
	1.4%	21.6%	26.1%	17.6%	16.2%	
전체	73	102	46	51	272	* p<0.05,
	100.0%	100.0%	100.0%	100.0%	100.0%	***p<0.001

셋째, 화교 학생들이 한국어 시간에 가장 많이 배우는 언어기능[19]을 보면, 소학교·고중부·한국대학진학반에서는 쓰기(57.5%, 35.6%, 56.6%)가, 초중부에서는 읽기(33.0%)가 가장 높게 나타나 학교 급별로 유의미한 차이가 있었다(p<0.001). 이를 통해 화교학교에서는 듣기·말하기의 음성언어 활동 보다는 읽기·쓰기 중심의 문자언어 활동 중

---

19) 전체적으로 쓰기(41.0%) > 읽기(26.2%) > 듣기(16.6%) > 말하기(16.2%) 순으로 나타났다. 특이한 점은 화교학교 한국어 교재가 읽기 중심인 것에 비해, '쓰기' 기능을 많이 배운다는 결과를 보여준 것이다. 교재는 교사에 의해 재구성되어 교육되기 때문에, 어렵게 느껴질 수 있는 '쓰기'의 비중을 강화한 것으로 추측할 수 있다. 이는 '글쓰기에 있어서 맞춤법에 맞춰서 글을 정확하게 쓰는 것을 중요하게 가르친다'는 화교학교 선생님과의 인터뷰에서 확인된다.

심으로 교육을 하고 있음을 알 수 있다.

<표 7> 많이 배우는 언어자료

언어자료	소학교	초중부	고중부	한국진학	전체	$\chi^2(p)$
문학	0	20	27	30	77	
	.0%	20.2%	58.7%	55.6%	28.3%	
문화	2	10	9	3	24	
	2.7%	10.1%	19.6%	5.6%	8.8%	
문법	27	32	3	14	76	101.820
	37.0%	32.3%	6.5%	25.9%	27.9%	***(.000)
어휘	17	9	4	3	33	
	23.3%	9.1%	8.7%	5.6%	12.1%	
발음	27	28	3	4	62	
	37.0%	28.3%	6.5%	7.4%	22.8%	
전체	73	99	46	54	272	***p<0.001
	100.0%	100.0%	100.0%	100.0%	100.0%	

화교 학생이 많이 배우는 언어자료는 <표 7>처럼 소학교에서는 문법과 발음(각 37.0%)이, 초중부에서는 문법(32.3%), 고중부와 한국대학진학반에서는 문학(각각 58.7%, 55.6%)이 가장 높게 나타나 학교 급별 차이가 나타났다(p<0.001). 이는 소학교의 경우 한국어의 형식적 교육이 처음 시작되기에 학생들의 정확한 언어생활을 위해 발음과 문법을 많이 가르치고, 초중부에서는 소학교에서 기초를 다진 한국어 능력을 바탕으로 유창성과 숙달도를 높이고, 이를 통해 문자언어 사용능력 신장에 관심을 두기 때문인 것으로 추정할 수 있다. 또한 고중부와 한국대학진학반에서는 고차적 사고과정이 요구되는 문학작품 독해 및 감상에 비중을 두는 것이 재확인됐다.

넷째, 한국어 시간에 배우는 것 중 가장 중요한 것에 대한 물음에, 언어기능은 전체적으로 '쓰기(45.4%) > 말하기(33.3%) > 읽기(13.6%) > 듣기(7.7%)' 순으로 나타났고, 모든 학년에서 쓰기가 가장 높게 나타나는데, 이는 학생들이 학교에서 많이 배우고 어렵다고 생각하는 영역을 중요하게 생각하기 때문인 것으로 추측 된다. 특히 소학교에서는 읽기(19.2%)가, 초중부는 듣기(12.9%)가 다른 학년에 비해 높게 나타나 차이를 보였는다(p<0.05). 소학교의 경우는 구어 중심의 의사소통을 하다가, 한국어 수업을 통해 문어 텍스트를 본격적으로 접하기 때문인 것으로 추측할 수 있다. 또한 초중부는 또래 간 유대감이 급격히 강화되는 시기이고, 화교 교재에서도 독립적인 '듣기' 단원이 편성되어 교육이 이뤄지기 때문에 음성언어 활동인 듣기를 중요하게 생각한 것으로 보인다.

<표 8> 중요하다고 생각하는 언어자료

언어자료	소학교	초중부	고중부	한국진학	전체	$\chi^2(p)$
문학	5	13	15	21	54	36.712 *** (.000)
	6.8%	13.0%	33.3%	38.9%	19.9%	
문화	10	13	4	10	37	
	13.7%	13.0%	8.9%	18.5%	13.6%	
문법	23	37	14	13	87	
	31.5%	37.0%	31.1%	24.1%	32.0%	
어휘	14	17	7	6	44	
	19.2%	17.0%	15.6%	11.1%	16.2%	
발음	21	20	5	4	50	
	28.8%	20.0%	11.1%	7.4%	18.4%	
전체	73	100	45	54	272	* p<0.05, ***p<0.001
	100.0%	100.0%	100.0%	100.0%	100.0%	

　언어자료에 대한 중요성 인식도에서도 학교 급별에 따른 차이가 나타났다. 소학교와 초중부에서는 정확한 언어 사용 활동을 위해 문법을 지도하고 있어서 <표 8>과 같이 문법(31.5%, 37.0%)이 가장 높게 나타났으며, 고중부와 한국대학진학반에서는 문학 텍스트를 중심으로 읽기·쓰기 교육이 이뤄져서 문학(33.3%, 38.9%)이 가장 높게 나타났다(p<0.001). 또한 한국대학진학반에서는 '문화' 수업에 대한 요구도 높다는 것을 알 수 있다.

　다섯째, 한국어 시간에 더 배우고 싶은 언어기능과 언어자료에 대한 설문 결과를 정리하면 다음과 같은데, 언어기능은 전체적으로 쓰기(36.3%) > 말하기(30.3%) > 듣기(20.6%) > 읽기(12.7%) 순으로 나타났으며, 급별 차이가 나타났다. 언어 기능의 경우 소학교·초중부·한국대학진학반에서는 쓰기(29.2%, 37.4%, 48.1%)가, 고중부에서는 말하기(38.1%)가 가장 높게 나타났다.(p<0.05)

　또한 언어자료는 <표 9>와 같이 전체적으로 문화(27.3%)가 가장 비중이 높았으나, 이도 급별 차이가 나타났다(p<0.05). 소학교와 한국대학 진학반에서는 문화가 각각 31.5%, 29.6%로 가장 높게 나타났으며, 초중부에서는 문법이 28.3%로 가장 높게 나타났고, 고중부에서는 문학이 35.6%로 가장 높아 차이가 있었다.

<표 9> 더 배우고 싶은 언어자료

언어자료	소학교	초중부	고중부	한국진학	전체	χ^2(p)
문학	15	21	16	11	63	21.976* (.038)
	20.5%	21.2%	35.6%	20.4%	23.2%	
문화	23	21	14	16	74	
	31.5%	21.2%	31.1%	29.6%	27.3%	

문법	14	28	6	13	61	
	19.2%	28.3%	13.3%	24.1%	22.5%	
어휘	5	17	7	10	39	
	6.8%	17.2%	15.6%	18.5%	14.4%	
발음	16	12	2	4	34	
	21.9%	12.1%	4.4%	7.4%	12.5%	
전체	73	99	45	54	271	* p<0.05
	100.0%	100.0%	100.0%	100.0%	100.0%	

여섯째, 학교 급을 초월하여 화교 학생들이 어려워하는 '언어기능'과 '언어자료'의 순위를 살펴보기 위해, 각 항목에 가중치를 주어 그 합으로 점수를 계산한 결과[20], 언어기능의 어려운 1순위는 '쓰기'로 나타났으며, '언어자료'는 '문학'과 '문법'이 어려운 것으로 나타났다.

화교 학생들이 가장 어려워하는 언어기능은 쓰기(63.6%)였으나, 초중부에서는 말하기(17.6%)와 듣기(23.5%)가 타 학년에 비해 응답률이 높아 학교 급별 차이가 있었다($p < 0.05$). 이것은 화교학교 초중부 교재에서 일상적 말하기·듣기가 아닌, 말하기·듣기 관련 전략 및 기능을 배우는 단원이 편성되어 있는 바, 학습을 하면서 전략적 말하기·듣기가 결코 쉬운 활동이 아님을 알게 된 것으로 추측할 수 있다.

어려운 언어자료는 문학(33.8%)이었으며, 고학년이 될수록 문학 텍스트의 비중이 높아지면서, 문학을 어려워하는 비율도 같이 높아짐을 알 수 있었다. 하지만 소학교에서는 발음(18.1%)이 다른 학년에 비해

---

20) 어려운 순위를 알아보기 위하여, '언어기능'은 1순위에서 4순위까지 가중치 4, 3, 2, 1을 차례대로, '언어자료'는 1순위에서 5순위까지 가중치 5, 4, 3, 2, 1을 차례대로 부여하여 총합을 내었다. 그 결과 언어기능은 '쓰기(894) > 듣기(648) > 읽기(560) > 말하기(555)' 순으로 나타났고, 언어자료는 '문학(958) > 문법(958) > 문화(853) > 어휘(738) > 발음(525)' 순으로 나타났다.

높게 나타나 학교 급별 차이가 있었다(p<0.05). 이는 비형식적으로 배우던 한국어를 정식으로 배우면서, 발음 교정 과정 중에 어려움을 느꼈을 것으로 추측할 수 있다.

일곱째, 한국어 발달도에 대한 요구 분석을 보면, 한국어의 각 영역(말하기, 듣기, 읽기, 쓰기, 문법 등)에 대해, '전체적으로 각 영역을 고루 잘해야 한다'는 의견이 78.5%로 가장 높게 나타났으며, 학교 급별 차이는 유의수준 5%에서 유의미하지 않는 것으로 나타났다.

여덟째, 한국인과 화교가 배우는 한국어의 내용 및 수준에 대한 인식도 조사에서 전체적 응답 결과는 '비슷(40.6%)'하거나 '같아야 한다(37.7%)'는 것이 모든 학교 급별에서 높게 나타났다. 이것은 화교 학생들이 이중언어 사용자로서 한국인 학생들과 거의 다름없는 한국어 구사 능력을 보이는 만큼 기대치도 높기 때문인 것으로 여겨진다.

마지막으로 '한국어와 중국어의 공통점과 차이점에 대하여 배울 필요성을 느끼는가'에 대한 설문에 학교 급별로 약간의 차이(p<0.001)는 있으나 '필요하다(84.1%)'는 의견이 높게 나타났다. 이중언어 사용자로서의 화교 학생의 학습자적 특징을 고려한다면, 이런 비교·대조적 관점에서의 교육이 충분한 성과를 얻을 수 있을 것이라 기대된다. 따라서 화교학교에서는 한국어와 중국어의 비교·대조를 통한 효과적인 지도 방법 및 내용을 강구해야 할 것이다.

4.3. 주관적 요구분석 : 설문조사 (2)

화교 중고등학생만을 대상으로 실시한 설문조사(2)는, 실제 화교 중고등학교에서의 한국어교육 프로그램을 계획하는 데 필요한, 학생들의 구체적이고 주관적인 요구를 알기 위한 것이다. 설문조사(2)는 발음 및 문화교육을 제외한 어휘, 문법, 문학, 언어기능의 필요도·난이도를 측정하기 위하여 5점 리커트 척도[21]를 활용하여 조사하였다.[22] 필요도와 난이도의 척도는 매우 안 필요함/매우 안 어려움의 1점에서부터 매우 필요함/매우 어려움의 5점까지로 나눴으며, 평균이 높을수록 필요도와 난이도가 높은 것을 의미한다고 할 수 있다.

첫째, 화교 학생을 대상으로 한 발음교육에 대한 요구는 전체적으로 발음 교육이 필요하다(56.9%)가 높게 나타나 급별 차이가 없었다. 따라서 학교 급에 관계없이 상당수의 화교 학생들이 한국어 발음교육의 필요성을 인식하고 있는 것으로 판단됐다. 적절한 발음교육 시기 또한 급별 요구에 별 차이 없이 '소학교에서 초중부까지'(43.8%)가 가장 적절한 것으로 나왔다. 이러한 통계 결과를 고려한다면, 화교학교에서의 발음교육은 필요하며, 시기는 소학교에서 초중부까지가 적절할 것으로 보인다.

둘째, 어휘 교육에 있어서 분야별 어휘의 필요도 및 난이도에 대한 주관적 요구를 분석했을 때, 어휘의 전체적 필요도는 '공식적인 상황에서 쓰이는 어휘'(3.97)가 가장 높게 나타났으며, '공부나 학문적인 글 등에서 자주 쓰이는 어휘(3.95)', '대부분의 일상생활에서 흔히 쓰이는 어휘

---

21) Likert 양식은 Likert가 제안한 방법으로 측정하는 구성개념에 대한 긍정 또는 부정의 내용을 담은 문항을 제시하고 반응자들은 이 문항에 대해 어느 정도나 동의하는지를 5점 또는 7점 척도를 이용해서 응답하는 하는 방식을 말한다.(김석우·최태진, 2007)

22) 주관적 요구분석에서는 '발음'과 '문화' 관련 학습 요소를 바탕으로 한 요구 조사를 실시하지 않았다. 주관적 요구분석 설문 문항은 이중언어 화자로서의 '화교' 학생들의 특성을 감안하여, 국어(제1언어로서의 한국어)과 교육과정의 분석을 통해 한국어의 기본 학습 요소를 추출하여 제작하였다. 그러나 '발음'과 '문화'의 경우, 화교 학생과 한국 학생은 분명이 많은 차이를 가지고 있고, 기존의 국어(제1언어로서의 한국어)과 교육과정에서도 언급되어 있지 않은 부분이기에, 본고에서 설문 문항을 추출하기엔 많은 연구 과제가 남아 있기 때문이다.

(3.87)' 순서로 필요도가 높게 나타났다. 또한 전체적 난이도는 '사회 각 영역(정치, 경제, 문화 등)에서 널리 쓰이고 있는 전문 용어나 시사용어'의 평균이 3.62로 가장 높게 나타났으며, 실생활과 밀접한 '인터넷이나 핸드폰 등 통신과 관련한 용어(2.40)'의 난이도가 가장 낮게 나타났다.

급별에 따른 어휘의 필요도와 난이도의 차이는, 다른 영역에서는 차이가 거의 나타나지 않았고, 필요도의 경우 '대부분의 일상생활에서 흔히 쓰이는 어휘($p<0.01$)'와 '자주 쓰이는 약어, 비속어, 방언, 은어($p<0.05$)'가 초등부에서 가장 높게 나타났으나, 한국대학진학반에서는 낮게 나타나 학년에 따른 차이가 나타났다. 이는 한국대학진학반의 경우 이미 높은 어휘 수준에 달해 필요도를 느끼지 못했거나, 대학 진학 및 수학을 위해 공부를 하기 때문에, 공부할 필요성을 느끼지 못했을 것으로 사료된다.

셋째, 문법의 필요도와 난이도에 대한 화교 학생들의 요구를 분석한 결과, 문법의 필요도는 '맞춤법과 띄어쓰기(4.23)' > '한국어만의 독특한 문법 기능(3.85)' > '조사와 어미(3.66)' 순으로 나타났고, 난이도는 '한국어를 구성하는 단위(3.38)' > '맞춤법과 띄어쓰기(3.31)' > '국어의 단어(어휘) 만드는 방법 및 관계'(3.12) > '조사와 어미(3.0)'의 순으로 나타났다.

문법의 필요도의 경우, 모든 항목이 유의수준 5%에서 유의미하지 않아, 급별에 따른 차이는 없는 것을 알 수 있었다. 그러나 난이도는, '한국어만의 독특한 문법 기능'에서 학교 급별에 따른 차이가 나타났는데($p<0.001$), 이는 화교학교에서의 '문법 기능'의 학습 시기와 밀접한 관련이 있는 것 같다. '문법기능'의 경우 초중부 3학년의 끝부분에 학습이 되므로, 고중부 보다는 초중부에서의 난이도가 낮게 나왔을 것으로 사료된다.

<표 10> '언어기능'에 대한 초·고중부 급별 필요도·난이도

언어기능		필요도									난이도								
		전체 (a)		초중부 (b)		고중부 (c)		한국대학 (d)		F *p<0.05	사후검정 (Duncan)	전체 (a)		초중부 (b)		고중부 (c)		한국대학 (d)		F *p<0.05, **p<0.01	사후검정 (Duncan)
		M	SD	M	SD	M	SD	M	SD			M	SD	M	SD	M	SD	M	SD		
1	의도·목적을 고려하여 의사소통하기	3.80	.90	3.78	.86	3.87	.88	3.80	.99	.169	-	3.24	.97	3.26	.98	3.28	.91	3.16	1.01	.229	-
2	중심·세부 내용 파악	3.79	.94	3.88	.92	3.67	.98	3.73	.95	1.014	-	3.35	.88	3.35	.90	3.43	.78	3.27	.91	.425	-
3	생략된 내용 추측하기	3.71	.95	3.83	.93	3.65	.92	3.53	.98	1.884	-	3.37	.93	3.37	.92	3.37	.83	3.36	1.06	.001	-
4	비판하며 의사소통하기	3.52	.91	3.52	.93	3.61	.84	3.44	.92	.419	-	3.08	.92	2.99	.95	3.24	.83	3.13	.92	1.278	-
5	내용 배열 순서나 방법을 고려하기	3.61	.94	3.67	.94	3.36	.86	3.73	.97	2.312	-	3.16	.98	3.25	.97	3.17	.85	2.98	1.09	1.379	-
6	필요한 정보 찾기	3.78	.86	3.80	.88	3.73	.81	3.78	.90	.092	-	3.21	.97	3.20	.91	3.26	.85	3.20	1.16	.073	-
7	내용 요약하기	3.78	.91	3.85	.96	3.72	.81	3.68	.91	.736	-	3.30	1.01	3.26	1.04	3.41	.83	3.27	1.11	.375	-
8	내용 메모하기	3.58	.91	3.64	.95	3.63	.80	3.42	.92	1.140	-	2.98	1.01	2.91	1.04	3.04	.84	3.04	1.09	.403	-
9	문맥에 따라 내용파악	3.66	.92	3.69	.94	3.71	.76	3.67	1.00	.022	-	3.32	.96	3.27	.97	3.40	.75	3.33	1.11	.269	-
10	읽기 목적에 따른 다양한 읽기 방법을 활용	3.72	1.03	3.79	1.01	3.65	1.04	3.6	1.06	.546	-	3.10	1.04	3.09	1.07	3.17	.82	3.07	1.15	.139	-
11	지시어나 접속어 활용하여 내용 이해하기	3.67	.97	3.76	.92	3.35	.97	3.76	1.00	3.311*	d,b>c	3.24	.97	3.13	1.03	3.02	.86	3.24	1.19	.540	-
12	내용 수집하고 선정	3.50	.93	3.42	1.03	3.49	.87	3.67	.78	1.043	-	3.35	.88	3.08	1.01	3.28	.81	3.19	.99	.751	-
13	독창적이고 재밌는 방법으로 표현하기	3.60	.98	3.65	.98	3.57	.93	3.53	1.03	.314	-	3.37	.93	3.01	1.00	3.29	.79	3.07	1.07	1.285	-
14	글 고쳐쓰기	3.90	.90	3.93	.91	3.70	.87	4.00	.90	1.591	-	3.08	.92	3.26	.88	3.30	.87	3.15	1.15	.368	-
15	내체를 활용하여 의사소통	3.57	.92	3.60	.94	3.41	.83	3.64	.93	.883	-	3.16	.98	3.14	1.00	3.20	.83	3.29	1.07	.445	-
16	어법이나 문법에 맞게 의사소통하기	3.79	.90	3.80	.92	3.57	.96	3.98	.78	2.714	-	3.21	.97	3.42	1.06	3.52	.84	3.18	1.09	1.564	-
17	의사소통과정 스스로 점검	3.64	1.01	3.72	1.09	3.46	.89	3.67	.95	1.077	-	3.30	1.01	3.21	1.06	3.11	.82	3.00	1.15	.770	-
18	반언어 비언어 활용하여 의사소통하기	3.45	.95	3.46	.95	3.50	.98	3.41	.93	.141	-	2.98	1.01	3.17	1.00	3.09	.91	3.02	1.13	.441	-
19	배경지식 활용하여 의사소통하기	3.75	.96	3.75	1.05	3.77	.84	3.73	.89	.007	-	3.32	.96	3.31	1.04	3.20	.97	3.14	1.15	.482	-

넷째, <표 10>에서 언어기능의 전체적인 필요도와 난이도를 살펴본 결과, 언어기능의 필요도는 '글 고쳐쓰기'가 가장 높게 나타났고, '의도·목적을 고려하여 의사소통하기'> '중심 내용과 세부 내용 파악하기'> '어법이나 문법에 맞게 의사소통하기' 순으로 필요도가 높게 나타

났다. 또한 언어기능의 난이도는 '어법·문법에 맞게 말하고 쓰기'가 가장 높게 나타났으며, '생략된 내용 추측하기', '중심 내용과 세부 내용 파악하기' 순서로 난이도가 높게 나타났다.

언어기능의 급별 필요도와 난이도는 전 항목이 유의수준 5%에서 유의미하지 않았다. 다만 '지시어나 접속어 활용하여 의사소통하기'에서는 급별에 차이가 나타났는데($p < 0.05$), 한국대학진학반에서는 필요도가 가장 높게 나타난 반면에 고중부에서는 필요도가 낮게 나타났다. 이는 상위 과정의 학문을 목적으로 한국어를 배우는 한국대학진학반의 경우 고급 한국어 사용능력에 도달할수록 전략적 읽기 방법의 필요성을 깊이 인식하기 때문인 것으로 사료된다.

5 화교 학생 대상의 한국어교육을 위한 제언

지금까지의 문헌 조사·인터뷰·요구분석 결과를 토대로, 화교 학생 대상의 한국어교육을 위한 제언을 정리하면 다음과 같다.

1) 부모님의 구성 유형 및 가정어 등을 고려하여 교육 계획을 수립해야 한다.

화교 학생들의 가정언어는, 요구조사의 다른 항목과는 달리 급별 차이보다 부모님의 구성 유형의 영향을 받았다. 두 분 다 화교인 경우보다 어느 한 쪽이 한국인인 경우, 가정에서의 한국어 사용 비율이나 숙달도 등이 높았고, 한국어를 배우기 시작한 시기도 그렇지 않은 경우보다 빨랐다. 따라서 화교 학생들을 대상으로 한국어교육을 할 때에는 부모님의 구성 유형은 물론 가정어 등의 가정환경 등을 고려하여 교육 계획을 세워야 할 것이다. 한 발 더 나아가 학급 편성 시 이러한 요소 등을 고려한다면, 동질적 집단을 형성하게 되어 교육의 효율성을 더 높일 수 있을 것이다.

2) 첨가적 이중언어 교육의 관점에서 집중교육모델에 의한 교육프로그램 설계가 적절하다.

화교 학생들의 경우 한국어를 24시간 접할 수 있는 환경에서 성장하 다보니, '학습'보다는 자연스러운 '습득'의 과정을 통해 한국어를 배운 것으로 드러났고, 처한 상황에 따라 한국어와 중국어를 적절하게 혼용 할 수 있는 상위인지능력을 가지고 있어, 고도의 이중언어 사용자임이 드러났다. 이는 한국어 능력 수준 인식도에 대한 분석 결과에서도 드러 나는데, 또래의 한국인 학생들과 비교하여 한국어를 비슷하거나 더 잘 한다고 응답한 경우가 많아 화교 학생들이 능숙한 이중언어 사용자라 는 것을 재확인시켜 주었다. 그리고 고학년으로 올라 갈수록 중국어보 다는 한국어를 더 잘 한다는 학생이 늘어나 연령별 언어교체 현상이 일어나고 있음도 알 수 있었다. 객관적 한국어 능력의 등급 인식도에서 는 전체적으로 4급>3급>6급>5급의 순으로 나타났는데, 고학년으로 올 라갈수록 6급이라는 응답이 늘고, 3급이라는 응답은 낮아져, 한국대학 진학반의 경우 6급이라 응답한 학생이 가장 많았다. 하지만 아무리 이 중언어를 습득할 수 있는 적절한 환경에 있더라도, 적절한 자극과 교육 의 기회가 주어지지 않으면, 이중언어 사용능력이 신장되지 않는다는 기존의 연구들을 고려한다면, 화교 학생들이 갖춘 여러 조건들이 능숙 한 이중언어 사용능력을 보장하지는 못한다. 따라서 화교 학생들이 그 들의 모어와 제2언어로서의 한국어를 능숙하게 사용하는 이중언어 사 용자가 되기 위해서는 첨가적 이중언어교육의 관점을 취하는 집중교육

모델의 프로그램이 효과적일 것이다.

3) 학교 급별로 한국어 학습 목적에 따른 별도의 한국어교육과정의 설계가
   필요하다.

화교 학생들이 한국어를 배우는 목적은 소학교에서부터 고중부까지
는 '한국에서의 일상 의사소통 능력 신장'을 위해서, 한국대학진학반의
경우는 '한국 대학에 진학하기 위해서(32.7%)'이다. 이렇게 한국어를
학습하는 목적이 다르다면, 한국어교육 내용 및 수준과 방법도 달라져
야 할 것이다. 따라서 소학교의 학생들은 자연스럽게 습득한 구어 위
주의 한국어 사용능력을 지니고 있으므로, 음성언어 사용의 숙달도와 문
자언어의 기초 기능을 습득할 수 있도록 교육과정을 설계해야 할 것이
다. 그리고 중고등학교 초중부와 대만대학진학반은 언어 형태적 요소
와 의사소통기능의 비율을 적절하게 정하여, 음성언어 사용은 물론 문
자언어의 사용도 유창하되 정확하고 능숙하게 할 수 있도록 지도하는
교육과정을 설계해야 할 것이다. 마지막으로 한국대학진학반 즉, 고급
수준의 학문 목적 한국어 사용능력이 필요한 학생에게는, 학생들의 요
구와 기대에 따라 학문 목적의 한국어 사용능력을 신장시키는 한국어
교육과정이 필요할 것이다.

또한 전체 학교 급별에서 '교육과정에 한국어가 들어 있어서' 배운다
는 학생들이 비중이 상당하므로, 한국어를 배우는 목적의식 및 동기를
심어주는, '태도'와 '가치'적 측면의 교육도 함께 이루어져야 할 것이다.

4) 쓰기와 읽기 중심의 통합적 한국어 사용 능력을 신장시키는 한국어교육이
   필요하다.

화교 학생들은 한국어 사용 환경 속에서 자라면서 한국어를 자연스

럽게 '습득'하게 되므로, 한국어 음성언어의 사용에 있어서 유창성을 어느 정도 확보하게 된다. 따라서 화교 학생들이 형식적 교육으로서 '한국어'를 배우기 시작하는 소학교 5학년이 되어서야 비로소 읽기·쓰기 등의 문자언어 사용 능력을 정식적으로 배우게 된다. 따라서 읽기와 쓰기 능력이 말하기 듣기의 음성언어 사용 능력보다 상대적으로 떨어지는 것은 어떻게 보면 당연한 일인 것이다.

그래서 화교 학생들은 못하고 어렵다고 생각하는 언어기능이 '쓰기'이고, 언어자료의 경우는 급별로 차이를 보였으나, 고중부와 한국대학 진학반의 경우 '문학'이라고 답해 문자언어 기능이 부족함을 알 수 있었다. 그리고 일반적으로 이 비율은 고학년으로 갈수록 더 커졌다. 그래서 배우고 싶고 중요한 언어기능과 자료도 '쓰기'와 '문학'이라 답했다. 따라서 화교학교에서의 한국어교육은 학생들의 언어사용 능력을 신장시켜, 숙달도를 유창성 못지 않게 높여줄 수 있도록, 읽기와 쓰기 중심의 통합적 언어 기능 교육이 전개되어야 할 것이다.

5) 발음, 문법, 문학교육 등은 시기에 따라 집중적인 교육과정을 설계해야 한다.

인간의 성장과 학습에 결정적 시기(the critical period)가 있듯이, 화교학생들이 발음·문법·문학 등에 대해서 다른 시기보다 교육의 필요성을 더 절실히 요구하는 특정의 시기가 있었다. 소학교 시기의 화교 학생들은 어려운 언어자료로 '발음'을, 배우고 싶은 언어자료로는 문법과 발음을, 한국학생들에 비해 떨어지는 언어자료로는 '어휘'를 꼽았다. 또한 초중부의 경우는 공식적인 말하기 기능이 어렵다는 응답이 꽤 높았으며, 배우고 싶은 언어자료로 '문법'을, 한국 학생들에 비해 떨어지는 언어기능을 '문법'이라 응답했다. 또한 고중부 및 한국대학진학반은 '문학'에 대한 요구가 높았다.

물론 매 시기마다 모든 언어기능과 언어자료가 교육되어야 하겠지만, 학생들의 요구를 고려한다면, 시기별로 특정의 언어기능과 언어자료를 집중적으로 가르치는 교육과정을 설계하고 실시하는 것이 좋을 것이다. 소학교 5~6학년 때에는 형식적인 한국어교육의 시작 단계이니 만큼, 발음 교정과 기초적 의사소통 어휘 확장, 기초 문법을 통한 정확한 의사소통능력 신장이 필요할 것이다. 또한 초중부 때는 문법 관련 지식을 좀 더 체계적이고 본격적으로 교육시켜, 한국어 사용 능력의 숙달도를 향상시킬 뿐만 아니라, 단순한 의사소통이 아닌, 공식적인 의사소통 기능을 신장시키는 것이 좋을 것이다. 마지막으로 고중부나 한국대학진학반의 경우는, 어느 정도 능숙한 한국어 사용능력을 보이므로, '문학'을 통해 고차원의 사고력 및 한국어 사용능력을 신장시키고, 한국의 문화적 지식까지도 심화시키는 것이 필요할 것이다. 이러한 시기별 집중 교육은 한국어 사용 능력 신장의 효율성을 끌어낼 수 있을 것이다.

6) 한국의 '문학'과 '문화'를 토대로 언어자료를 보강하고, 다양한 언어자료와 언어기능을 통합한 교육이 필요하다.

화교 학생들은 뒤떨어지거나 어려운 언어자료가 '문학'이라 답했고, 중요거나 배우고 싶은 언어자료로는 소학교와 한국대학진학반의 경우 '문화'를, 고중부에서는 '문학'을 들었다. 그리고 이 비율은 고학년으로 갈수록 커졌다. 이런 요구 분석 결과에서 알 수 있듯이 화교 학생들에게 꼭 가르쳐야 할 언어자료로 가장 중요한 것 중 하나가 '문학'과 '문화'임을 알 수 있다. 화교가 아무리 오래 전에 한국사회에 정착했어도, 그들만의 독자적인 사회를 형성하여 살아왔기 때문에, 한국의 문화를 이해하는 것에 한계가 있다.

따라서 문학을 비롯한 한국의 사회, 역사, 정치, 경제, 법률, 지리, 제도 등의 '문화'와 관련된 언어자료의 교육은 너무나 중요하다. 따라서 화교 학생을 위한 '문화'와 '문학'의 언어자료 보강은 필요하다. 그리고 이런 언어자료는 독립적으로 가르치기 보다는 한국어 언어기능과 통합하여 가르치면 한국어교육의 효과를 향상시킬 수 있을 것이다. 즉, 내용 중심 교수(Content Based Instruction : CBI)를 좋은 사례로 적용해 볼 수 있을 것이다. 또한 한국대학진학반의 경우는 한어와 그 밖의 한국역사, 한국지리 등의 한국 관련 교과와 통합시켜 가르치는 것도 하나의 방법이 될 수 있을 것이다.

7) 학생의 난이도 및 필요도 요구를 반영하여, 언어기능을 점차 심화·반복하는 형태로 구조화시켜 교육하는 것이 좋다.

설문조사(2)의 주관적 요구 분석에서도 드러났듯이, 언어 기능에 대한 학교 급별 필요도와 난이도는 거의 비슷하게 나타났는데, 의사소통의 전략적 기능과 관련된 내용에 대한 필요도와 난이도가 높이 나타났다. 특히 한국대학 진학반의 경우는 '지시어 접속어를 활용하여 내용 이해하기'에 대한 필요도가 가장 높게 나타나 학문적 목적에서 다양한 글을 이해할 수 있는 읽기 전략적 학습이 필요함을 알 수 있었다.

언어기능 관련 요구가 학교 급별 차이가 없는 것으로 보아, 언어기능의 위계화는 교육내용의 구조화와 배열에 별 의미가 없을 것 같다. 언어능력 자체가 수학과 교육과정과 달리 단계형의 위계화와는 거리가 있기 때문이다. 따라서 화교 학생들을 대상으로 한국어교육을 계획한다면, 언어기능의 교육은 단계형의 교육내용 구조화보다는, 나선형(cyclical/spiral type)의 구조화의 방법을 취하는 것이 좋을 것이다. 이는 이은희(1998)에서도 확인해 볼 수 있는데, 언어 학습에서는 '무엇을 할 수 있나'보다 '얼마나 잘 사용할 수 있나'가 중요하기 때문에, 똑같은 언어기능을 점차 심화시키면서 여러 번 학습하는 나선형의 구조화 방법은 화교 학생들의 한국어 숙달도 및 유창성을 심화시키는 데 매우 유의미할 것이라고 했다.

단, 여기서 주의할 것은, 화교 학생을 위한 한국어교육 계획 시 언어 기능을 비롯한 교육 내용 요소의 구조화 및 제시 순서를 학생의 요구에 전적으로 의존할 수는 없다는 것이다. 그 동안의 축적된 연구 결과와 한국어 교사나 교육과정 집필자의 경험이라는 바탕에 학습자의 요구를 참고로 하여 가장 이상적인 형태로 구성해야 할 것이다.

8) 한국어와 중국어의 대조 분석적 관점에서 한국어교육의 효과를 높일 필요가 있다.

화교 학생들에게 한국어와 중국어의 공통점과 차이점을 배울 필요성에 대해 물었을 때, 84.1%가 '필요하다'라고 대답하였으며, 한국인 학생이 배우는 한국어의 수준 및 내용과 화교 학생들이 배우는 한국어의 수준 및 내용에 대한 물음에는 한국어와 중국어의 수준과 내용이 같거나 비슷해야 한다는 의견이 대다수(78.3%)를 차지하였다. 이렇게 보면 한국어와 중국어, 한국 문화와 중국 문화를 연계한 이중언어 교육은 매우 유의미할 것이다.

물론 대조 분석적 관점의 교육은 아직도 이점과 단점에 대한 공방을 일으키고 있다. 하지만 기존의 이중언어 교육에 대한 연구를 토대로 볼 때, 화교 학생과 같은 능숙한 이중언어 사용자에게는 한국어와 중국어의 대조 분석적 교육이 끼칠 긍정적 영향이 오히려 더 클 것으로 추측된다. 또한 화교 학생들 스스로 한국어와 중국어를 모두 능숙하게 다룰 수 있는 이중언어 사용 능력을 원하는 만큼, 한국어와 중국어의 대조 분석적 관점은 매우 유의미할 것이다.

화교 학생을 위한 한국어교육의 전략과 과제

지금까지 화교 학생을 대상으로 한 한국어교육 계획 설계 또는 교육과정·교재 개발을 위한 기초 논의를 전개하였다. 화교는 한국에 자리잡은 이후로, 화교학교를 세우고, 모어 즉 제1언어로서 중국어를 가르치면서, 동시에 제2언어로서 한국어를 가르치고 있다. 이러한 성장 및 가정 배경 등의 영향으로 화교 학생들은 아주 능숙한 이중언어 사용자이며, 언어발달 측면과 학업성취 면에서도 많은 가능성을 지니고 있는 학습자가 될 수 있었다.

그러나 형식적인 교육기관에서 오랜 기간 동안 한국어를 제2언어로서 가르쳐 왔음에도 불구하고, 화교학교에서의 한국어교육과정은 물론 독자적인 한국어 교재도 체계화되어 있지 않은 실정이다. 그리고 화교 학생들이 아무리 능숙하고 가능성있는 이중언어 사용자라 하더라도 적절한 교육과 훈련이 없으면 그 능력은 발현되지 않는다. 따라서 화교학교에서의 한국어교육의 내실화를 위해서는 화교 학생들의 학습자적 특징과 요구분석은 너무나 중요하다.

따라서 본고에서 인천, 서울 지역의 화교 학생들을 대상으로 실시한 요구분석 결과를 토대로, 화교학교에서의 한국어교육과 교육과정 및 교재 구현을 위한 제언을 정리해 보았다. 이중언어 사용자로서 한국어 학습자인 '화교' 학생들의 학습자적 특징을 고려한다면, 다음의 사항을 고려해야 할 것이다.

- 부모님의 구성 유형 및 가정어 등을 고려하여 교육 계획을 수립해야 한다.
- 첨가적 이중언어교육의 관점에서 집중교육모델에 의한 교육프로그램이 적절하다.
- 학교 급별로 한국어 학습 목적에 따른 별도의 한국어교육과정의 설계가 필요하다.
- 쓰기와 읽기 중심의 통합적 한국어 사용 능력을 신장시킬 수 있는 한국어교육이 필요하다.
- 발음, 문법, 문학교육 등은 시기에 따라 집중적인 교육과정을 설계하고 실시하는 것을 고려해야할 것이다.
- 한국의 문학과 문화를 토대로 한 언어자료의 보강과 다양한 언어자료와 언어기능을 통합한 교육이 필요하다.
- 언어기능은 학생들의 난이도와 필요도 요구를 반영하여 점차 심화하면서 반복하는 형태로 구조화시켜 교육하는 것이 좋을 것이다.
- 한국어와 중국어의 대조분석적 관점에서 한국어교육의 효과를 높일 필요가 있다.

위와 같은 사항을 고려하여 화교 학생 대상의 한국어교육 프로그램을 계획하거나, 교육과정 및 교재를 설계한다면, 교육적 효율성을 좀 더 높일 수 있을 것이다.

이렇게 학습자의 요구를 분석하고, 이를 반영하여 교육 프로그램을 계획하거나 교육과정 및 교재를 개발하며, 이를 실현하는 일련의 과정들이 계속 반복되면서, 우리는 끊임없는 피드백 자료를 얻게 될 것이고, 한국어교육의 효과를 한층 높일 수 있을 것이다. 단, 새로 얻게 된 피드백 자료를 기반으로 하여 학습자적 요인의 분석은 앞으로도 지속적으로 이뤄져야 하고, 이를 끊임없이 교육 현장에 반영하는 연구자와 교사, 학교 관리자들의 노력이 필요할 것이다.

참고문헌

강남욱(2005), "교재 평가론을 통한 근대 초기 한국어 교재에 관한 연구", 서울대학교 석사학위 논문.

강승혜(2003)a, "한국어 교재 개발을 위한 학습자 요구 분석", 외국어로서의 한국어교육 28, 연세대한국어학당.

_____(2003)b, "한국문화 프로그램 개발을 위한 한국어 학습자 요구 분석 ; 일본 학습자 집단과 중국 학습자 집단의 비교", 한국어교육 14-3, 국제한국어교육학회.

고사슴(2003), "아동 대상 한국어 교육과정 연구 : 만 6세에서 8세 아동의 주제 중심 통합교육과정을 중심으로", 경희대학교 교육대학원 석사학위 논문.

김승환(2007), "학문 목적 한국어 학습자를 대상으로 하는 한국어 교육과정 개발 ; 중국인 학습자를 대상으로", 상명대학교 교육대학원 석사학위 논문.

김양희(2007), "한국어 의사소통 능력 향상을 위한 한국 문화 교수요목 설계 연구 ; 중국인 한국어 학습자 초급 단계를 대상으로", 배재대학교 석사학위 논문.

교육부(1998, 2001, 2005), 국어과 교육과정, 고등학교 교육과정 해설, 중학교 교육과정 해설Ⅱ, 대한교과서주식회사.

김석우 · 최태진 공저(2007), 교육연구방법론, 학지사.

김정숙(2000), "학문적 목적의 한국어 교육과정 설계를 위한 기초 연구 ; 대학 진학을 위한 교육과정을 중심으로", 한국어 교육 11-2, 국제한국어교육학회.

_____(2003), "통합 교육을 위한 한국어 교수요목 설계 방안 연구", 한국어 교육 14-3, 국제한국어교육학회.

김호정 · 허전(2004), 한글SPSSWIN10.0 통계분석 및 해설, 삼영사.

류재택, 이재기, 김수정(2002), 연구보고 RRC 2002-20 ; 재외동포용 한국어 교재 개선을 위한 교육과정 개발 연구, 한국교육과정평가원.

류재택, 조용기, 백승희(2004), 연구보고 CRC 2004-3 ; 재외동포용 한국어 교육과정 및 교재 체제 개발 연구, 한국교육과정 평가원.

민현식(2000), "한국어 교재의 실태 및 대안", 국어교육연구 7, 서울대학교 국어교육연구소.

_____(2004), "한국어 표준교육과정 기술 방안", 한국어교육 15-1, 국제한국어교육학회.

박성수(2005), "외국인 노동자 대상 한국어 교육과정 내용 선정을 위한 요구 분석 연구", 연세대학교 교육대학원 석사학위 논문 .

박은미(2007), "구소련 지역 재외동포를 위한 고급 한국어 교재 개발 방안", 부산외국어대학교 교육대학원 석사학위 논문.

배득본(2000), 외국어 교육과정론, 한국문화사.

성명경(2004), "어린이를 위한 내용중심 한국어 교육과정에 대한 연구 ; 한국 내 외국인 학교를 대상으로", 연세대학교 교육대학원 석사학위 논문.

손정일(2003), "중국 대학에서의 한국어 교육과정 ; 연변과기대를 중심으로", 한국어교육 14-3, 국제한국어교육학회.

신문경(2006), "학문 목적의 한국어 교육과정 개발 연구 ; 외국인 대학생의 교육 사례를 중심으로", 경희대학교 석사학위 논문.

신쪼오 후토시(2004), "외국어로서의 한국어 수업에 대한 학습자와 교수자의 요구 분석 연구 ; 일본고등학교를 중심으로", 연세대학교 석사학위 논문.

아사리 텐세이(2006), "일본인 학습자를 위한 한국어 고급 교육과정 개발 연구", 경희대학교 교육대학원 석사학위 논문.

안경화(2007), 한국어 교육의 연구, 한국문화사.

안유미(2003), "초등학교에서의 한국어교육 ; 외국 어린이들을 위한 한국어·문화 통합 교육을 중심으로", 연세대학교 교육대학원 석사학위 논문.

우심화(1999), "한국 화교교육의 실태와 전망"
http://www.seoulchinatown.com/kor/seminar_hwakyo_contents1_7.htm

이덕희(2003), "요구 분석을 통한 학문 목적의 한국어 교육과정 설계 연구", 연세대학교 교육대학원 석사학위 논문.

이미혜(2003), "직업을 위한 한국어교육 연구·교육 현황 및 '비지니스 한국어' 개발 검토", 한국어교육 14-2, 국제한국어교육학회.

이은희(1998), "외국어로서의 한국어 교육을 위한 교육과정 개발 연구", 한국어교육 9-2, 국제한국어교육학회.

이정희·김지영(2003), "내용중심 한국어교육과정 수립을 위한 기초 연구 ; 최고급 단계를 중심으로", 한국어교육 14-1. 국제한국어교육학회.

이해영(2004), "학문 목적 한국어 교과과정 설계 연구", 한국어교육 15-1, 국제한국어교육학회.

전수정(2004), "학문 목적 읽기 교육을 위한 한국어 학습자의 요구 분석 연구", 외국어로서의 한국어 교육 29, 연세대학교한국어학당.

정명숙(2003), "'비지니스 한국어'의 교수요목 설계를 위한 연구", 한국어교육 14-2, 국제 한국어교육학회.

정혜란(2005), "외국인 노동자를 대상으로 하는 한국 문화 항목 선정에 관한 연구", 상명대학교 교육대학원 석사학위 논문.

조선경(2007), "특수 목적 한국어 교육 연구 ; 이주노동자, 이주여성 및 그 자녀에 대한 한국어 교육을 중심으로", 이화여자대학교 박사학위 논문.

조수현(2005), "관광 안내원 한국어 교육과정 개발을 위한 요구 분석 연구 ; 태국과 캄보디아 한국어 학습자를 대상으로", 연세대학교 교육대학원 석사학위 논문.

조항록·강승혜(2001), "초급 단계 한국어 학습자를 위한 문화 교수요목의 개발(1)", 한국어교육 12-2, 국제한국어교육학회.

최연주(2005), "주한 미군을 위한 한국어 교육과정", 경희대학교 교육대학원 석사학위 논문.

최정순(2006), "학문 목적 한국어 교육의 교육과정과 평가", 이중언어학 31, 이중언어학회.

한어한문교학연구회 편(중화민국 91년), 한어 초급용 제1편~제3편, 한국한성화교중학.

＿＿＿＿＿＿＿편(중화민국 92년), 한어 고급용 제1편~제2편, 한국한성화교중학.

홍애란(2006), "재미동포 청소년 학습자를 위한 한국어 읽기 교육 연구", 서울대학교 석사학위 논문.

H. H. Stern(2006), 심영택·위호정·김봉순 옮김, 언어교수의 기본 개념, 도서출판 하우.

학문목적 한국어교육과정 설계 연구
고급학습자를 대상으로

1 학문목적 한국어교육과정 설계의 필요성

1.1. 연구의 목적

한국어교육이 국내와 국외에서 활발하게 이루어지면서 다양한 목적으로 한국어를 배우려고 하는 학습자들이 꾸준히 늘고 있다. 최근에는 구체적인 목적을 위해서 한국어를 배우고자 하는 학습자의 수가 증가세를 나타내고 있는데 특히 대학진학과 대학 수준의 공부를 위해 한국어를 배우는 유학생들이 점차 증가하고 있다. 한국교육개발원 교육통계센터의 통계를 살펴보면 국내 대학의 학부나 대학원에 진학하는 외국 학생의 수가 꾸준히 증가하고 있음을 확인할 수 있다.

<표 1> 연도별 유학생 수 (2008. 4. 1. 기준)

연도	2003년도	2004년도	2005년도	2006년도	2007년도	2008년도
유학생 수 (명)	12,314	16,832	22,526	32,557	49,270	63,957

　이러한 학문목적의 한국어 학습자들에게는 한국어 의사소통능력의 향상이 한국어 학습의 최종 목표가 아니라 한국어를 통한 학문 탐구가 목적이라고 할 수 있다. 그런데 일상생활에서 고급 수준의 한국어를 구사한다고 해도, 혹은 대학의 외국인 입학 전형에서 요구하는 한국어 능력시험에서 5·6급 정도의 상위 급수에 합격했다 하더라도 대학에 진학하여 다른 한국인 학습자들과 경쟁하며 공부하기에는 여러 가지 어려움이 따른다.

　하지만 현재까지의 많은 연구들에도 불구하고 각 대학이나 한국어 교육기관에서 학문목적 한국어에 대한 교육과정이 체계적으로 운영되지 않고 있는 실정이어서 학문목적 한국어교육과정의 개발 및 운영이 시급하다고 할 수 있다. 본 연구는 이러한 문제의식에서 시작되었으며 본 연구에서는 학문을 목적으로 하는 고급학습자들을 대상으로 하는 교육과정에 대해 연구해 보고자 한다.

　학습자들의 대상을 고급으로 한정한 이유는 학문목적 학습자들이 대학 및 대학원 진학을 목적으로 한다고 했을 때 국내의 대부분의 대학에서 외국인 학생들에게 요구하는 입학 자격 중 한국어능력 부분은 고급을 요구하기 때문이다.

<표 2> 수도권 소개 주요 대학 외국인 입학 자격 요건
(한국어능력 부분)

대학	입학 자격 (한국어 능력 부분)
건국대	한국어능력시험 6급 (자체 한국어과정 6급 수료 후 자격시험)
경희대	재외국민과 외국인 특별전형 합격자(순수외국인 제외) 중 국어과목 시험 성적이 100점 만점에 40점 미만인 자는 반드시 본교 국제교육 원에서 실시하는 소정의 한국어교육과정을 이수해야 한다.
고려대	(가)본교 한국어교육문화센터에서 한국어 정규과정의 5급 이상 취득 (나)한국교육과정평가원 주관의 한국어능력검정시험 5급 이상 취득 (다)기타 위에 상응하는 한국어 능력을 갖추고 있다고 인정된 자
서강대	자체 한국어 능력시험 5급 이상, 한국어교육원 한국어 능력평가 5 급 이상 시 자체 한국어 능력시험 면제
서울대	본교 언어교육원에서 한국어능력평가시험 5급 이상 판정 받은 자
연세대	본교 언어연구교육원에서 시행하는 한국어능력시험에 반드시 응시 해야 하며 시험결과 성적이 저조할 경우 본교 전형관리위원회의 판 단에 따라 수강학점이 제한되거나 본교 언어연구교육원에서 실시 하는 한국어 연수과정을 정해진 기간 내에 5급 이상 이수해야 한다.
이화여대	주20시간씩 10주간의 수업을 듣고 6급을 수료하거나 한국어교육과 정평가원에서 실시하는 한국어능력시험 5급이상

1.2. 선행 연구

학문목적 한국어교육과정에 대한 연구는 김정숙(2000), 이해영(2001), 이정희·김지영(2003), 김인규(2003), 강현화·박동규(2004), 이해영(2004), 이덕희(2004), 김민재(2004) 등을 들 수 있다. 이들 논문에서는 한국어 학습자들의 학습 목표가 매우 다양해지고, 그에 따라 학문목적 한국어 학습자들이 증가하고 있으므로 이들을 위한 전문적인 교육과정이 필요함을 제기하고 있다. 이를 위하여 학습자 요구 분석을 토대로 실제 학문목적 교육과정 모형을 제시하고 있다.

그러나 이러한 모형을 현실적으로 적용시키기는 아직 이론적인 연구들이 충분하지 못하고 이에 대한 행정적인 지원이 부족한 것이 사실이다. 학문목적 한국어 학습자의 수가 전체 외국인 유학생 중에서 차지하는 비율이 점점 커지고 있으므로 이에 대한 연구가 앞으로 더욱 활발히 이루어져야 할 것이다.

먼저, 김정숙(2000)에서는 학문목적의 한국어 학습자의 학습 목적을 만족시킬 수 있는 차별적인 교육과정의 필요성을 인식하고 이를 위해 학습자 요구 조사 분석을 실시하였다. 그 결과 대학 수학을 위해서는 학습 내용에 학술적 텍스트 담화 유형 및 구조, 수사적 특질, 일반 지식 및 상식, 그리고 비판적 사고 등을 포함해야 하며, 학문적 텍스트가 교육 자료로 활용되어야 한다는 점을 지적하고 있다. 이해영(2001)은 외국인 유학생을 위한 한국어교육의 목적인 학문목적 한국어의 언어적 숙달도 제고와 학문적 주제를 다룰 수 있는 대학 수학 능력의 제고라고 하였다. 그리고 이러한 목적을 달성하기 위한 방법으로 주제 중심의 한국어교육을 제안하였다. 이정희·김지영(2003)에서는 '내용 중심' 한국어교육과정 수립을 위해 나용 중심 언어교수법의 원리를 살펴보고, 이를 한국어교육 현장에 적용시키기 위해 교육 모형을 샘플로 제시하였다. 다음으로 김인규(2003)에서는 국내 대학에서 공학을 전공하는 말레이시아 학생을 대상으로 요구 분석을 실시하여 학문목적 교수요목의 필요성을 입증하고 이를 바탕으로 학업 기술 중심의 교수요목 설계의 실제를 제시하고 있다. 제시된 교수요목은 자료 활용 기술의 하위 기술인 도서관 이용 및 정보 검색·활용으로 학습자들이 한국의 대학 환경에서 학업을 효과적으로 수행할 수 있도록 학업 기술을 향상시키는데 절대적으로 필요한 기술이라 할 수 있다. 한편, 여기서 제안하고 있는 것은 요구 분석에 대한 체계적인 연구이다. 요구 본석의 틀은 기존의 논의를 바탕으로 할 수 있지만, 요구 분석을 보다 객관적으로 파악하기 위해서는 학문목적 한국어교육을 위한 현장 교수자와 기관들의 협조가 필수적이라는 것이다. 강현과·박동규(2004)에서는 학문목적 한국어 학습자를 위한 병존 언어 교수모형을 제시하고 있다. 학문목적 중에서도 특히 경영학 전공 학문목적 학습자를 대상으로 내용 중심 교수이론1)의 하나인 병존 언어 교수모형을 제안하고 있는데, 병존 언어 교수란, 학문적 내용을 다루는 강좌와 함께 이와 관련되는 목표언어 학습을 위한 언어 강좌를 동시에 수강하여 언어와 내용의 학업 성취를 도모하는 방법이다. 이 논문은 두 분야의 전문가가 합동으로 연구한 것인 만큼 매우 실제적인 자료를 제시하고 있다. 이해영(2004)에서는 이해영(2001)의 논의를 발전시키고 있는데, 이 논문에서는 다중 교수요목을 제시하고 특히 학문목적의 한국어의 언어 구조에서 나타나는 특성들을 분석했다는 점에서 의의가 있다. 이덕희(2004)에서는 학문목적의 한국어교육과정 설계를 위한 요구 분석을 통해 언어 교수의 내용이 실제 학업에서의 내용 및 주제로 다루어져야 하고, 구문, 어휘, 담화의 교수도 학문적 언어의 특징을 드러낼 수 있는 것으로 교수되어야 함을 강조했다. 또 김민재(2004)에서는 국내의 학문목적 학습자의 요구 조사를 실시하고 이를 바탕으로 하여 언어 영역, 컴

----

1) Snow(1991)에 의하면 내용중심 교수 모형은 주제중심 언어 교수(Theme-based Instruction), 내용보호교수(Sheltered content Instruction), 병존 언어 교수(Adjunct language Instruction)로 구분한다. 이밖에도 몰입프로그램(Immersion Education), 초등학교 내용강화 언어프로그램(Content- Enriched Foreign Language in Elementary School), 확장프로그램(Expansion of content based Models) 등을 제시했다.

퓨터 및 대학 생활 영역, 교양 영역의 세 분야에서 내용 중심 교수를 기반으로 하는 대학예비과정의 교육과정을 설계하고 실제 수업과정 모형을 제시하고자했다.

이러한 선행 연구들을 바탕으로 본고에서는 고급 학습자들의 학습 목표를 설정하고 학문목적 한국어교육에 알맞은 교수요목을 선정해 본다. 이후 요구조사를 통해 학습자들의 요구를 분석해 보고 학문목적 한국어교육과정의 실제를 제시해 본다.

2 특수 목적 언어 교육에 대한 이론

특수 목적 언어 교육은 언어 학습자의 특수하고 구체적인 학습 요구에 부합하기 위해 개발된 언어 교육의 새로운 접근법으로서 영어를 중심으로 발달하여 왔다.

Dudley-Evans와 St John(1998)에 의하면, 특수 목적 언어(Language for Specific Purposes: LSP)교육의 기원은 고대 그리스와 로마 시대에까지 거슬러 올라가지만, 영어교육의 관점에서는 2차 세계대전 이후, 특히 1960, 70년대의 세계경제가 급변하는 와중에서 보다 구체적 목적을 지닌 영어 학습 및 교육의 필요성이 대두되었다고 보고 있다.

Stern(1983)은 특수 목적을 특정한 학습자 집단에 가장 적합한 언어 변이형을 세심하게 선택하고자 하는 많은 시도에서 비롯된 언어 교육과정의 새로운 접근법이라고 소개하고 있다.

성명희(2002)에 따르면, 특수 목적 영어 교육이란 학습자의 필요를 분석하여 거기에 적합한 교수요목을 작성하고 교재를 개발하여 영어를 가르치는 언어학습의 하나의 접근방법으로서 일반적으로 실용적인 목적과 밀접한 관계가 있다. 이 논문은 특수 목적 영어교육이 성공적으로 이루어지려면 먼저 학습자가 바라는 것이 무엇인지 분명히 파악해야 하고 그들의 특별한 상황에 따라 접근을 달리해야 한다고 하였으며, 또한 특수 목적 영어 교육은 목적을 달성하기 위한 하나의 중요한 수단으로서 영어를 가르치는 것이어야 함을 언급하였다. 따라서 특수 목적 영어는 일반 목적 영어에 몇몇 특별한 어휘를 추가함으로써 되는 것은 아니며 제한된 어휘와 표현을 가지고 주어진 상황을 무리 없이 유지해 나갈 수 있게 할 만큼 유용한 수단을 가르치는 것이어야 한다는 것이다.

특수 목적 영어(English for Specific Purposes: ESP)교육은 영어교육 연구의 비교적 새로운 영역으로서, 영어교육을 종래의 일반목적 영어(English for General Purposes)교육 일변도에서 탈피하여, 영어 학습자의 특수한 학습요구에 부합하기 위해 개발된 영어교육 체계를 가리킨다.

특수 목적 영어 연구는 응용언어학의 다른 연구 분야들과 상호 관련성을 맺고 있다. Swales(2000)에 의하면, ESP 연구는 담화분석, 화용론 연구와 매우 밀접한 관계를 지니고 있으며, 언어 평가와 의사소통 언어교육과도 연관성을 지니고 있다. 이러한 인접 연구 분야와의 상호 관련성으로 인해 특수 목적 영어의 속성을 한마디로 규정하는 것이 어렵기 때문에, 학자들은 ESP의 속성을 다차원적인 관점에서 정의하고 있다.

Dudley-Evans와 St John은 특수 목적 영어가 절대적 속성과 가변적 속성을 동시에 구비하고 있는 것으로 보고 있다.

특수 목적 영어의 절대적 속성들로는 다음의 세 가지를 제시한다.

① 영어학습자의 특수한 요구에 부합하도록 고안될 것
② 특수한 학문, 직업, 활동의 기본 방법론을 활용할 것
③ 이러한 활동들에 적합한 언어(문법, 어휘, 사용역 등), 언어기능, 담화 및 장르에 집중할 것

또한 특수 목적 영어의 가변적 속성들로 다음의 네 가지를 제시한다.

① 특수한 학문을 위해 고안될 수 있다.
② 구체적인 교수 상황에서 일반영어와 다른 방법론을 사용할 수 있다.
③ 주로 대학이나 전문직에 종사하는 성인들을 위해 고안될 수 있으나, 중등학교 학생들 에게도 적용될 수 있다.
④ 일반적으로 중급이나 고급 수준의 영어학습자를 위해 고안되어지지만 초급 학습자들에 게도 사용할 수 있다.

ESP는 영어학습자의 학문, 직업, 전문영역에 따라 다양한 장르로 구별된다.

<표 3> ESP의 분류 (Dudley-Evans & St John(1998))

ESP (English for Specific Purpose)	EAP (English for Academic Purpose)	English for Science and Technology	
		English for Medical Purpose	
		English for Legal Purpose	
		English for Management, Finance and Economics	
	EOP (English for Occupational Purpose)	English for Professional Purpose	English for Medical Purpose
			English for Business Purpose
		English for Vocational Purpose	Pre-vocational English
			Vocational English

<표 3>에 따르면 ESP는 학문목적인 EAP와 직업 목적인 EOP로 나누어진다. EAP에서는 과학 기술, 의학, 법학, 경영 및 재정과 경제에 대한 부분으로 나누어지는데 KAP에 대한 논의도 이러한 분야에서 이루어져야 한다고 할 수 있다.

EAP는 다시 ESAP(English for Specific Academic Purpose)와 EGAP(English for General Academic Purpose)로 나누어지는데, ESAP가 EGAP에 비해 더 전문적이다. ESAP는 해당 분야를 본격적으로 연구하기 위해 영어를 공부하는 경우로 그 분야에 관한 전문 지식을 요한다는 점에서 EOP와 비슷하다. 의학 분야, 경제학, 공학 등과 같은 특정한 분야 안에서의 학문적 문화에 적응하기 위해 필요로 되는 언어를 습득하는 것을 목적으로 한다. 그것은 특정 전공에 필요한 언어 구조와 전공 어휘, 특정한 기능 등을 포함시킨다. EGAP는 다양한 학문 분야를 공부하기 위해 알아야 하는 기본적인 영어를 말한다. 예를 들면

강의 듣기, 학문적 텍스트 읽기, 노트 필기하기, 보고서 작성하기, 토론하기 등이 있다.

EASP와 EGAP는 전공과는 관계없이 언어 기능별로 하는 교수를 할 것인지, 특정 전공 분야에 특히 필요한 언어 기능을 교수할 것인지에 대한 차이가 있다고 볼 수 있다.

이러한 특수목적 언어 이론을 한국어교육의 측면에서 논의해 보도록 하겠다. 용재은(2004)에서는 일반적 목적의 한국어교육의 목표는 '의사소통 능력의 신장'으로 집약될 수 있다고 하였다. 하지만 학습자는 다양한 의사소통 상황에 노출되고 각각의 상황에서의 의사소통 능력이 요구된다. 어느 정도의 기초적인 의사소통 능력은 한국어 학습에서 기본적으로 필요하지만 학습자가 필요로 하는 다양한 상황에서의 의사소통 능력의 신장이 요구된다.[2] 즉, '대학 수학'은 다양한 상황 중의 하나이며 대학 수학을 목적으로 하는 학습자들은 다양한 상황에서 요구되어지는 기능 중 대학 수학에 필요한 기능을 학습해야 한다.

---

2) 다양한 상황에서의 의사소통 능력이란 상황에 필요한 어휘 및 업무 능력 등이 포함된다.

3 한국어교육과정의 특성

3.1. 교육과정의 개념

넓은 의미의 교육과정은 어떤 교육기관의 교육 프로그램 전체를 의미한다. 범위를 좁혀 보면, 교육과정은 하나의 교과에서 가르쳐야 할 실재를 규정해 놓은 것으로, '목표, 내용, 전략, 기술, 교수/학습 자료 뿐만 아니라 이들의 시간적 순서적 배열, 사회적 조직, 평가 과정을 응집적인 전체로 구조화한, 언어 교수의 전반적인 계획(Stern)'을 말한다.

교육과정의 설정은 ① 교육에 기본적인 틀을 제공하고, ② 교육과정의 체제 안에서 교육의 계획과 실행이 이루어지게 하며, ③ 교육의 체계성을 확보하는 데 필요하다.

3.2. 한국어교육의 목적 및 한국어교육과정의 종류

한국어교육의 목적은 다섯 가지[3]로 나누었는데 먼저 한국인과의 의사소통과 한국 생활에 필요한 한국어 의사소통 능력을 기르고, 두 번째로는 한국어로 된 다양한 정보를 이해하고 이를 활용할 수 있는 능력을 기르는 것이다. 다음으로는 한국어를 이용해 자신의 전문 분야에서 필요한 기능을 수행할 수 있도록 하며 네 번째로는 한국 사회와 한국 문화를 이해하여 한국에 대해 우호적인 태도를 갖도록 하는 것이다. 마지막으로 서로 다른 언어를 사용하는 사람들이 한국어를 사용하여

---

3) 김정숙(2000)에서는 한국어교육의 목적을 다섯 가지로 나누어 놓았다.

친교를 나누고 필요한 정보를 교환할 수 있도록 하는 것이다.

이러한 한국어교육의 목적에 따라 한국어교육과정은 네 가지로 나누어진다.

---

① 일반적 목적의 한국어교육과정

② 업무 수행을 목적으로 한 한국어교육과정

③ 학문 수행을 목적으로 한 한국어교육과정

④ 특수 목적의 한국어교육과정(여행을 목적으로 한 교육과정, 번역을 목적으로 한 교육과정 등)

위와 같은 한국어교육과정 중 본고에서는 ③ 학문 수행을 목적으로 한 한국어교육과정에 대해서 논의해 보고자 한다.

3.3. 한국어교육과정의 교육 목표

한국어교육 기관에서는 다양한 언어권의 다양한 목적을 가진 학습자들을 대상으로 여러 종류의 한국어교육과정을 개설하고 있다. 하지만 현재 여러 교육 기관의 표준화된 기준이 없으며 교육기관마다 기관의 목적과 목표에 따라 달라질 수 있으므로 한국어능력시험(TOPIK)에서 제시하고 있는 기준을 따르고자 한다. 이는 한국어능력시험이 1997년 시행된 이후 지금까지 국내·외 한국어교육에 미친 영향과 표준화된 한국어교육과정의 방향과 수준을 제시해 왔다고 볼 수 있기 때문이다. 우선 각 급의 기본 학습 목표와 어휘, 문장, 발음을 중심으로 하는 언어 능력의 평가 기준 중 본고의 목적에 부합하는 고급과정을 제시하면 다음과 같다.

<표 4> 등급별 한국어 능력 평가 기준

고급		고급의 언어 능력(평가 기준)
5급	기본 학습 목표	일상생활이나 직업상의 용무를 보는 데 필요한 일반적인 한국어 구사가 가능하다. 일상생활에서 보통 접할 수 있는 공공 텍스트(신문기사, 설명문, 서간 등)나 텔레비전, 라디오의 뉴스, 평이한 해설 등의 시사 문제들을 이해하며, 일상 언어활동에 있어서 불편 없이 자신의 의견을 이야기 할 수 있는 정도이며, 통속어를 상당 수준 이해한다.
	어휘	빈도가 높은 추상적인 어휘는 이해한다. 그 밖의 추상적인 어휘도 설명을 통해 이해 가능하다.
	문장	빠른 발화가 아니라면 대부분의 문장 구조에 대한 질문을 통해 자신의 실수를 정정하거나 새로운 문형을 이해한다.
	발음	한국인들의 보통 빠르기의 발화를 알아듣고 이에 대응한다.
6급	기본 학습 목표	사회생활이나 직장에서 필요한 한국어를 이해하며, 고도의(현대사회의 일반적 상식 범위 내의) 내용의 한국어 구사가 가능하다. 수준 높은 문장(신문, 잡지, 교양서, 문예 작품 등)이나 텔레비전, 라디오, 강연 등의 시사적인 내용을 충분히 이해하고 문장이나 말로 정확히 전달할 수 있으며, 토의, 토론에서 자신의 의견을 정확히 이야기할 수 있는 정도이다. 자주 쓰이는 한자에 독음을 달 수 있다.
	어휘	대부분의 일상적 어휘와 전문적 어휘를 구사한다. 그 밖의 어휘도 문맥에 의지하거나 사전을 능숙하게 이용하며 해결한다.
	문장	괴팍한 표현이나 지나치게 빠른 말이 아니면 사실상 거의 다 이해한다.
	발음	정상적인 발화에서 발음과 관련된 문제가 없다.

# 4 학문목적 한국어교육과정의 설계

4.1. 교수요목의 선정

교수요목은 '언어교육 현장에서 무엇을 가르칠 것인가?'에 대한 논의라고 할 수 있는데 교육과정이 교과목을 목표, 내용, 교수방법, 평가에 대한 계획이라면 교수요목은 교육과정 중에서 평가를 제외한 나머지 세 부분에 대한 계획이지만 실제로는 가르칠 내용을 주로 다루고 있다.(김인규, 2003). 다시 말해 교수요목은 어떤 교과의 전 과정에 대한 학습 항목을 배열하여 구체화시켜 놓은 계획이며, 목표에 도달하기 위해 교과의 기본 정신과 철학을 단계에 따라 계획적으로 전환하는 교수·학습 요소에 대한 상세한 진술을 의미하는 것이다(배두본, 2000). 외국어교수요목과 관련하여 여러 가지 논의가 이어 왔는데 최근의 논의로 J.D. Brown(1995)에는 지금까지 논의된 교수요목을 종합하여 제시하였다.

<표 5> 교수요목의 유형과 기본 개념

교수요목	기본 개념
구조(문법) 교수요목	음운, 문법과 같은 언어 구조를 중심으로 작성한 교수요목, 배열 기준을 난이도가 낮은 것부터 높은 것으로, 빈도수가 많은 것으로부터 적은 것으로, 의미 기능이 간단한 것으로부터 복잡한 것으로 배열한다.
상황 교수요목	언어활동이 이루어지는 장소나 상황을 중심으로 작성한 교수요목. 식당에서, 길에서 지하철역에서, 시장에서와 같은 발화 장면을 중시한다.
주제(내용) 교수요목	주제, 화제 등으로 구성하는 교수요목으로 교수요목을 설계할 때 내용을 문법이나 기능보다 더 중요한 것으로 여긴다.
기능 교수요목	소개하기, 설명하기, 요청하기, 제안하기 등 언어활동의 기능적 측면을 중심으로 작성한 교수요목이다. 주로 주제 교수요목과 연계되어 사용한다.
기술 중심 교수요목	듣기, 말하기, 읽기, 쓰기와 같이 어떤 목적을 위해 언어를 사용하는 데 필요한 각각의 기초능력을 조직화 한 교수요목이다.
과제 중심 교수요목	지시에 따르기, 편지 쓰기, 면접하기, 신청서 작성하기 등과 같이 실생활 과제 중심으로 배열한 교수요목이다.
개념 교수요목	물건, 시간, 거리, 관계, 감정, 용모 등과 같이 실생활 관련 주요 개념을 중심으로 작성한 교수요목이다. 유용성이나 친숙도에 따라 배열한다.
혼합 교수요목	둘 이상의 교수요목을 함께 활용하여 작성한 교수요목으로서 엄밀한 의미에서 최근의 대부분의 교수요목이 이에 속한다고 볼 수 있다.

이상의 교수요목 중에서 한국어교육의 측면에서 어느 것이 더 좋고 나쁘다고 말하기는 어렵다 그것은 어느 한 교수요목만을 사용하는 것이 아니라 교수요목의 각 유형이 한국어교육에서 적절하게 사용이 될 수 있기 때문이다. 최근 한국어교육에서 주로 채택하고 있는 교수요목

으로 혼합 교수요목을 뽑을 수 있겠다. 혼합 교수요목은 특수 목적이
나 대학 수학 목적의 한국어 교수요목 설계에서도 마찬가지로 주로 채
택이 되고 있는데 Jordan(1997:64)에서는 학문 목적, 즉 대학 수학 목
적을 위한 영어(EAP)의 교수요목에서 혼합 교수요목을 채택하였음을
보여주고 있다. 따라서 본고에서 개발하고자 하는 학문 목적 한국어교
육과정의 교수요목 역시 한 가지의 교수요목이 아니라 혼합 교수요목
을 선정하는 것이 적절할 것이다. <표 5>에서 제시한 교수요목의 유
형과 그 개념에 따라 주제(내용) 교수요목과, 기능 교수요목도 함께 선
정하려고 하는데 이는 한국어능력시험(TOPIK)에서 한국어 평가를 위
한 기초 자료로 주제와 기능을 제시하기 때문에 이에 맞추어 교육 과
정을 제시하고자 하기 때문이다. 본고의 목적에 따라 선정한 교수요목
을 그림으로 나타내면 아래와 같다.

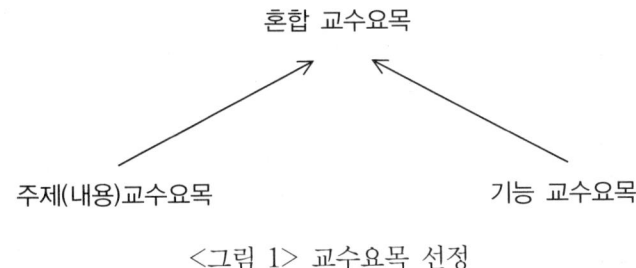

<그림 1> 교수요목 선정

4.2. 학문목적 한국어교육의 주제와 기능

한국어능력시험에서는 각 등급별 주제와 기능을 제시하고 있는데
고급의 주제와 기능은 다음과 같다.

<표 6> 고급의 주제(소개) 및 기능

주제 및 소재	- 직장에서의 특정 활동, 정치적 상황, 경제 지표 및 경기 흐름, 사회적 미담 혹은 쟁점, 문화 현상의 주요 특징, 직장에서의 특정 활동
	영역, 정보화 사회 등 전문적인 내용과 관련된 주제 - 직장에서의 직무 수행 영역, 정치, 경제, 사회, 문화, 과학, 국제 관계 등 사회의 전문적인 영역과 관련되는 주제
기능	- 강의 듣고 이해하기, 전문 학술내용의 이해와 발표하기, 서류 작성하기, 정보 수집하기, 직장인으로서의 역할 수행하기, 담당 분야의 설명 및 담당 업무 보고하기, 논쟁하기, 의견 교환하기, 단체활동, 공공 시설 이용에 대한 불편 사항 요구하기, 호소하기, 연극과 문학 작품 이해하기, 향토적인 특성 이해하기, 전통 문화의 이해와 감상하기 등 - 전문 분야 교육하기, 전문 분야 텍스트 생산하기, 현학적 글의 이해와 사용하기, 조직 운영하기, 전문분야의 종합, 평가, 비판하기, 단체 여행 조직 및 안내하기, 영업, 재정

Jordan(1997)은 학문적 목적을 위해 요구되는 학업 기능을 학습 환경 및 활동별로 제시하였는데, 이는 대학 수학 목적의 한국어교육에 있어 필요한 기능을 설정하기 위해 참고할 수 있다.

<표 7> 대학 수학에 필요한 학습 환경 및 활동별 기능

학습 환경 및 활동	학업 기능
1. 강의 수강	1. 듣기, 이해하기 2. 노트 필기하기 3. 질문을 통하여 정보 보충하기

2. 세미나, 토론	1. 듣기, 노트하기 2. 질문을 통하여 정보 보충하기 3. 질문에 대답하기 4. 동의/ 반의 표명하기 5. 발표하기/ 발표 준비하기
3. 실험, 실습	1. 지시 사항 이해하기 2. 질문하기, 요청하기 3. 결과 기록하기
4. 개인 학습/ 문헌 읽기	1. 속독하기, 정독하기, 스키밍, 스캐닝 2. 이해하기, 분석하기, 논평하기 3. 노트하며 읽기 4. 요약 정리하기
5. 참고 자료 활용 / 도서관 이용	1. 목차, 색인을 활용하기 2. 사전 효과적으로 이용하기 3. 분류체계 이해하기 4. 온라인 도서 목록 검색하기 5. 효율적인 자료 조회하기
6. 보고서 및 논문 작성	1. 계획하기, 초고쓰기, 수정하기, 완성하기 2. 요약, 부연, 종합하기 3. 학문적 스타일에 맞추어 쓰기 4. 자료 수집, 분석, 논거 수집, 제시 5. 인용, 각주, 참고 문헌 달기
7. 시험	1. 필기시험 : 시험 준비하기, 질문과 지시문 이해하기, 시간 안배하기, 답안 작성하기, 검토하기 2. 구두시험 : 시험 준비하기, 정확하고 논리적으로 답하기, 설명, 묘사, 정의하기

위에 제시된 표의 내용을 보면 대학 수학에 필요한 학습 환경에는 강의 수강, 세미나, 토론, 실험, 실습, 개인 학습 또는 문헌 읽기, 참고 자료 활용이나 도서관 이용, 보고서 및 논문 작성, 시험 등이 있고 그에 따라 필요한 기능들이 제시되어 있다. 그런데 김정숙(2000)이 한국 내

대학 수학을 위한 기능의 필요도를 조사한 결과에 의하면 7개의 선택 항목 ① 강의 듣기, ② 강의 듣고 노트하기, ③ 책·논문 읽고 요약하기, ④ 책·논문 읽기, ⑤ 보고서 쓰기, ⑥ 발표하기, ⑦ 토론하기 중에서 ①과 ② 즉, 강의 듣기와 강의 듣고 노트하기에서 가장 많은 응답을 보였고, ③, ④, ⑤ 항목 또한 다수의 대상자가 응답하여 중요한 기능으로 나타났다. 반면 ⑥과 ⑦ 즉, 발표하기와 토론하기는 그다지 중요하지 않은 기능으로 여겨지는 것이 드러나 한국에서의 대학 수학 시에 말하기 기술이 그다지 중요하지 않음을 보여주는 것이라고 할 수 있다.

4.3. 요구조사

학문목적 학습자를 위한 교육과정 설계에 고려해야 할 요소 중의 하나가 학습자의 요구이다. 학문 목적의 언어는 학업 상황에서 요구되는 학습 기술이나 전공에 대한 지식 및 인지적 능력 등이 언어와 함께 포함되어 복합적인 요구를 하고 있다. 이때 학업에 요구되는 여러 기술들은 사실 모국어 화자에게도 동일하게 요구되는 것이기도 하다. 그러나 문화의 차이로 인해 학업 환경에 대한 익숙함의 정도가 다른 외국인의 경우에는 요구가 다를 수 있으므로 이러한 차이를 밝힐 수 있는 요구 분석이 필요하다.[4]

이덕희(2003)의 요구조사에 따르면 강의를 듣고, 서적을 읽으며, 발표하고, 보고서를 제출하는 데에 필수적 언어 기술인 말하기, 듣기, 읽기, 쓰기에 대한 '난이도'와 '필요성'에 관해 실시된 요구조사의 결과를 보면 '학업에서 필요하다고 생각하는 언어 기술의 순위'에서는 '듣기>

---

4) 강현화·박동규(2004)에서는 요구분석의 필요성에 대해 서술하였다.

읽기>말하기>쓰기'로 나타났고, '어렵다고 생각하는 언어 기술의 순위'에서는 '쓰기>말하기>읽기>듣기'로 나타났다. 또한 응답자들이 가장 어려워하는 영역은 전공 분야의 지식이었는데 이중 요구가 가장 높았던 영역은 전문 어휘로, 응답자들은 언어 기술이나 학업 기술 자체보다는 전공과 관련된 내용에 대한 부담과 요구가 많은 것으로 나타났다. 가장 읽기에 어려운 텍스트로 '논문'과 '전문 학술 잡지'를 들고 있다. 따라서 학문 목적의 언어의 교수에서 가장 먼저 고려해야 하는 사항은 단순한 언어 기술의 배양이 아니라 내용적인 면에서 실제적인 대학 학업의 내용과 연관되어 진행되어야 함을 알 수 있다. 또한 강현화(2003)에서 실시한 요구조사에서도 유사한 결과가 나왔다. 학부생 10명과 대학원생 17명을 대상으로 한 설문조사 및 인터뷰 조사 결과 "외국인 학생들을 위해서 전공 수업 시간에 배우는 용어나 어휘들의 이해를 돕기 위한 과목이 필요하다고 생각하십니까?"는 질문에 '필요하다'라는 대답이 90%를 차지했는데, 이는 외국 학생들에게 전공 이해를 돕기 위해 용어나 어휘들을 쉽게 가르쳐 줄 수 있는 과목을 원했다. 또한 "전공과목 수업에 도움이 되기 위해 배우고 싶은 분야는 무엇인가?"라는 질문에 학부생은 쓰기 60%, 발음 30%, 말하기 5% 등을 원했으며, 대학원생들은 듣기 30%, 쓰기 30%, 말하기 25%의 순으로 나타났다. 이들을 특히 시험 볼 때나 리포트 작성 등에 있어서의 전문적인 쓰기 능력의 배양을 필요로 했다. 이러한 기존의 연구를 바탕으로 본고에서는 설문조사지의 문항 구성표를 만들어 연구의 방향을 설정해보도록 하겠다.

<표 8> 설문지 문항 구성표

유 형	항목		문항수	비고
주관식 설문	1. 기본 정보	국적 및 연령, 전공과정(학부, 대학원(석/박사))	3	
객관식	2. 한국어 학습 경험	한국어 학습 경험 유무	1	
		학습 장소	1	
		전공 한국어(학문 목적 한국어) 학습 경험	1	
	3. 전공(학문 목적) 한국어 학습에 대한 요구	전공 수업을 들을 때 가장 어려운 부분(문법, 어휘, 듣기, 말하기, 읽기, 쓰기)	1	
		현재 학습하고 싶은 한국어 기능	3	각 영역별 문항 제시
		말하기 ① 발표하기 ② 질문하기 ③ 토론하기		
		쓰기 ① 강의 듣고 필기하기 ② 보고서 쓰기 ③ 요약 정리하기 ④ 시험 답안 작성하기		
		읽기 ① 빠르게 읽기 ② 정확하게 읽기 ③ 정보 찾기 ④ 사전 이용하기		

　　설문 조사는 현재 대학에서 전공 수업을 듣고 있으며 또한 대학 부설 언어 교육 기관에서 학문 목적 한국어 수업을 수강하고 있는 학생을 대상으로 진행된다. 설문 조사의 유형은 크게 항목을 크게 세 가지로 나누어진다.

첫째로는 학습자의 기본 정보에 관한 문항인데, 국적과 연령을 묻는 문항과 현재 공부하고 있는 전공 과정에 대한 문항으로 되어 있다. 전체적인 학문 목적 한국어 학습자들의 기본 정보를 알기 위함이며 또한 결과적으로는 국적, 연령, 과정별로의 특이한 사항이 있는지 살펴보기 위함이다.

둘째로는 한국어 학습 경험을 묻는 내용인데 총 3개의 문항으로 구성되어 있다. 기존에 한국어를 학습한 경험이 있는지5) 묻는 문항과 어디에서 학습했는지를 묻는 문항이 있다.6) 또 다른 문항으로는 전공(학문 목적) 한국어를 학습한 경험이 있는지에 대한 문항인데, 이 문항은 기존에 한국어를 학습한 경험이 있는 학생 중에서 일반 목적 외에 학문 목적으로 학습한 경험이 있는 학생의 비율을 알기 위함이다.7)

셋째로는 본격적으로 학문 목적 한국어에 대한 요구를 묻는 문항이다. 크게 두 가지로 나누어지는데 먼저 전공 수업을 들을 때 가장 어려운 부분을 영역별로 묻고8) 현재 학습하고 싶은 한국어의 기능에 대해 질문하였다. 이때에는 <표 8>의 대학 수학에 필요한 학습 환경 및 활동별 기능을 참고하여 읽기, 쓰기, 말하기 영역으로 나누어 질문한다.

이렇게 작성된 총 10개의 문항을 바탕으로 학습자의 요구 조사가 실

....

5) 이 문항에서는 학문 목적 한국어 학습에 범위를 국한하지 않고 일반 목적 한국어 초급, 중급 모든 과정을 포함한다.

6) 학습 장소를 묻는 문항에는 개인 학습과 사설 학습 기관 그리고 대학 기관으로 나누어지는데 이는 학습자들이 대학에서 전공을 학습하기 이전에 얼마만큼 대학의 분위기에 익숙해져 있는지를 알기 위함이다.

7) 이러한 조사를 통해 현재 한국어교육에서 학문 목적 한국어교육이 이루어지고 있는 실태와 학습자들이 전공 학습 전에 전공 한국어에 대한 준비를 얼마나 하고 있는지에 대한 실태를 조금이나마 파악하기 위함이다.

8) 이 부분은 TOPIK에서 시험을 보고 있는 시험 과목(어휘・어법, 읽기, 듣기, 말하기, 쓰기) 영역을 개별적으로 묻는 것이다.

시되며9) 그 결과를 바탕으로 학문 목적 한국어교육 과정의 실제를 마련해보고자 한다.

4.4. 학문목적 한국어교육과정의 실제

1) 교육 목적 및 목표 기술

교육목적이 교육의 최종적 도달점에서 이루게 되는 종합적·장기적인 성격의 것이라면, 교육목표는 교육목적에 도달하기 위해 이뤄내야 하는 단편적이고 단기적인 성격의 것이라 할 수 있다. Stern(2006)은 언어 교육의 목적을 숙달도 목적, 지식 목적, 정의 목적, 전이 목적 등으로 다음과 같이 구분했다.

- 숙달도 목적 : 듣기, 말하기, 읽기, 쓰기의 네 가지 언어기술(행위)에 통달하는 것
- 지식 목적 : 언어 지식과 문화 지식에 통달하는 것
- 정의 목적 : 목표어에 대한 긍정적 태도 및 감정, 자신감을 갖는 것
- 전이 목적 : 학습방법을 터득하여 새로운 내용 학습시 활용하는 것

이러한 언어 교육의 목적은 학문 목적 한국어교육과정의 목적 및 목

---

9) 본고의 제목이며 목적인 '학문 목적 한국어교육과정 개발'을 위해서는 학습자 요구조사가 반드시 필요한 과정이지만 설문 문항 구상표를 제시하여 연구의 방향만을 설명하고 실제적인 설문 조사 실시와 그 결과에 따른 내용은 과제로 남기기로 한다.

표 설정에 구체적인 방향을 제시해 준다. 고급학습자로 한정된 학문
목적 학습자들은 이미 의사소통에는 문제가 없을 만큼의 한국어 구사
능력을 가지고 있다는 점을 감안한다면, 학문목적 한국어교육은 단순
한 의사소통 능력만이 아니라 한국어와 한국 문화 그리고 전공 지식에
대한 이해를 포괄적으로 가질 수 있게 하는 것이어야 한다. 지식적 기
반이 없이는 한국어 사용에 있어 정확성이 떨어지게 되어 한국인 화자
와 같거나 유사한 수준의 고차원적인 의사소통 및 학습 능력을 기대하
기 어렵기 때문이다. 이러한 내용을 바탕으로 학문목적 한국어교육과
정의 목표를 세우면 다음과 같다.

<표 9> 학문목적 한국어교육과정의 목적 및 목표

학문목적 한국어교육 목표

외국어 또는 제2언어로서의 한국어를 통해 전공을 학습하려고 하는 외국인에게 한국어와 한국 문화, 전공학습 및 대학 생활에 관련된 한국어를 교육하여 유창하고 정확한 한국어를 구사하고 전공 학습 및 대학 생활에 대해 이해하고 적응할 수 있게 한다.
  가. 의사소통 기능(말하기/듣기/쓰기/읽기)을 익혀, 다양한 대학 생활 및 학습 상황에 이를 활용할 수 있는 능력을 기른다.
  나. 여러 가지 학습 상황에 따라 요구되는 기능을 익혀 상황에 맞춰 유창하고 정확한 한국어를 구사할 수 있는 능력을 기른다.
  다. 전문적 언어 사용 기능을 신장하고, 한국어를 사용한 유창하고 능숙한 학문적 의사소통을 통하여 학문의 깊이를 넓힐 수 있다.10)
  다. 한국의 과거와 현재를 이루고 있는 한국 문화를 익혀, 학습자가 지식인으로서 모국 문화화의 한국 문화의 상호 이해와 더 나아가 상호 문화적 교류에 이바지할 수 있는 태도를 기른다.

우선, 학문목적 한국어교육이지만 어떠한 목적에서든지 언어 사용의 상황에서 항시 필요한 것은 의사소통 능력이므로 위의 목표에서는 '정확성'과 '유창성'에 초점을 맞추었다. 또한 위에서 선정한 교수요목이 주제(내용)과 기능을 혼합한 혼합 교수요목이었으므로 각 상황에 따른 주제(내용)별로 필요한 기능에 맞춰 한국어를 구사할 수 있는 능력을 길러주는 것 또한 학문목적 한국어의 교육 목표라고 할 수 있겠다. 또한 학문목적 학습자들은 한국에서 대학 이상의 수준 높은 교육을 받는 지식인이므로 한국의 문화를 배워 모국의 문화와 상호 이해하고 교류할 수 있는 기반도 마련되어야 할 것이다.

2) 교수요목 설계를 위한 내용 항목 선정

교수요목의 유형과 범주가 정해지면, 내용 항목을 선정하며 배열하여 교수요목을 구성해야 한다. 여기에서는 주제(내용)에 따른 언어사용기능을 제시하고 실제 수업의 예를 보이도록 하겠다.

먼저 주제에 따른 기능을 제시하면 <표 10>과 같다.

---

10) 오영신(2008)에서는 화교학교에서의 한국어교육과정의 목적 및 목표에 대해 논하면서 특수 목적 한국어교육과정(한국 대학 진학반)의 목적 및 목표에 대해 기술하였는데 본고의 목적에 맞는 '가' 항목의 내용을 인용하였다. 또한 이러한 목적을 위해서는 각 전문 분야별로 나누어 텍스트를 선정하여 어휘 학습 등이 구별되는 것이 바람직하다고 본다.

<표 10> 학문목적 한국어 주제별 기능[11]

주제	기능				
	문법 / 어휘	읽기	듣기	쓰기	말하기
강의 수강	전공별 어휘 학습 (인문	·교재 읽기	·강의 듣기 ·질문에 대한 답변 듣기	·노트 필기 하기	·질문하기
세미나·토론	·사회/이공계열)	·발표자료 읽기	·발표 및 질문 듣기	·노트하기	·질문하기 ·의견 표현 하기
실험 실습		·지시사항 읽기	·지시사항 듣기	·결과 기록 하기	·질문하기 ·요청하기
개인 학습		·전공 서적 및 참고 문헌 읽기	-	·노트하기 ·요약 정리 하기	-
보고서 및 논문 작성		·자료 수집	-	·쓰기, 수정 하기	-
시험		·질문과 지시문 이해 하기	·질문 및 전달 사항 이해하기	·답안 작성 하기	·설명, 묘사 하기 ·논리적으로 답하기

학문목적 한국어의 주제는 대학 수학에 필요한 영역으로 6개로 나누었다. 강의 수강, 세미나·토론, 실험 실습, 개인학습, 보고서 및 논문

----

11) 고급 학습자들의 학문 목적 과정에 알맞은 주제는 <표 8>에서 제시한 Jordan 의 대학 수학에 필요한 학습 환경 및 활동별 기능을 이용하여 언어 영역별로 나누어 제시하겠다.

작성, 시험으로 나누어지며 각 주제마다 언어 기능에 해당하는 기능을 나누었다. 대부분의 주제에 따라 각 영역의 기능이 있으나 개인 학습과 보고서 및 논문 작성 부분에서는 적절한 듣기/말하기 기능이 제시되어 있지 않다. <표 10>은 기존 Jordan(1997)의 연구를 참고로 하여 필자가 기능별로 나누어 제시한 것이며 어휘 부분에서는 전공별로 어휘를 학습하도록 기능을 분류하였다.

그러면 위에서 분류한 내용을 가지고 실제 수업의 예를 제시해 본다. 실제 수업에서는 모든 주제에 필요한 기능인 어휘영역을 선정하고 학습자들의 예습이 이루어져 있는 상황에서 하는 수업을 구성한다. 구성한 수업을 단계별로 구성하면 다음과 같다.

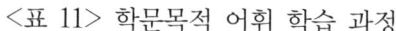

<표 11> 학문목적 어휘 학습 과정

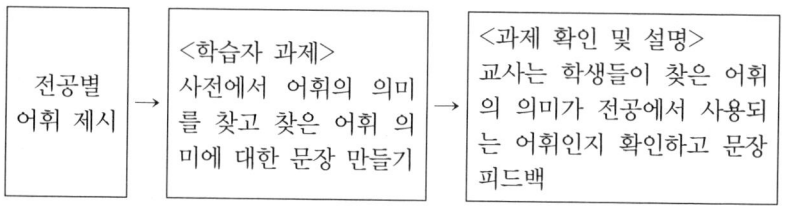

전공별 어휘 제시	→	<학습자 과제> 사전에서 어휘의 의미를 찾고 찾은 어휘 의미에 대한 문장 만들기	→	<과제 확인 및 설명> 교사는 학생들이 찾은 어휘의 의미가 전공에서 사용되는 어휘인지 확인하고 문장 피드백

학습자들에게 제시되는 과제의 어휘목록은 인문계열과 이공계열로 나누어지며 한 번에 20개 정도의 양이 과제로 나간다. 과제의 예시를 제시하면 다음과 같다.

학문목적 한국어 어휘 목록 (1~20) - 인문 계열[12]

번호	단어	의미	사용된 문장
1	법칙		
2	수		
3	열		
4	전기		
5	속도		

학문 목적 한국어 어휘 목록 (1~20) - 이공 계열[13]

번호	단어	의미	사용된 문장
1	가령		
2	가시적		
3	간결		
4	간과		
5	감안		

위에 예시된 내용은 학습자들에게 제시된 과제 내용이며 제시된 과제 이후에는 교사의 확인과 피드백, 그리고 부족한 부분에 대한 설명이 이루어져야 할 것이다. 또한 학문 목적 수업은 위에서 제시된 대로 어휘영역뿐만 아니라 각 기능별로 이루어져야 할 것이다.

---

12) '학문 목적 어휘 목록 - 인문계열'은 김낭예(2005)에서 연구된 결과이며『유학생을 위한 한국어 읽기』에서 발췌하였다.
13) '학문 목적 어휘 목록 - 이공계열'은 허유라(2008)에서 연구된 결과이다.

5 정리

지금까지 학문목적 한국어교육과정 설계에 대한 연구를 하였다. 한국어교육이 국내와 국외에서 활발하게 이루어지면서 다양한 목적으로 한국어를 배우려고 하는 학습자들이 꾸준히 늘고 있다. 최근에는 구체적인 목적을 위해서 한국어를 배우고자 하는 학습자의 수가 증가세를 나타내고 있는데 특히 대학진학과 대학 수준의 공부를 위해 한국어를 배우는 유학생들이 점차 증가하고 있다. 이러한 학문 목적의 한국어 학습자들에게는 한국어 의사소통능력의 향상이 한국어 학습의 최종 목표가 아니라 한국어를 통한 학문 탐구가 그들의 목적이라고 할 수 있다. 그런데 일상생활에서 고급 수준의 한국어를 구사한다고 해도, 혹은 대학의 외국인 입학 전형에서 요구하는 한국어능력시험에서 5·6급 정도의 상위 급수에 합격했다 하더라도 대학에 진학하여 다른 한국인 학습자들과 경쟁하며 공부하기에는 여러 가지 어려움이 따른다.

하지만 현재까지의 많은 연구들에도 불구하고 각 대학이나 한국어 교육기관에서 학문 목적 한국어에 대한 교육과정이 체계적으로 운영되지 않고 있는 실정이어서 학문 목적 교육과정의 개발 및 운영이 시급하다고 할 수 있다. 본 연구는 이러한 문제의식에서 시작되었다.

교육과정을 개발하기 위해서는 교수요목의 선정이 이루어져야 하며 학문 목적 한국어교육은 특수한 목적에 따라 이루어지는 교육이기 때문에 먼저 학습자들에게 요구 조사가 실시되어야 한다. 또한 학습 내용이 주제와 기능별로 나누어 이루어져야 하며 각 주제에 맞춰 언어 영역에 따른 교육이 이루어져야 할 것이라 생각한다. 본고에서는 학습자들에게 요구조사를 하는 기반을 마련하기 위한 문항표를 구상하였다. 학문 목적 한국어교육과정의 실제에서는 각 주제에 맞는 기능을 나누어 보았으며 그 학습의 한 예시를 제시하였다.

본 연구는 가장 중요하다고 할 수 있는 요구조사가 실제로 이루어지지 않고 문항을 구성하는 것으로 그쳤다는 점, 또한 전체 교육과정의 내용이 들어가지 못하고 주제와 기능만을 제시했다는 점에서 한계점을 지닌다. 이러한 한계점들은 후에 과제로 남기고 이 논의를 마치도록 하겠다.

참고문헌

강현화・박동규(2004), "학문 목적의 병존 언어 교수 모델 적용 연구 -경영
　　　　학 전공 학습자를 대상으로-", 한국어교육 15권 2호 , 국제한
　　　　국어교육학회.

김낭예(2005), "학문 목적 한국어 어휘 교육 방안 연구 :인문계열 학습자를
　　　　중심으로", 경희대학교 교육대학원 석사학위논문.

김민재(2004), "외국인 유학생을 위한 내용중심 대학예비교육과정 설계연
　　　　구", 경희대학교 교육대학원 석사학위논문.

김인규(2003), "학문 목적을 위한 한국어 요구 분석 및 교수요목 개발.", 한국
　　　　어 교육 14권 3호, 국제한국어교육학회.

김정숙(2000), "학문적 목적의 한국어 교육과정 설계를 위한 기초 연구 - 대
　　　　학 진학생을 위한 교육과정을 중심으로 -", 한국어교육 11권 2
　　　　호, 국제한국어교육학회.

성명희(2002), 특수목적 영어, 박경자 편, 영어교육의 이해, 한국문화사.

신명선(2006), "학문 목적의 한국어 학습자를 위한 어휘 교육의 내용 연구",
　　　　한국어 교육 17권 1호 국제한국어교육학회

용재은(2004), "대학 수학 목적의 한국어 읽기・쓰기 교육 방안 연구 -학문
　　　　적 텍스트의 분석과 적용을 중심으로-", 고려대학교 교육대학
　　　　원 석사학위논문.

이덕희(2004), "요구분석을 통한 학문 목적의 한국어 교육과정 설계 연구",
　　　　연세대학교 교육대학원 석사학위논문.

이동연(2007), "대학 수학 목적의 한국어 읽기 교재 개발 연구 -상경계열 외
　　　　국인 유학생을 중심으로-", 부산외국어대학교 교육대학원 석
　　　　사학위논문.

강승혜 외(2006), 한국어 평가론, 태학사.

Brown, H. D.(1996), Teaching by Principle : Interactive language
　　　　Teaching Methodology, New York : Prentice Hall Regents.

Dudley-Evans, T. & St. John, M. J.(1998), Developments in English for
　　　　specific purpose, Cambridge University Press.

Stern H. H.(2003), Fundamental Concepts of Language Teaching, Oxford University Press.

Jordan, R. R. (1997). English for Academic purpose : a guide and resourse book for teachers. Cambridge: Cambridge University Press.

제 **3** 장
쓰기 교육의 전략과 탐색

제3장 쓰기 교육의 전략과 탐색

외국어로서의 한국어 쓰기 교육 연구

한국어능력시험 쓰기 평가 연구
　　문제 유형별 난이도 분석을 중심으로

학문목적 쓰기에서의 절충식 접근법을 활용한
'요약하기' 전략 지도 방안

외국어로서의 한국어 쓰기 교육 연구

 한국어 쓰기 교육 연구의 필요성

언어 학습의 가장 큰 목적은 효과적으로 의사소통하는 데 있다. 이러한 의사소통은 입말(음성언어)과 글말(문자언어)의 형태로 표현되는데, 이중에서 쓰기는 학습자가 가지고 있는 모든 언어 지식과 능력을 사용하여 일관성 있고 창조적인 글을 구성함으로써 자신의 생각과 경험 등을 의사소통할 수 있다는 점에서 통합적인 언어 기능이다. 쓰기 능력은 글말 표현의 가장 기본이 되는 맞춤법, 표기법에서부터 어휘력, 표현력 등을 포함하는 총체적인 개념의 표현 능력이라고 할 수 있기 때문에 네 가지 언어 능력 중에서 가장 상위의 능력으로 간주되기도 한다.

그러나 전통적으로 외국어로서의 한국어 쓰기는 문법 학습의 보조 수단으로만 인식되어 다른 언어 기능에 비해 교실 수업에서 소홀히 다루어져 온 것이 사실이다. 최근 학문 목적 한국어 학습자들이 급격히 증가하면서 유의적 맥락에서의 쓰기 교육에 관심을 두고 여러 연구가 이루어지고 있지만, 대개 학습한 문법 항목을 특정 주제와 연관시킨 글쓰기 중심으로 실시되고 있다. 쓰기에 대한 평가 역시 글쓰기 과정 (process) 및 그 내용에 초점을 맞추기보다는 최종 글쓰기 결과(product) 에 대한 철자나 문법 항목 중심으로 이루어지고 있다.

따라서 본 연구에서는 외국어로서의 한국어 쓰기 교육이 학습자들 에게 모국어가 아닌 제2언어로 사고하고 표현하는 방법을 가르친다는 점에서 쓰기가 의사소통하는 하나의 수단이라는 것을 제고하고, 또 글 자를 익혀 단순히 베껴 쓰는 단순한 활동뿐만 아니라 학습자 자신의 생각과 의사를 창의적으로 또는 효과적으로 전달하기 위한 문제 해결 과정을 포함하는 통합적 언어 기능이라는 것을 고찰하는 데 본고의 목 적이 있다.

2 쓰기의 개념 및 특성

2.1. 쓰기 교육의 필요성

한국어 쓰기 교육의 목표는 한국어의 어휘, 문법, 문장 구조를 정확 하게 익혀서 원어민 화자 수준으로까지 학습자의 생각이나 느낌을 바 르게 의사소통할 수 있게 하는 힘을 길러 주는 데 있다(손연자, 1996). 쓰기는 언어의 표현 기능으로, 글씨 쓰기를 포함하여 창조적으로 글을 쓰는 작문(composing) 활동을 포함한다. 또한 쓰기는 어휘력, 구문력, 표현력, 맞춤법 등에 관한 지식, 그 언어문화에 관한 지식 등을 고루 갖추어야 할 뿐 아니라 음성언어에 대한 명확한 이해와 표현 능력도 반영되기 때문에 사실상 언어의 종합 운영 능력이라고 할 수 있으며, 고급 단계의 언어 능력을 갖추기 위해서는 필수적인 언어 능력이다. 그러므로 쓰기 교육은 문법적으로 올바른 문장을 생성하는 능력을 기르는 활동뿐만 아니라 학습자가 자신의 감정이나 견해를 의미적으로 일관성 있고 형식적으로 응집성을 갖춘, 논리적으로 완결성이 있는 담화를 구성해 내는 것을 목적으로 실시되어야 한다. 따라서 이러한 활동이 가능하도록 최종적인 쓰기 생산물을 산출해내기까지의 글쓰기 과정에 초점을 맞추어 교육을 실시해야 한다. 또한 한국어 쓰기 교육을 체계적으로 하기 위해서는 다음과 같은 점에 대해 생각해볼 필요가 있다(이미혜, 2006).

- 한국어 학습자들이 글을 잘 쓰지 못하는 이유는 무엇인가?
- 쓰기 수업에는 어떤 것들이 포함되는가?
- 쓰기 수업에서 교사는 어떤 역할을 해야 하는가?
- 한국어 학습자들에게 어떤 글을 쓰게 해야 하는가?
- 교사는 학습자들의 글에 대해 어떻게 피드백을 주어야 하는가?

2.2. 쓰기 교육의 이론

2.2.1. 결과 중심 쓰기 교육(product approach)

1960년대까지의 쓰기 교육 방식은 쓰기의 결과(product), 즉 최종 완성된 학습자의 글을 평가하는 것에 중점을 두었다. Brown(2001)에 따르면, 반세기 전 글쓰기 교사는 소위 모범이 되는 글을 모방하도록 유도하고 그 결과물이 어떤 '모습'이어야 하는가에 관심이 있었는데, 이는 규정된 수사학 문체, 정확한 문법, 상투적인 형식을 지닌 글이었다.

그러므로 학습자는 그 언어의 수사학적인 형식을 따르고 정확한 문법을 사용하여 전통적이라고 생각되는 방법에 따라 글을 구성했다. 결과 중심의 쓰기에는 통제·자유 접근법, 단락·문형 접근법, 문법·구문·구성 접근법, 언어 경험 접근법, 의사소통 접근법 등이 있다.

2.2.2. 과정 중심 쓰기 교육(process approach)

과정 중심 쓰기 교육은 의사소통 중심의 교육 방법론이 대두되면서 1980년대 이후 주류를 이룬 쓰기 교육 방식으로, 완성된 글보다는 글을 쓰는 과정(process)에 초점을 맞추고 있다. 교사는 학습자의 글을 평가하는 것을 중요하게 생각하는 것이 아니라, 학습자로 하여금 글을 쓰는 목적을 이해하도록 하고, 또 글쓰기 전략을 제공하여 최종적인 글을 산출하도록 이끄는 것을 중시한다. 다시 말해서, 완성된 결과물이 아니라 글을 쓰는 과정에 중점을 둔 교육이라고 할 수 있다. 이미혜(2006)에 따르면 과정 중심 쓰기 교육은 다음과 같이 몇 가지 특징을 지니고 있는데 이는 Brown(2001)에서 Shih(1986)을 인용한 내용을 정리한 것이다.

- ㉠ 학습자가 자신의 작문 과정을 이해하고 완전한 글을 만들어 가도록 이끈다.
- ㉡ 글을 쓰는 과정과 결과를 균형 있게 추구한다.
- ㉢ 학습자가 글을 통해 나타내고자 하는 것을 스스로 발견하게 한다.
- ㉣ 글을 다시 쓸 수 있는 시간적인 여유를 주며, 구상개요 작성, 교정, 다시 쓰기를 위한 전략을 형성하도록 돕는다.
- ㉤ 교정 과정을 중시하며, 교사뿐만 아니라 동료의 피드백도 권장한

다. 이는 쓰기 수업을 통하여 학습자간 그리고 교사와 학습자의
상호작용을 이루게 하기 위함이다.

ⓗ 학습자의 글에 대한 반응과 오류 수정은 신중하게 한다.

2.2.3. 절충식 쓰기 교육

과정 중심 쓰기 교육은 학습자 스스로 쓰기 전략을 구성하게 하는
장점이 있지만 결과물에 있어서는 고급 학습자도 짧은 작문에 그치는
경우가 많아서 결과물의 수준이 떨어진다는 단점이 있다. 이에 대한 새
로운 방안으로 한재영 외(2005)는 절충식 쓰기 교육을 제안하였는데,
이는 완성도가 높은 쓰기 결과물을 도출하기 위하여 쓰기 결과물의 정
확성 및 형식을 중요시하는 결과 중심 쓰기와, 쓰기의 과정 내에서 지
속적인 조정을 통해 학습자 주도적인 쓰기를 할 수 있다는 과정 중심
쓰기 교육을 통합한 쓰기 교육 방법이다. 절충식 쓰기 교육법에 따르
면, 먼저 학습자에게 모범적인 쓰기 결과물을 보여주고 쓰기의 형식과
구성 및 핵심적인 표현들을 분석한 후 학습자 스스로 전략을 구성할
수 있도록 핵심 단어 등을 제시해주면서 적절하게 쓰기의 과정을 담당
할 수 있게 유도한다(송민영, 2009).

2.3. 쓰기의 특성

쓰기는 글말을 사용하여 의미를 전달하는 능력이다. 따라서 다음과
같은 특성을 가지므로 이를 고려하여 지도해야 한다(Brown, 1994),
(한재영 외, 2005), (강승혜 외, 2006).

ⓠ 불변성(영속성) : 완성된 글이 독자에게 전달되면 수정이 불가능
하므로 글을 제출하기 전에 수정하고 다듬도록 유도해야 한다.

이러한 불변성은 쓰기를 두렵게 만드는 요인이며, 말하기보다 정확성이 더욱 요구된다.

ⓛ 산출 시간 : 문자 언어 산출에는 일정 시간이 소요되므로 그 시간을 효과적으로 사용 할 수 있는 전략이 필요하다.

ⓒ 시간적·공간적 거리감 : 글은 현재 글쓰기가 진행되고 있는 상황과는 다른 시간과 장소에서 읽혀진다는 특성이 있으므로 쓰기를 할 때에는 읽을 독자의 상황과 관점 및 사고, 문화와 지식 등을 고려해야 한다.

ⓔ 철자(정서법) : 글말은 입말 이외에도 몸짓이나 억양 등 여러 가지 다양한 의사 전달 수단을 활용할 수 있는 말하기와는 다르게 오로지 문자만으로 그 의미를 전달하므로 철자의 중요성이 배가된다.

ⓜ 복잡성 : 문어는 구어보다 문장이 복잡하게 구성되므로 쓰기에서는 문장의 구성이나 통사적인 다양성을 시도해야 한다.

ⓗ 다양한 어휘 : 문어는 구어보다 다양한 어휘의 사용이 요구된다.

ⓢ 형식성 : 문자 언어는 형식성을 지닌 언어이므로 수사학적인, 구성상의 형식을 갖추어야 한다.

특히 강승혜 외(2006)는 일반적인 쓰기의 특성과는 달리 외국어 쓰기가 가지고 있는 특성에 대해 언급했는데, 이는 다음과 같다.

- 학습자들은 낯선 문자에 익숙해져야 한다는 점과 또 이러한 낯선 문자로 자신의 생각을 표현해야 한다는 점에서 부담감을 느끼기 쉽다.
- 오류 수정이 불가능하다는 쓰기의 특성상, 내용보다는 정확성을

중시하게 되는 경향이 있다. 특히 한국어와 같이 입말과 글말의 형태가 다른 경우에는 문자 언어에 상대적으로 노출될 기회가 적은 외국인 학습자들은 더욱 어려움을 겪게 된다.

• 외국어 쓰기는 일반적으로 학습자들의 인지적 성숙도에 비해 학습한 외국어의 수준이 낮은 경우가 대부분이어서 자신의 생각을 자유롭게 표현하는 데 제한을 많이 받게 된다.

또 Kaplan, R. B.(1966)의 'Patterns of Written Discourse'에서 사고의 표현 형태는 언어나 문화의 영향을 받는다고 밝히고 있다. 즉, 서양권의 사람들은 사고의 표현 형태가 직선적인 데 비해서 동양권의 사람들은 자신의 사고를 우회적으로 돌려서 표현하기 때문에 나선형으로 표현된다는 것이다(Brown, 2001). 이 연구는 사고의 지나친 단순화와 일반화로 적잖은 비판을 받아왔으나, 학습자의 글쓰기에서 작용하게 되면 제1언어의 수사학적인 방해에 관심을 가져야 한다는 점에서는 한국어 쓰기 수업이 학습자 모국어와 모국 문화에 따른 사고의 표현 형태를 고려하여야 한다는 것을 인지시키고 있다. 교사는 쓰기 수업에서 학습자의 사회 문화적이고 언어학적인 차이에 대비하고, 그에 따른 사고 및 표현 방식을 고려해야 한다. 또한 보다 정확한 언어 표현을 위해 학습자에게 많이 나타나는 문법적인 오류, 철자 오류 등을 분석하여 지도하는 과정도 함께 필요하다.

3 쓰기 활동 유형

한국어 쓰기 활동은 초급 단계에서의 한글 자모 쓰기에서부터 고급 단계에서의 문장 쓰기, 단락 쓰기, 자유 작문까지 다양하다. 쓰기 활동은 분류 기준에 따라 다양하게 분류할 수 있는데, 크게 비담화적 활동과 담화적 활동으로 구분할 수 있다. 비담화적 활동에는 베껴 쓰기, 문법 활용, 빈칸 채우기, 틀린 곳 고치기 등이 있으며 이는 '통제된 쓰기(limited writing)'의 형태로서 한글의 자모를 포함하여 기본적인 문법 지식을 활용한 활동이다. 담화적 쓰기 활동은 완전한 텍스트의 구성으로 의미를 확장하여 입력 자료가 주어지는 '유도된 쓰기(guided writing)'로서 정보 채우기, 그림이나 사진 설명/묘사하기 그리고 읽기와 연계된 요약하여 쓰기, 주장하는 글쓰기 등이 여기에 속한다. 또한 학습자의 좀 더 자유로운 글쓰기를 위한 '자유 작문(free writing)' 유형도 있다.

통제된 쓰기, 유도된 쓰기, 자유 작문의 세 가지 형태에 따라 각 쓰기 활동 유형을 구체적으로 살펴보기로 한다.[1]

3.1. 통제된 쓰기

엄격하게 통제된 방법으로 쓰도록 하는 것으로 자모 및 문법 익히기, 맞춤법 등에 중점을 둔 쓰기 활동이다.

....

[1) 각 쓰기 활동 유형의 예시는 인하대학교 인하한국어1(2009), 인하한국어2(2009), 인하한국어4를 일부 인용하였다.

① 베껴 쓰기

주로 초급 단계의 학습자들이 한글 자모를 익히거나 어휘의 의미와 철자를 암기하기 위한 활동으로 글자를 그대로 따라서 써 보는 연습이다. 필순, 띄어쓰기 등에 주의하도록 한다.

[예시 1] 다음을 잘 쓰십시오.

한국어의 모든 자음과 모음은 위에서 아래로 (↓), 왼쪽에서 오른쪽(→)으로 씁니다.

2. 자음 + 모음 (C + V)

모음\자음	획순	ㅏ	ㅑ	ㅓ	ㅕ	ㅗ	ㅛ	ㅜ	ㅠ	ㅡ	ㅣ
ㄱ	ㄱ	가									
ㄲ	ㄲ	까									
ㄴ	ㄴ			너							
ㄷ	ㄷ			더							
ㄸ	ㄸ					또					
ㄹ	ㄹ						료				
ㅁ	ㅁ							무			
ㅂ	ㅂ								뷰		
ㅃ	ㅃ									쁘	
ㅅ	ㅅ										시
ㅆ	ㅆ									쓰	
ㅇ	ㅇ								유		
ㅈ	ㅈ							주			
ㅉ	ㅉ					쪼					
ㅊ	ㅊ					초					
ㅋ	ㅋ				켜						
ㅌ	ㅌ			터							
ㅍ	ㅍ	파									
ㅎ	ㅎ	하									

② 받아쓰기

받아쓰기는 듣기와 결합된 활동으로 주로 초급 단계에서 사용하며 교사가 어떤 단어나 문장을 읽어 주면 학생들이 쓰기를 함으로써 이루어지는 방식이다.

[예시 1] 다음을 잘 듣고 빈 칸에 알맞은 단어를 쓰십시오.

1. 더운 ☐☐ ☐☐ 음식이 모두 상하고 말았네요.

2. 여기는 ☐☐ ☐☐ 구역이므로 담배를 피우시면 안 됩니다.

---

③ 바꿔 쓰기

글의 일정한 요소(시제, 경어법 등)를 다른 것으로 전환하는 활동이다. 바꿔 쓰기는 보통 문법에 초점을 맞추고 글의 내용이나 형식은 고정시킨다. 학습자의 사회학적 능력이나 문법의 정확성 등을 알 수 있는 유형이다.

[예시 1] 다음 〈보기〉와 같이 고쳐 쓰세요.

〈보기〉 저는 오늘 서울 대공원에 가요.
　→ 저는 어제 서울 대공원에 갔어요.

① 학교 앞에서 친구를 만나요.　→ 학교 앞에서 친구를 _____.

② 서울 대공원에 사람이 많아요.　→ 대공원에 사람이 _____.

③ 재미있게 놀아요.　→ 재미있게 _____.

[예시 2] 다음 〈보기〉와 같이 문장을 알맞게 바꾸십시오.

> 〈보기〉 로빈 : "팅팅, 오늘 민속촌에 놀러 가자."
> → 로빈 씨가 팅팅 씨더러 오늘 민속촌에 놀러 가자고 했어요.

① 팅팅 : "로빈 씨, 이번 주말에 등산 같이 갈까요?"
  → _____ .

② 제냐 : "팅팅, 다음 주에 이사하는데 도와 줄 수 있어?"
  → _____ .

④ 문장 연결하기

문장 단위에서 담화 차원으로 확장되는 단계이다. 특정한 접속 부사나 활용형을 사용하여 문장을 연결시키며 그 외의 부분은 통제되어 있다. 문법 능력을 갖추어서 문장을 구성하도록 하는 데 목표를 둔다.

[예시 1] 다음 두 문장을 '-아/어서'를 사용해서 연결하세요.

① 아이스크림을 많이 먹었습니다. 운동을 못 했습니다.
  → _____.

② 친구가 놀러 왔습니다. 숙제를 못 했습니다.
  → _____.

③ 다리를 다쳤습니다. 병원에 갔습니다.
  → _____.

[예시 2] 다음 대화의 빈 칸에 '-ㄴ/는다고 해도'를 사용하여 문장을 완성하십시오.

> 면접관 : 자신의 가치관에 대해서 간단하게 설명할 수 있습니까?
> 면접자 : 네, 저는 무슨 일이든지 실망하지 않고 다시 도전해서 꼭 성공하고 말겠다는 긍정적인 가치관을 가지고 있습니다.

⑤ 빈칸 채우기

어미, 단위 명사, 접속 부사 등 문장의 일부분을 써서 문장을 완성하는 연습이다. 주로 문장에서 조사나 어휘 등을 빈칸에 쓰도록 하며 어휘력, 표현력, 문법 능력에 목표를 둔다.

[예시 1] 다음 〈보기〉에서 알맞은 단어를 골라 빈 칸에 쓰세요.

〈보기〉	잔	대	명	분	켤레	마리

① 집에 강아지 세 _____ 가 있어요.
② 교실에 선생님 한 _____ 하고 학생 여섯 _____ 이 있습니다.
③ 저는 하루에 커피를 두 _____ 마셔요.

[예시 2] 다음 〈보기〉에서 알맞은 단어를 골라 문장을 완성하십시오.

〈보기〉	체형	선호하다	역효과
	소득	흥미진진하다	실천하다

① 한국에서는 국민 각자의 _____에 따라 세금을 낸다.
② 어제 본 영화가 처음에는 좀 지루했지만 시간이 갈수록
_____.
③ 농약을 계속 사용하면 오히려 작물의 생산량이 줄어드는 _____
을/를 일으키기 쉽다.
④ 계획을 세우는 것만큼 세운 계획을 _____ 은/는 것도 매우 중요
합니다.

3.2. 유도된 쓰기

통제된 쓰기보다 광범위한 쓰기 유형으로 내용의 일정 부분이 고정되어 있고, 이를 표현하는 어휘나 표현 등은 학습자가 선택하여 쓰게 된다.

① 대화 완성하기

주어진 대화의 일부분을 비워 두고 문맥에 맞게 완성하는 활동이다. 초급부터 고급까지 다양하게 활용할 수 있으며, 주어진 내용과 연계성을 갖고 구성해야 하므로 일정 부분 통제된 쓰기지만, 학습자 스스로 어휘나 표현을 선택하여 기술해 간다는 자유로움이 있다.

[예시 1] 다음 밑줄에 알맞은 것을 고르십시오.

> 가 : 연필이 있습니까?
> 나 : _____.

① 네, 연필입니다.　　　　　② 아니요, 연필이 없습니다.
③ 네, 연필이 없습니다.　　　④ 아니요, 연필이 아닙니다.

[예시 2] 다음 〈보기〉에서 알맞은 문법을 골라 문장을 완성하십시오.

> 〈보기〉　　-았/었더라면　　　　-(으)ㄴ는 셈 치고
> 　　　　　-(으)려다(가)　　　　-는 통에

11. 가 : 오후에 여자 친구 만나러 간다더니 왜 집에 있어요?
　　나 : _____ 소포가 온다고 해서 약속 시간을 미뤘어요.

12. 가 : 뉴스 봤어요? 어제 명동에서 사고가 크게 났대요. 어제 명동에 가려고 했었는데.
　　나 : 다행이네요. 명동에 _____ 아마 크게 다쳤을 거예요.

[예시 3] 다음 속담을 사용하여 대화문을 만드십시오.

> ★ 속담 : 싼 게 비지떡이다.
> 제냐 : 로빈, 뭐하고 있어?

로빈 : 응, 라디오를 좀 고치고 있는 중이야.

제냐 : 왜? 라디오가 고장 났어?

로빈 : 지난 주말에 서울에 가느라고 지하철을 탔는데 라디오를 오천원에 팔더라고. 라디오 방송도 듣고 싶고 원래 라디오가 필요하긴 했는데, 비싸서 못사고 있었거든. 값이 너무 싸길래 하나 샀지. 그런데 사자마자 한 번 들어보고 오늘 다시 켜 봤더니 소리가 계속 안 나오네.

제냐 : _____

_____

[예시 4] 아래 〈보기〉의 표현을 참고하여 다음 대화를 완성하십시오.

〈보기〉	한 턱 내다	그림의 떡
	기가 막히다	금강산도 식후경
	바가지를 썼다	떡 본 김에 제사 지낸다

제냐 : 팅팅 씨, 드디어 제주도에 왔어요. 와, 정말 멋있네요. 우리 어디부터 구경할까요?

팅팅 : 직접 와 보니까 정말 좋네요. 그런데 제냐 씨, 9._____ (이)라고 하는데 우리 먼저 식사부터 하고 구경하는 게 어때요? 배가 너무 고파서 제대로 구경을 못할 거 같아요.

제냐 : 네. 저도 배가 고파요. 그럼 우리 제주도에 왔으니까 회를 먹는 건 어때요?

로빈 : 아멜리 씨, 어제 명동에 간다더니 이 옷 샀나 봐요. 얼마예요? 너무 예뻐요.

아멜리 : 아, 그래요? 다행이에요. 잘 어울려요? 사실은 이 옷 살 때 **10._____. (아요/어요)** 아저씨가 30,000원 달라고 하시길래 깎아 달라고 해서 25,000원에 샀거든요. 그런데 집에 오는 길에 주안역 지하상가에서 보니까 20,000원에 팔더라고요.

로빈 : 저도 그런 적 있어요. 그래서 옷을 살 때 여러 군데를 다녀보고 제일 싼 곳에서 옷을 사요.

② 그림, 도표, 통계 보고 서술하기

시각적인 자료를 제시하고 학습자가 글로 쓰는 활동이다. 간단한 문장에서부터 이야기가 있는 대화까지 구성할 수 있다.

[예시 1] 다음은 한국의 국내 외국인 유학생에 관한 통계입니다. 도표를 보고 내용을 설명하십시오.

연도별 국내 외국인 유학생수 (명)

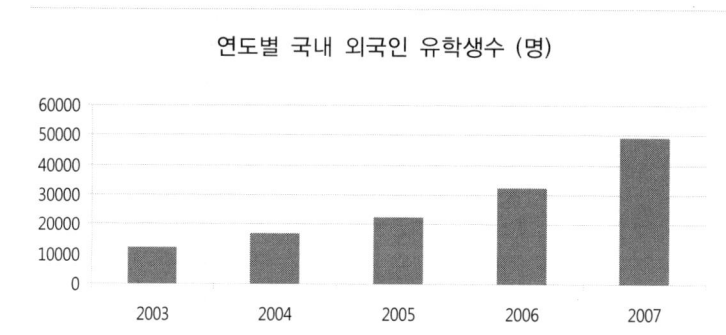

국가별 유학생 수와 비율

국 가	중국	일본	미국	베트남	대만	몽골	기타	계
유학생 수(명)	33,650	3,854	1,388	2,242	1,047	1,309	5,780	49,270
비율(%)	68.3	7.8	2.8	4.6	2.1	2.7	11.7	100

[예시 2] 다음 설문 자료 그림 5개 중 한 개를 선택하여 설문 결과를 설명하십시오. 또 그렇게 설문 결과가 나온 이유를 추측하여 쓰십시오.

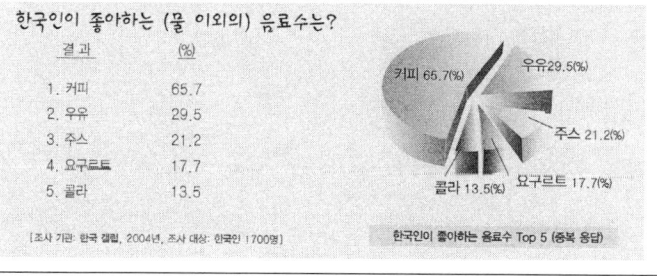

그림 ① 한국인이 좋아하는 음료수는?

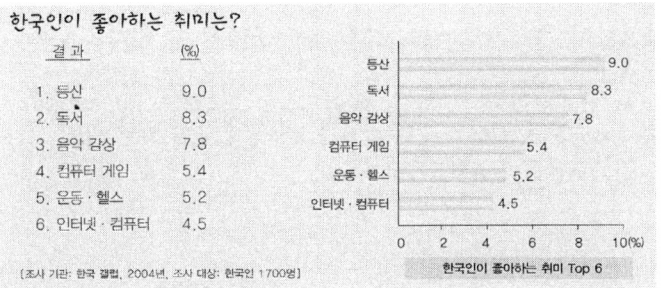

그림 ② 한국인이 좋아하는 취미는?

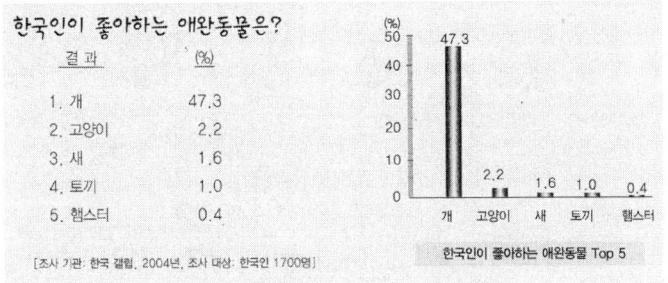

그림 ③ 한국인이 좋아하는 애완동물은?

그림 ④ 한국인이 좋아하는 술은?

③ 이야기 구성하기

그림이나 정보, 신문 머리기사 등을 바탕으로 기사 구성하기 등이 해당된다.

[예시 1] 다음은 신문의 머리기사입니다. 제시된 단어를 사용해서 기사의 내용을 써 보십시오.

> 날로 짧아져가는 대중가요의 수명, 해결책은 '젊은 트로트'

[사용 단어] 청년층 / 유행 / 주도하다

[예시 2] 다음은 세계 도시 축전 자원 봉사 안내에 대한 내용입니다. 자원 봉사자를 모집하는 공고를 써 보십시오.

세계 도시 축전 자원 봉사자 모집

✓ 일시 : 2009년 8월 7일 ~ 10월 10일
✓ 장소 : 인천광역시 송도 행사장
✓ 분야 : 행사장 관리, 홍보, 방문객 안내
✓ 자격 요건 : 인천에 거주하는 20세 이상의 남녀
　　　　　　 영어, 일어, 중국어 등 언어 전공자 우대
✓ 제출 방법 및 기타 문의 사항 : 세계 도시 축전 홈페이지 참조

[예시 3] 다음 글을 읽고, 이야기의 결말을 추측하여 쓰십시오.

| ① 남편(농부) | ② 부인 | ③ 가게 주인 | ④ 시어머니 |

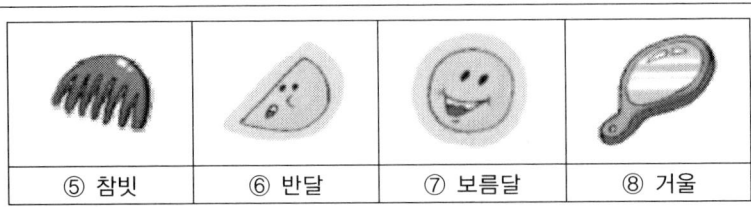

⑤ 참빗	⑥ 반달	⑦ 보름달	⑧ 거울

어느 시골에 사는 한 ①**농부**가 처음으로 서울에 가게 되었어요. ②**부인**은 남편에게 무엇을 사 달라고 할까 고민했어요. 부인은 옆집에 살고 있는 나뭇꾼의 부인이 예쁜 ⑤**참빗**을 자랑하던 것을 생각했습니다.

"여보, 서울에 가면 참빗 하나만 사다 주세요."

하지만 남편은 참빗이 어떤 물건인지 몰랐습니다.

"참빗이 어떻게 생긴 물건이지?"

그 때 마침 하늘에 ⑥**반달**이 떠 있었습니다. 부인은 반달을 가리키며,

"참빗은 저 달처럼 생겼어요."

"걱정하지 마요! 내가 돌아올 때 꼭 사다 줄게요."

부인과 약속을 하고 남편은 서울로 출발했습니다. 서울에 도착하자마자 남편은 오랜만에 친구들도 만나고 이것저것 일을 보면서 며칠을 보냈습니다. 모든 일이 다 끝나고 남편은 부인이 사 달라고 하던 물건이 생각났습니다. 하지만 아무리 생각해도 그 물건의 이름이 기억나지 않았어요.

"이름이 뭐라고 했더라? 아, 맞다! 저 달처럼 생긴 거라고 했지."

남편은 하늘을 쳐다보았습니다. 그동안 시간이 많이 지나서 반달은 ⑦**보름달**로 변해 있었어요.

"음, 저렇게 생겼구나!"

남편은 곧장 가게로 가서 주인에게 말했습니다.

"저기 하늘에 있는 달과 똑같이 생긴 것을 주시오."

남편의 말에 ③**가게 주인**은 달을 쳐다보았습니다. 하늘엔 보름달이 있었습니다.

"아, 저 보름달처럼 둥글게 생긴 걸 달라는 말씀이시군요."

가게 주인은 웃으며 ⑧**거울**을 꺼내 주었습니다. 물건을 받은 후 남편은 길을 떠났습니다. 집으로 돌아온 남편은 부인에게 거울을 주었어요.

"자, 여기 당신 선물이오."

부인은 기쁘게 웃으며 남편이 사 온 거울을 받았습니다. 그런데, 그 안에

```
┌─────────────────────────────────────────────────────────┐
│ 는 부인의 옷을 똑같이 입은 젊은 여자가 앉아 있었습니다.      │
│ 부인은 _____        │
│ _____        │
│ _____        │
│ 방에서 이 소리를 들은 ④시어머니가 _____          │
│ _____        │
│ _____        │
└─────────────────────────────────────────────────────────┘
```

3.3. 자유 작문

자유 작문은 주어진 주제를 가지고 제한 없이 글을 쓰는 것으로 여러 가지 유형의 글쓰기가 가능하다. 다음과 같은 내용이 해당된다.

① 읽기와 연계한 다양한 활동

문단 완성하기, 읽고 요약하기, 읽고 자신의 생각을 정리하여 견해 쓰기 등이 해당된다. 읽기와 쓰기를 연결시킴으로써 글에 대한 통찰력이 생기며, 어휘력이나 문법 능력이 향상된다는 견해에 바탕을 두고 이루어진다.

---

❶ 문단 완성하기

[예시 1] 다음은 '효과적인 외국어 학습 방법'에 대하여 각자의 의견을 이야기하고 있습니다. 아멜리가 주장할 내용에 따라 알맞은 글을 채워 보십시오.

> 팅 팅 : 외국어 공부에는 특별한 비결이 없어요. 중요한 것은 귀와 입을 동시에 훈련해야 한다는 것이죠. '귀에 못이 박힐' 정도로 듣고, 받아쓰고, '입이 아파서 말이 안 나올' 정도로 큰 소리로 읽는 연습을 하는

수밖에는 없어요. 잠자리에 들어서도 테이프를 들으며 자야 해요.

아멜리 : ('문법공부' 가 가장 중요하며, 효과적인 문법 학습방법에 대해 주
장하기.)

_____

_____

_____

로 빈 : 외국어를 공부할 때 가장 중요한 것은 실제 의사소통 능력을 기르
는 거예요. 상황에 맞는 대화를 할 수 있어야 하는 거죠. 그러기 위
해서는 '요청하기', '거절하기', '칭찬하기' 등 상황에 맞는 표현
을 익히고, 이것을 실제 대화에 적용할 수 있는 연습을 해야 돼요.

[예시 2] 다음 글을 읽고 각 주장에 대해서 이유나 근거를 하나씩 쓰십시오.

성형 수술에 대한 한국 사람들의 생각

한국 사람들 중에는 성형 수술에 대해서 긍정적으로 생각하는 사람이 많
다. 사람들이 성형 수술을 찬성하는 이유는 무엇일까?
첫째, 아름다워지고 싶은 것은 사람의 기본적인 마음이라는 것이다.
둘째, _____

_____.

그러나 성형 수술을 반대하는 사람들도 많은데, 그 이유는 다음과 같다.
첫째, _____

_____.

❷ 읽고 요약하기

[예시 1] 다음 대화문을 읽고 내용을 요약하여 아래의 글을 완성하십시오.

로빈 : 저는 쇼핑할 때 필요 없는 물건을 많이 사곤 해요. 어떻게 하면 좋을
까요?

제냐 : 쇼핑을 하기 전에 사야 할 물건들을 미리 메모해서 가는 것이 좋아요. 그러면 필요 없는 물건을 사지 않을 수 있어요.
로빈 : 그래요? 그럼 다음부터는 꼭 사야 할 물건을 수첩에 적어 가지고 가야겠네요.

> 쇼핑을 할 때 필요 없는 물건을 살 때가 많다.
> 그러므로 ① _____.
> 그러면 ② _____.

[예시 2] 다음 글을 읽고 글의 내용을 100자 이내로 요약하십시오.

서울의 한 종합병원에서는 최근 일주일 사이에 감기 환자가 30% 증가했는데, 기침과 고열을 동반한 감기 환자가 많다. 소아과 의사들은 요즘 일교차가 크기 때문에 감기에 많이 걸리는데 특히 날씨가 건조하기 때문에 목감기 형태로 나타난다고 한다. 또한 무더위에 적응됐던 몸이 환절기에 적응하지 못한 결과라고 할 수 있는데, 이러한 계절 변화에 대처할 수 있는 방법에는 여러 가지가 있다. 우선 더워도 이불을 꼭 덮어야 한다. 또 새벽에 찬바람을 맞지 않도록 반드시 창문을 닫고 자야 한다. 그리고 잠을 푹 자고 규칙적인 생활을 해야 하는데 지나친 음주, 흡연, 커피 같은 카페인 음료도 피하는 것이 좋다.
환절기에는 특히 아이들이 감기에 걸리지 않도록 하기 위해 부모의 세심한 주의와 관심도 필요하다. 삼성서울병원 소아과 이민정 교수는 "아이들이 집에 오면 깨끗이 씻고 충분히 쉬게 하며, 영양식을 주라"고 말했다. 감기에 걸렸을 때 어린이는 물을 많이 마시고 목욕은 미지근한 물로 간단하게 하는 것이 좋다고 한다.

❸ 주장하는 글쓰기

[예시 3] 다음 '사형제도'에 대한 글을 읽고 찬성인지 반대인지 자신의 생각을 쓰십시오. '서론, 본론, 결론'의 순서로 쓰고 주장에 대한 이유나 근거를 세 가지 이상 들어 자신의 주장을 나타내십시오.

로빈 : "나는 사형제도가 꼭 나쁜 것이라고 생각하지 않아. 만약 사형제도가 사라지면 나쁜 일들이 얼마나 많이 생기겠어? 사형제도가 있으니까

그나마 범죄율이 낮은 거야."

제냐 : "난 로빈 너와 생각이 조금 달라. 네가 생각하는 대로 사형 제도가 범
죄율을 낮게 해 준다면 사형 제도를 시행하고 있는 국가 예를 들어
한국, 미국, 일본 등의 범죄율이 왜 감소하지 않고 오히려 증가하고
있는 거지? 꼭 사형 제도를 통해서만 사회 문제를 해결할 수 있다고
생각하지 않아."

차오 : "하지만 하루도 빠지지 않고 살인 사건과 같은 범죄가 신문이나 뉴스
에 나오고 있잖아. 사형제도가 사라진다면, 이런 범죄들만 가지고 뉴
스를 전달해도 하루가 모자랄지도 몰라. 그러니까 사형제도는 꼭 있
어야 된다고 생각해."

팅팅 : "나는 제냐의 의견에 동의해. 사형 제도가 문제를 해결할 수 있는 가
장 최선의 방법이 될 수는 있지만, 가장 좋은 방법은 아니라는 생각
이 들어. 또 사형 제도를 통해 사망한 사람 중에는 정치적인 이유로
또는 잘못된 판결로 억울하게 죽은 사람이 없다고 말할 수 있을까?
사형제도는 인간의 생명을 빼앗는다는 점에서 또 다른 이름의 살인
일 뿐이야."

[예시 4] 다음 〈보기〉의 내용을 모두 포함하여 '울고 있는 지구' 라는 제목으
로 글을 쓰십시오.

〈보기〉	1) 환경오염에 대한 자신의 생각.
	2) 심각한 환경 문제들 그리고, 환경 문제의 원인과 결과.
	3) 우리는 왜 환경을 보호해야 하는가.

| 〈참고〉 | 이산화탄소 | 오존층 파괴 | 삼림 훼손 | 천연자원 |
| | 멸종 위기 | 먹이사슬 파괴 | 개발 정책 | |

② 자유 작문

자유 작문은 다양한 주제에 대해서 제한 없이 자유롭게 학습자의 생각을 나타내는 쓰기 형태이다. 설명문, 논설문, 문학 텍스트 등 여러 가지 유형의 쓰기가 가능하다. 어휘력, 문법 능력, 표현력, 철자법과 맞춤법 등 종합적인 언어 능력을 요구한다.

[예시 1] 다음 제목을 가지고 글을 쓰십시오.
　　　제목 : <u>나의 사랑하는 생활</u>

[예시 2] 우리 반 홈페이지를 만들려고 합니다. 우리 반을 소개하는 글을 써 보세요.

〈담임선생님 소개〉

_____

_____

〈우리 반의 장점〉

_____

_____

〈가장 기억에 남는 일〉 - 2가지 이상

_____

_____

4 쓰기 수업 구성

쓰기는 학습자가 자신의 생각과 의사를 창의적으로, 효과적으로 전달하기 위한 통합적인 문제 해결과정을 포함한다는 점에서 한국어 쓰기 교육이 과정 중심으로 이루어져야 한다. 김정숙(1999)은 담화능력 배양을 위한 쓰기 수업이 '구상하기 단계, 초고 쓰기 단계, 다시 쓰기 단계'로 구성되어야 한다면서 아래 <표 1>과 같이 각 단계의 특징을 기술하였다.

<표 1> 과정 중심 쓰기의 단계 및 특징

구상하기	초고 쓰기	다시 쓰기
① 아이디어를 내고, 주 아이디어를 찾는다. ② 주제와 관련된 사실이나 내용을 모은다. ③ 주 아이디어로 발전시킬 수 있도록 사실과 아이디어를 조직한다.	① 도입으로 주제문을 쓰고 배경 정보 제공한다. ② 각각의 지지 문단을 발전시키고 올바른 문단 구성을 따라가는지 확인한다. ③ 의도하는 의미를 표현하기 위하여 분명하고 간단한 문장을 사용한다. ④ 주 아이디어에 초점을 맞춘다. ⑤ 사전을 사용해 적절한 표현을 찾는다.	① 글의 흐름에 일관성, 통일성이 있는지 확인한다. ② 주제가 분명하게 드러나는지 확인한다. ③ 글이 도입, 전개, 마무리로 구성되었는지 확인한다. ④ 문단들의 관계를 확인한다. ⑤ 주제문을 확인한다. ⑥ 철자법, 문법, 문장 구조가 정확한지 확인한다. ⑦ 문장의 의미를 확인한다. ⑧ 글이 재미있는지 확인한다.

김정숙(1999)이 제시한 쓰기의 세 단계를 중심으로, Wills(1996)의 단계별 수업 구성 모형을 반영하고 본고에서는 '쓰기 전 단계(Pre-writing), 쓰기 단계(Writing), 쓰기 후 단계(Re-writing)'를 설정하여 자유 작문 수업 구성을 살펴보도록 한다.2) 각 단계에서 전개되는 활동은 임병빈 외(2004)와 한재영 외(2005)를 참고하였다.

4.1. 쓰기 전 단계

주제 선정 ⇨ 생각 끌어내기 ⇨ 구상개요 작성하기

주제에 대한 다양한 정보와 풍부하고 창조적인 생각은 좋은 글쓰기를 가능하게 한다. 그러므로 주제가 있는 쓰기 활동은 학습자들의 관심이 반영된 주제, 흥미롭게 접근할 수 있는 주제를 선정할 필요가 있다. 교사는 교실 내의 쓰기 수업에서 학습자의 글을 쓰기 위한 풍부한 소재와 내용을 유도할 수 있는 다양한 활동 제시해야 한다.

1) 구상개요의 작성
글쓰기 주제에 대한 다양한 정보와 풍부한 생각을 유도하기 위해 개인 활동, 짝 활동, 소그룹 활동 등을 통하여 아래와 같이 전개한다.

---

2) 과정 중심 쓰기 수업이 각 단계에서 학습자가 수행해야 할 과제(task)를 중심으로 이뤄져야 한다고 생각하기 때문에 Wills(1996 : 38)의 과제 중심 수업 구성 모형(과제 수행 이전 단계(Pre-task) → 과제 수행 단계(Task Cycle) → 과제 수행 이후 단계(Language Focus))을 반영하였다. 과제(task)에 대한 좀 더 명확한 설명은 임화정(2008)을 참조하기를 바란다.

㉠ 생각 끄집어내기(Brainstorming) : 특정한 주제에 대한 지식을
학습자들이 서로 공유함.

㉡ 목록 만들기(Listing) : 주제와 관련해서 생각나는 모든 것을 목
록화 함.

㉢ 묶기(Clustering) : 주제와 관련된 단어나 생각나는 것을 적고 그
연결 관계를 줄로 표시함.

㉣ 자유 작문(Free Writing) : 초고쓰기(wet ink writing), 빨리 쓰기
(quick writing), 속성 작문(speed writing)이라고 부르기도 하며,
일정한 시간 동안 주제와 관련된 자신의 생각을 펜을 떼지 않
고 씀.

㉤ Outline : 글의 논지나 논지를 뒷받침하는 세부 사항에 대한 정리
순서에 따른 배치.

4.2. 쓰기 단계 활동

초고 작성 피드백 주고받기 ⇨ 교정하기 ⇨ 글 완성하기

1) 학습자 간의 고쳐 쓰기
작문 수업에서 학습자들은 글에 대한 생각을 나누며 피드백을 주는
상호적인 관계이다. 학습자 간의 고쳐 쓰기는 다른 학습자의 글을 개
별적으로 또는 그룹으로 읽고 의견을 나누는 것이다. 그러나 단순히
서로의 초고를 읽고 이에 대한 피드백을 주고 받는 활동은 완벽한 언
어 능력이 결여되어 있는 외국어 학습자에게는 효과적이지 못하다. 그
러므로 교사는 학습자가 글을 평가할 수 있는 기준을 적용하는 질문지
나 질문 목록을 제공하는 것이 좋다. 질문의 내용은 문법적, 통사적 부

분보다는 아래와 같이 글의 내용과 구성에 초점을 맞추도록 한다.

- 이 글은 몇 개의 단락으로 구성되었습니까?
- 단락의 구성은 알맞게 이루어져 있습니까?
- 이 글의 제목은 글의 내용에 적합합니까?
- 한 문장으로 줄일 수 있는 중심 내용이 있습니까? 어디에 있습니까?
- 전체 내용에 맞지 않는 부분(불필요한 부분)은 없습니까? 있다면, 어느 부분입니까?

2) 교사의 고쳐 쓰기

학습자의 글에 대한 교사의 피드백은 교사의 주된 과제로, 가장 많은 시간이 소요되는 부분이다. 교사는 어떤 방법으로 피드백을 주어야 하는지, 글쓰기의 어떤 단계에서 피드백을 제공해야 하는지, 어느 정도의 피드백을 주어야 하는지를 생각해야 한다.

① 고쳐 쓰기의 방법

쓰기에 대한 피드백은 모국어 화자의 언어 수준으로 수정하고 지적하는 것이 아니기 때문에 교사는 학습자가 원래 표현하려고 했던 의미를 추측하여 그 의도에 따라 글이 표현될 수 있도록 도와야 한다. 또 오류의 내용을 직접적으로 알려주기보다는 학습자-교사 간의 의미 공존이 가능한 상징부호를 사용하여 고쳐 쓰도록 한다. 이는 학습자 스스로 자신의 글에 대한 문제를 파악하고 교정할 수 있는 기회를 부여하는 데 목적이 있다. 상징 부호를 사용하는 방법은 좋은 쓰기 습관을 길러 주고, 자신의 오류를 스스로 범주화할 수 있는 능력을 키워 주며 오류 유형에 관심을 갖게 한다.

② 고쳐 쓰기의 내용

우선 초안에 대한 고쳐 쓰기에서는 주제에 따른 글의 내용과 구성 등 전체적인 오류를 지적하고 주제와 관계가 먼 부분을 언급한다. 또 부적절하거나 어색한 단어와 표현을 지적한다. 다음으로 교정안에 대해서는 지속적으로 나타나는 철자, 구두점, 문법 주고 등 문법적인 오류를 지적하되 교사가 직접 교정하지는 않아야 한다. 또 어색하지는 않지만 그 의미가 불분명한 어휘에 대해 언급하고 문장 간의 일관성에 대해 언급한다. 최종 글에 대해서는 문법적인 오류와 어색한 어휘를 수정하고 글 전체 구성과 내용에 대한 교사의 의견을 언급한다.

4.3. 쓰기 후 단계 활동

1) 다른 언어 기능과의 통합 활동

작문 수업에서 가장 빈번히 사용되는 언어 기능 통합 방식은 말하기와의 통합 활동이다. 쓴 내용 발표하기, 견해를 글로 쓴 후 토론하기, 자신의 경험이나 생각을 기록한 후에 서로 인터뷰하기 등의 활동이 있다.

2) 학습자의 고쳐 쓰기 활용 전략

교사가 학습자의 글에 피드백을 주었을 때 대부분의 학습자들은 실제로 그 피드백을 효과적으로 수용하지 못한다. 따라서 교사는 학습자가 교실 밖에서 이를 활용할 수 있도록 방법을 제시해야 한다. 교사의 피드백을 활용하는 학습자 전략으로는 다음과 같다.

- 여러 번 반복해서 읽거나 써 보기.
- 수정 내용을 작문 노트에 메모하고 암기하기.

- 문법서나 참고 자료 등을 활용하여 확인하고 메모하기.
- 주위 한국 사람들에게 물어보기.
- 지적받은 내용을 스스로 고쳐보기.
- 교사의 코멘트에 해당하는 부분을 교정하여 다시 쓴다.
- 이전의 작문에 적용하여 수정한다.

5 정리

　쓰기는 학습자의 언어 지식과 능력을 사용하여 일관성 있고 창조적인 글을 구성함으로써 자신의 생각과 경험 등을 표현하는 통합적인 의사소통 과정이다. 즉, 쓰기 과정은 학습자가 목표를 설정하고, 그 목표를 잘 전달하기 위하여 내용과 방법을 구성하고 조직하는 전략적 과정이다.

　쓰기 교육은 학습자의 사고력 및 창의성, 지적 능력 등과 밀접한 관계가 있기 때문에 단기간에 향상될 수 있는 언어적 기술이 아니다. 또한 교육하는 과정에는 많은 시간이 걸리고, 더군다나 쓰기가 언어의 중심 기능이 아닌 다른 영역을 보조하고 강화하는 보조적 언어 기능이라는 인식이 아직 남아 있기 때문에 실제 교육 현장에서는 자주 배제되고 숙제로 돌려지는 경향이 있다. 그러나 학습의 단계가 이루어질수록 쓰기의 필요성은 더욱 강조되고 있는 실정이다. 특히 학문 목적 유학생의 경우 대학 내에서 강의 노트 적기, 발표 준비, 레포트 제출하기 등의 과제에 바로 직면하게 되며, 아무리 말하기에 능숙한 외국인일지라도 철자와 문법 구조가 부족한 글을 썼을 때 그의 언어적 능력을 다시 보게 되는 예들은 한국어 학습에서 쓰기 교육이 체계적으로 이루어져야 함을 의미한다. 이를 위해 쓰기 교육은 최종 쓰기 결과물로 나아가는 쓰기의 과정에 초점을 두고, 학습자들이 실제 의사소통 상황에서 수행할 가능성이 높은 과제를 중심으로 쓰기 교육을 실시하여야 한다. 또 통제된, 유도된 쓰기를 통하여 학습자로 하여금 어휘, 문장, 문법 구조의 정확성을 확립시켜주는 것도 결코 간과해서는 안 된다. 무엇보다 한국어 쓰기 교육의 효과를 극대화하기 위해서 다른 언어 기술과의 통합 교육 연구, 쓰기 전략 연구, 학문 목적 쓰기 연구 등 다양한 연구가 선행되어야 할 것이다.

참고문헌

강승혜 외 공저(2006), 한국어 평가론, 태학사.

권오량 외 공역(2001), 원리에 의한 교수-언어 교육에의 상호작용적 접근법, Pearson Education Korea.

_____(2004), 외국어 학습 이론, 한국어교육(1), 서울대학교 사범대학 한국어교육 지도자과정.

김영만(2005), 한국어 교육의 이론과 실제, 도서출판 역락.

김정숙(1999), 담화 능력 배양을 위한 외국어로서의 한국어 쓰기 교육 방안, 한국어교육 Vol 10, No 3, 국제한국어교육학회.

_____(2004), 한국어 읽기·쓰기 교재 개발 방안 연구-교수요목의 유형과 과제 구성을 중심으로-, 한국어교육 Vol 15, No 3, 국제한국어교육학회.

박영순(2002), 외국어로서의 한국어 문법교육론, 박이정.

방영주 역(2002), 외국어 교육의 교수 기법과 원리, 동인.

서강한국어 5B(2007), 서강대학교 한국어교육원.

손연자(1996), 한국어 글쓰기 교육의 실태와 방안, 새국어생활 6-2, 국립국어연구원.

송민영(2009), 학문 목적 한국어 학습자를 위한 절충식 보고서 쓰기 지도 방안-요약하기 전략을 중심으로- 인하대학교 석사학위 논문.

이미혜(2006), 한국어 읽기·쓰기 교육, 이화여자대학교 언어교육원.

이흥수 외 공역(2001), 외국어 학습·교수의 원리, Pearson Education Korea.

인하한국어 1(2009), 인하대학교 언어교육원.

인하한국어 2(2009), 인하대학교 언어교육원.

임병빈 역(1998), 언어교수 방법론, 형설출판사.

_____ 외 공역(2004), 교사를 위한 영어교육의 이론과 실제, 경문사.

임화정(2008), 과제 중심의 한국어 말하기 교육에 관한 실태 및 지도방안, 인하대학교 석사학위 논문.

한국어 초급Ⅰ, 경희대학교 국제교육원 한국어교육부.

한재영 외 공저(2004), 한국어교수법, 태학사.

허 용 외(2006), 언어교수 이론과 한국어 교육, 한국문화사.

Brown(1994), Teaching by principles, Prentice Hall Ins.

_____(1994), Principles of Language Learning and Teaching. Longman.

_____(2001), Teaching by principle: An introductory approach to language pedagogy. Second Edition, Longman.

Kaplan, R. B.(1966), Cultural thought patterns intercultural education, Language Learning 16:1-20.

Willis(1996), A framework for task-based learning. London, Longman.

<참고자료>
인하대학교 한국어 강좌 평가 문제지(2008~2009), 초급, 중급, 고급

한국어능력시험 쓰기 평가 연구
문제 유형별 난이도 분석을 중심으로

 한국어능력시험의 실태와 연구방법

1997년 시작된 한국어능력시험(TOPIK; Test of Proficiency in Korean)[1]이 올해로 시행 14년째를 맞이하였다.

한국어능력시험은 지난 13년 동안 내부적으로 꾸준한 변화를 겪으면서 발전해 왔다. 연 1회 실시되던 한국어능력시험은 2007년부터 연 2회로 확대 시행 되면서 한국어능력시험에 응시하는 수험자 수를 기하급수적으로 증가시켰다. 이러한 변화가 생기게 된 것은 한류 열풍이라는 영향도 있겠지만, 한국어 학습을 희망하는 학습자나 현재 학습하고 있는 학습자에게 맞춤형 한국어 교재 및 다양한 한국어교육 콘텐츠가 제공되었기 때문으로 보인다.

그러나 이러한 국내·외적 성과와 발전에도 불구하고 한국어능력시

1) 한국어능력시험의 영문 명칭은 2005년 1월에 기존 KPT(Korean Proficiency Test)에서 TOPIK(Test of Proficiency in Korean)으로 변경되었다.

험의 타당도·신뢰도·실용도에 대한 논란은 계속 되고 있다. 매년 한국어능력시험을 실시할 때마다 실태를 진단하고 그 문제점을 분석하여 한국어능력시험 평가 체제와 문항 개발에 대한 발전 방향이 모색하고 있으나, 그 대책은 아직 미흡한 실정이다.

한국어능력시험의 궁극적인 목적은 한국어 학습자가 자신의 의사소통능력이 어느 정도인지 확인할 수 있도록 하는데 있다. 따라서 본 연구에서는 한국어 의사소통능력의 개념과 이를 평가하기 위한 요건, 그리고 한국어능력시험의 한 영역인 쓰기 평가의 범주와 내용을 살펴보고자 한다. 그리고 2007년에 시행된 제11회(상반기)와 제12회(하반기) 한국어능력시험 쓰기 평가2)의 문제 유형을 살펴보고, 이 평가지로 모의시험을 실시함으로써 평가 결과에 대한 통계적 분석을 시도해 봄으로써, 한국어능력시험의 발전 방향을 제안해 보고자 한다. 이를 통해 한국어능력시험의 개선과 쓰기 평가의 신뢰성과 타당성을 높일 수 있는 방안을 모색해 볼 수 있을 것이다.

----

2) 본 연구는 2008년 3월에 진행되어 부득이하게 연구의 범위를 2007년에 시행된 제11회와 제12회 한국어능력시험에 국한하였다.

2 한국어 의사소통 능력과 평가

2.1. 한국어 의사소통 능력의 개념

언어 능력과 의사소통 능력에 대한 개념 정의는 학자와 시대 흐름에 따라 조금씩 달라져 왔다. 언어 능력과 언어 수행을 구분한 Chomsky (1965)는 언어 능력을 '완전히 동질적인 언어 사회 내에서 작동하는 이상적인 화자와 청자간의 언어지식'이라 정의하면서 언어 능력 이론을 언급했다.

사회언어학자인 Hymes(1971)는 Chomsky의 언어 능력은 의사소통을 위한 여러 가지 변인들을 포괄하지 못하고 너무 제한적이라고 지적하면서 언어의 의사소통적 관점에서 '의사소통 능력'이라는 용어를 만들고, 의사소통 능력은 한 발화 공동체에서 유능하게 의사소통하기 위해서 화자가 알아야 하는 것이라고 정의하였다. 또한 '의사전달 능력'이란 문법지식, 심리 언어적인 인지능력, 언어의 사회적인 의미의 이해력, 그리고 실제로 그 사회나 그 환경에서 그와 같은 언어의 사용이 가능한가에 대한 지식 등이 통합되어야 한다고 주장하였다.

이후 Halliday(1978)를 거쳐 Savignon(1983)은 '의사소통 과정'을 '표현과 통역과 협상의 계속적인 과정'이라고 보았다. 이는 의사소통 능력을 타인과 지속적으로 의미를 공유하는 의사소통 과정에 관여하는 모든 유형의 언어 능력이라고 정의한 것으로 볼 수 있다.

최근에 의사소통 능력에 관하여 분석적으로 접근한 사람은 Canale과 Swain(1980)이다. Canale과 Swain은 의사소통 능력을 <표 1>과 같이 4가지 하위범주로 분류하였는데, 언어체계의 사용에 대한 것으로는 '문법적 능력'과 '담화적 능력'으로, 의사소통이라는 기능적 양상에 관련된 것으로는 '사회언어학적 능력'과 '전략적 능력'으로 구분하였다.

<표 1> Canale과 Swain의 의사소통능력의 구성요소3)

문법적 능력 (grammatical competence)	어휘에 대한 지식과 형태론적, 통사론적, 의미론적, 음운론적 규칙에 관한 지식을 포함하는 의사소통능력. 즉, 어휘, 발음, 규칙, 철자법, 단어 형성, 문장 구조 등의 언어학적 기호를 정확히 사용하여 문법적으로 올바른 문을 생성해 내는 능력을 말한다.
담화적 능력 (discorse competence)	여러 측면으로 문법적 능력을 보충해 주는 능력. 형태적인 응집성(cohesion)과 내용상의 일관성(coherence)을 이루기 위해 아이디어를 조직하는 능력. 문법적 능력이 문장 단위의 문법을 다루는 것이라면, 담화적 능력은 문장 사이의 상호 관계와 연관된 것이다.
사회언어학적 능력 (sociolinguistic competence)	언어와 담화의 사회 문화적 규칙에 관한 지식으로 '언어가 사용되고 있는 사회적 상황'에 대한 이해로, 사회적 상황이란 언어를 사용하는 사람들이 맡은 역할, 이들이 공유하는 정보, 이들 간에 이루어지고 있는 상호작용을 말한다.
전략적 능력 (strategic competence)	언어 수행상의 변인이나 불완전한 언어 능력 때문에 의사소통이 중단되는 경우 이를 보완하기 위해 사용하는 언어적 비언어적 의사소통 전략 → 의역하기, 우회적 화법, 반복, 머뭇거림, 회피, 추측 등을 사용하여 지속적인 의사소통을 가능하게 하는 능력 등을 말한다.

이 모형은 Bachman(1991)에 의하여 다시 정교화되었다. 이는 언어 능력을 문장단위의 규칙(문법적 규칙)과 문장의 '연결 관계'를 지배하는 규칙(담화적 능력)을 모두 포함하여 우리가 사용할 언어 형식을 결

3) <표 1>은 강승혜(2000)의 연구를 참조하였다.

정하는 모든 규칙을 말하는 '조직적 능력'과 언어의 기능적 측면과 관
련되는 언표내적 능력과 공손함, 격식, 은유, 언어사용역, 언어 사용의
문화적 측면 등과 관련되는 사회 언어학적 능력을 포함하는 '화용적
능력'으로 구분한 것이다.

　　Bachman(1990), Bachman and Palmer(1996)는 인간이 가진 '의사소통
적 언어능력(Communicative Language Ability)을 인간이 자신의 생각
을 표현하고 상대방의 생각을 이해하는 능력으로 보았다. 이 능력은 필
요한 기초적인 지식을 습득하고 이를 활용하며 창조할 수 있는 능력을
필요로 한다. 따라서 의사소통적 언어 능력은 언어적 능력(linguistic
competence), 전략적 능력(strategic competence), 심리생리학적 기제
(psychophysiological mechanisms)로 나눌 수 있으며, 이들은 각각의
단순한 총합이 아니라 유기적이고 복합적인 총체로 이해할 수 있다.

　　그러나 기본적으로 외국어로서의 한국어교육에 있어서의 '한국어 의
사소통 능력(Communicative Ability in Korean Language)'은 모국어
화자의 일반적인 의사소통적 언어 능력과 차이를 보이기 때문에 기존
의 의사소통적 언어 능력에 대한 논의와는 달라야 할 것으로 보인다.
외국어로서 한국어를 학습하는 초기의 학습자는 단지 언어를 사용할
수 있는 기본적인 의사소통적 언어 능력만을 지녔을 뿐이기 때문에 학
습을 통한 한국어에 대한 지식(knowledge)이 결합되었을 때라야 비로
소 한국어로서의 의사소통이 가능해지기 때문이다. 즉, '한국어 의사소
통 능력'은 Bachman, Bachman and Palmer가 언급한 일반적인 '의사
소통적 언어 능력(Communicative Language Ability)'에서 한국어를 사
용하기 위해 필요로 하는 지식을 습득하거나 학습하고 이를 활용하여
자신의 생각을 구체적으로 표현하고 한국어를 사용하는 타인의 생각
을 이해할 수 있는 능력이라고 전환하여 생각해 볼 필요가 있다.

김유정(2002)은 이와 관련하여 '한국어 의사소통 능력'은 기본적인 '의사소통적 언어능력'에 학습을 통한 한국어에 대한 정보, 즉 지식 (knowledge)이 결합하여 '의사소통적 언어능력'의 언어학적 능력의 하위 구성 요소인 능력(competence) 또는 감각(sensitivity)의 용어들을 모두 지식(knowledge)으로 바꾸고 그 하위 구성요소를 <표 2>와 같이 구성해야 한다고 제시했다.

<표 2> 한국어 의사소통 능력

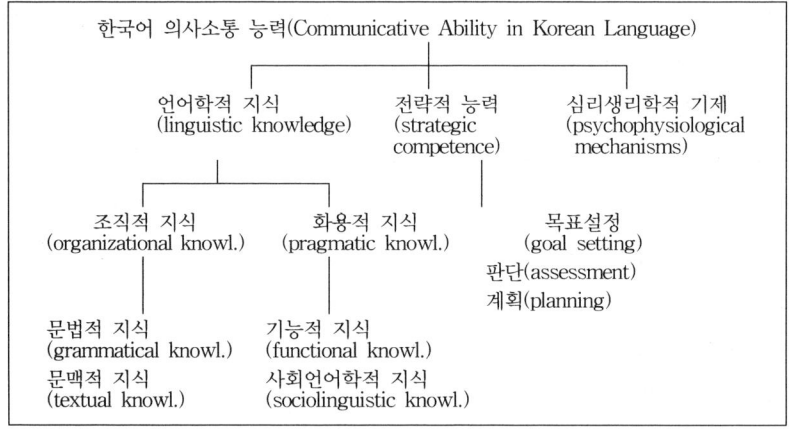

<표 2>를 바탕으로 한 김유정의 논의는 '한국어 의사소통 능력'은 한국어를 사용하여 의사소통하는 데에 필요한 '문법적 능력, 사회언어학적 능력, 담화적 능력, 전략적 능력'을 포함하는 언어 능력으로서, 한국어를 구성하는 기본적인 항목들에 대한 지식이 전략적인 능력과 심리생리학적 기제가 함께 복합적으로 작용하여야만 한국어 의사소통이 가능하다고 본 것이다. 전략적인 능력은 한국어를 사용하는 외국 화자나 청자의 실력에 따라 모국어로서 가능하거나 혹은 한국어를 사용한

사고 작용으로서도 가능하다. 반면 심리생리학적 기제는 모국어 화자가 갖는 단순한 기제 이상의 것으로, 신경 심리 언어학자들은 어떻게 두뇌로부터 언어가 생성되며 어떻게 두뇌에 의해 언어가 통제되고 있는지에 관심을 두고 있다. 특히 이중언어를 사용하는 학습자들의 두뇌 작용은 언어 능력의 성패와도 관련이 크기 때문에 '한국어 의사소통 능력'에 있어서 심리생리학적 기제는 여러 언어를 사용하게 하는 두뇌의 신경작용과 신체적 기제에 초점을 두는 것으로 결코 소홀히 할 수 없는 것이라 하겠다.

기존의 의사소통적 언어 능력에서 한국어 의사소통 능력을 구체화시킨 이와 같은 견해는 한국어를 학습하는 학습자의 의사소통 능력을 평가하는 목표와 평가 영역 및 내용을 설계하고 개발하는 과정에서 아주 중요한 역할을 담당한다고 하겠다. 한국어 의사소통 능력이 지닌 독자적 특성을 언어적 능력, 담화적 능력, 사회언어학적 능력, 전략적 능력의 측면에서 살펴 각 등급의 학습 목표를 설정하게 되면, 한국어 의사소통 능력의 평가 목표와 영역 및 내용에 대한 설계가 구체적으로 제시될 수 있기 때문이다.

2.2. 한국어 의사소통 능력 평가의 요건

Morrow(1979)는 언어 기능에 대해 '전체란 부분의 합이상인 것'이라고 말하면서, 평가의 단편성·부분성보다는 평가의 통합성·전체성을 주장하면서, 의사소통적 언어 평가가 갖추어야 할 요건을 다음과 같이 일곱 가지로 정리하였다.

첫째, 모든 평가문항에는 상황(context)이 주어져야 한다. 의사소통이 이루어지는 상황 없이는 언어 사용이 이루어질 수 없고, 같은 내용의 언어라도 상황에 따라 의미가 다를 수 있기 때문에 의사소통적 언어 평가에는 상황이 주어져야 하고 상황에 따른 평가가 되어야 한다.

둘째, 평가에 사용되는 언어가 실제 언어가 실제 언어 사용어와 같은 진실성(authenticity)이 있어야 한다. 의사소통적 언어 평가에서는 학습자들이 실제로 언어를 사용하는데 필요한 능력을 평가해야 하므로 학습자들의 입장에서 현재나 미래에 전혀 사용할 것 같지 않은 내용이나 언어 기능을 평가하지 말아야 한다.

셋째, 의사소통적인 언어평가는 비예측적인(unpredictable) 성격을 지닌다. 실제 언어 사용 상황에서는 요구되는 행위는 항상 예측 가능한 것이 아니므로 이러한 능력을 평가하고자 하는 의사소통적 언어 평가는 학습자에게 정형화된 응답을 요구하는 문항이 되어서는 안 된다.

넷째, 학습자들의 의도와 필요를 의도적으로 파악하여 평가 내용에 반영해야 한다. 이것은 평가의 과정이 학습자들의 목적이나 기대에 부합하여야 한다는 것으로 학습자들의 한국어 의사소통 능력을 향상시키기를 원한다면 평가 역시 의사소통 능력 향상에 목적을 두어야 한다.

다섯째, 언어의 수행을 직접적인 방법으로 측정해야 한다. 의사소통은 정보나 지식을 전달하고 받아들이는 것을 목적으로 하므로 학습자들이 실제로 의사소통을 할 수 있는가를 언어 사용 행동에 근거한 수행을 통하여 직접적으로 평가하여야 한다.

여섯째, 평가의 목적은 준거 지향적(criterion-referenced)이어야 한다. 의사소통적 언어평가의 궁극적인 목적은 학습자들이 실제로 언어를 사용하여 의미 있는 의사소통을 할 수 있는가와 없는가, 또 할 수 있다면 어느 정도 할 수 있는가를 파악하는데 있는데 있기 때문에 절대적인 준거에 의하여 평가하고자 한다.

일곱째, 주로 과제에 근거한(task-based) 평가가 되도록 한다. 언어를 통한 의사소통이란 학습자들이 언어의 여러 가지 기능을 담고 있는 특정한 과제들을 수행해 나갈 때 이루어질 수 있기 때문에 의사소통적 언어 평가는 대개 과제를 통하여 이루어진다. 따라서 정답과 오답에 대한 양적인 평가보다는 과제 수행 과정과 결과에 대한 질적인 평가를 주로 해야 한다.

이와 같은 평가 요건은 한국어 의사소통 능력을 평가하는 문항을 만들거나 평가를 시행함에 있어 평가 내용 및 방법의 적절성에 대한 점검을 하고자 할 때 꼭 살펴보아야 할 것이다.

일반적으로 의사소통적 평가는 실제 언어 사용 상황에서 의사소통 능력을 측정하는 것을 중심으로 하는 평가를 지향한다. 그러므로 한국어 학습자가 실생활 속에서 겪게 되는 일에 가능한 한 밀착시켜(한국어 형태의 정확성보다는 한국어를 사용한 의사소통의 효율성으로) 학습의 성패를 판단하여야 할 것이다. 또한 한국어의 학습결과와는 무관하게 학습자가 교실 내에서 자유롭게 언어능력을 형성해가는 과정을 관찰하여 평가하는 일도 중요하겠다. 따라서 한국어 의사소통 능력 평가는 양적 평가보다는 질적 평가가 이뤄져야 할 것이며, 규준지향 평가보다는 준거지향 평가가 되어야 할 것이다. 1990년대 이후부터 구체적인 상황 하에서 학습자의 실제 의사소통 능력과 문제해결 능력 등을 지속적인 시간을 두고 다양한 방법으로 측정하는 방법이 연구되어 오고 있다는 사실을 감안해 볼 때, 이와 같은 평가방법은 앞으로 한국어 학습자를 평가함에 있어 지향해 가야할 방식이라 할 수 있겠다.

3 한국어능력시험의 쓰기 평가

3.1. 쓰기의 개념과 특징

진대연(2003)은 Dvorak의 말을 인용하여 '쓰기는 생각을 종이에 옮기는 모든 다양한 활동들로, 형태에 초점을 둔 '전사(transcription)'와 생각의 효과적 전개 그리고 의사소통에 초점을 둔 '작문(composition)' 모두를 포함한다.'고 하여 단순한 쓰기에서 작문에 이르기까지 다양한 활동의 연속체를 쓰기로 정의하였다. 즉 쓰기는 부분적인 쓰기에서 전체적인 쓰기에 이르기까지 생각을 문자언어로 옮기는 것이라고 보았다.

한국어교육에서는 이런 쓰기의 개념에 대해 국내의 많은 연구자들은 다소 다른 의견들을 보이고 있는데, 이를 정리하면 <표 3>과 같다.[4]

----

4) 강승혜(2002)는 쓰기 개념과 관련하여 국내 연구자들의 정의를 정리하였으며, 진대연(2003)이 이를 다시 평가하여 정리한 바 있다. 본고에서는 진대연의 연구 결과를 본 연구에 맞게 재정리하고자 한다.

<표 3> 쓰기의 개념

연구자	쓰기의 기능적 개념 정의
김유정 외 (1998)	쓰기는 한국어 자모의 올바른 사용과 어휘와 문법적 지식을 사용해서 자신의 생각(메시지)을 표현하는 의사소통 기술로 그 범위는 단순한 '전사'에서 좀 더 복잡한 '작문' 모두를 포함한다.
김정숙 (1999)	형태에 초점을 둔 발화의 전사로부터 자신의 생각과 감정을 효과적으로 전개하고 전달하고자 창조적으로 글을 쓰는 작문활동을 포함한다.
김정애 (2000)	문자언어를 통하여 자신의 의사를 표현하고 다른 사람들과 의사를 소통하며 의미를 발견하고 창조하는 활동이다.
김민선 (2000)	쓰기는 크게 철자법이나 문법적인 요소를 강조하는 발화의 전사로서의 쓰기(writing)와 창의적으로 자유로운 글쓰기인 작문 (composition)의 두 가지로 나누어진다.
이재승 (2002)	머릿속에서 생각하는 행위와 그것을 종이에 옮겨 적는 행위가 함께 이루어진 것이다.
여순민 (2002)	자신이 알고 있는 지식을 단순히 나열하는 것이 아니라, 글쓰기 과제를 해결하기 위해 글을 조직, 표현하는 과정이다.
강승혜 (2002)	쓰기(writing)는 글말을 통해 의사소통하는 하나의 수단으로서, 글자를 익혀 베껴 쓰는 단순한 활동 뿐만 아니라 창의적이고 효과적으로 자신의 생각과 의사를 전달하기 위한 문제 해결의 과정을 포함하는 것이라고 할 수 있다.
진대연 (2003)	쓰기는 글짓기나 작문을 포함하는 넓은 의미로서 문자 언어를 사용해 표현하는 인간의 모든 활동이나 행위, 즉 의미를 지닌 문자 텍스트의 생산이라 할 수 있다. 여기에는 의사소통, 문제의 발견 및 해결, 의미의 창조 등이 포함된다.

<표 3>에서 보는 바와 같이, 쓰기는 문자 언어를 사용한 표현하는 인간의 모든 활동으로서, 낮은 수준의 표기에서부터 높은 수준의 창조적인 글쓰기까지 포함하며 단순한 표현의 과정이 아닌 의미의 정리, 발견과 창조의 과정으로 이해될 수 있다.

이렇게 문자 언어를 사용하여 의미를 전달하는 작업인 쓰기는 문자 언어에 대한 숙달도가 필요할 뿐만 아니라 이러한 문자 언어를 통한 표현 기능도 숙달되어야만 올바른 쓰기가 이루어질 수 있을 것이다.

강승혜(2002)는 쓰기의 이런 특성에 대해 다음과 같이 정리한 바 있다.

첫째, 쓰기는 현재 글쓰기가 진행되고 있는 상황과는 다른 상황에서 그 글이 읽혀진다는 특성을 지닌다. 이로 인해 쓰기를 할 때에는 읽을 독자와 상황을 고려하는 것이 필요하다.

둘째, 한번 씌어진 글은 독자에게 전달되면 더 이상의 오류 수정이 불가능하다는 점에서 말하기보다 정확성이 더욱 요구된다.

셋째, 쓰기는 음성 언어 이외에도 몸짓이나 억양 등 여러 가지 다양한 의사 전달 수단을 활용할 수 있는 말하기와는 달리 오로지 문자만으로 자신의 의사를 전달해야 한다는 어려움이 있다.

넷째, 쓰기는 쓰기 전 작업을 통해 자신이 표현하고자 하는 내용을 미리 정리하고 준비하여 조직적으로 내용을 구성할 수 있다는 점에서 다른 사람에게 자신의 의견을 주장하거나 설득하는 것과 같은 기능을 수행하는 데 보다 효과적으로 활용될 수 있다. 쓰기의 이러한 특성은 언어의 또 다른 표현 기능인 말하기를 더 조직적으로 수행하는 데에도 매우 효과적인 수단으로 사용될 수 있다.

그러나 외국어로서의 한국어 쓰기에 있어서는 일반적인 쓰기의 특성과는 또 다른 특성들이 나타난다. 우선, 학습자들은 낯선 문자에 익숙해져야 한다는 점과 또 이러한 낯선 문자로 자신의 생각을 표현해야 한다는 점에서 부담감을 느끼기 쉽다는 점이다. 또한 오류 수정이 불가능하다는 쓰기의 특성상 내용보다는 정확성을 더 중시하게 되는 경향이 있다는 것이다. 특히 한국어와 같이 구어와 문어의 형태가 다른 경우에는 문자 언어에 상대적으로 노출될 기회가 적은 외국인 학습자들은 더욱 어려움을 겪게 된다. 마지막으로 외국어로서의 한국어 쓰기는 일반적으로 학습자들의 인지적 성숙도에 비해 학습한 외국어의 수준이 낮은 경우가 대부분이어서 자신의 생각을 자유롭게 표현하는 데 제한을 많이 받게 된다는 점이다.

이렇게 여러 가지 어려움을 지니고 있음에도 불구하고 쓰기 기능은 다른 언어 기능의 학습을 강화하고 통합해 줄 뿐만 아니라 정확한 구조와 철자 쓰기를 통해 다른 언어 기능의 발전에도 도움을 줄 수 있다는 데에서 그 중요성을 가진다. 뿐만 아니라 쓰기 활동은 의식적인 언어 발달을 가져오게 하며 학습자의 표현 능력을 신장시켜 주기 때문에 쓰기 능력의 신장은 한국어를 학습하는 학습자에게 다른 영역 못지않은 중요성을 지닌다고 하겠다.

3.2. 한국어 쓰기 평가의 범주

국외의 학자들이 제시한 제2언어 쓰기 평가 범주는 <표 4>와 같다.[5]

<표 4> 제2언어 쓰기 평가의 범주

학 자	평가 범주
Murray (1983)	의미/내용, 권위/주제지식, 목소리/주장, 전개, 설계(형태, 구조, 순서, 초점, 응집성, 완결감), 명확성
Richards (1990)	응집성- 전개, 연속성, 균형, 완결성 + 담화의 다양한 유형 응결성- 지시, 대치, 생략, 접속, 어휘

---

5) 진대연(2004)에 이와 관련한 논의가 되어 있다.

Weir (1990)	관련성 및 내용의 적절성, 작문의 조직, 응결성, 목적에 따른 어휘의 적절성, 문법, 표기의 정확성 I (구두점), 표기의 정확성 II(맞춤법)
H.D.Brown (1994)	내용, 조직, 담화, 통사, 어휘, 표기
Tribble (1996)	과제 수행/내용, 조직, 어휘, 언어/문법, 표기
TOEFL (1998)	과제 처리, 조직과 전개, 뒷받침 문장의 사용, 언어 사용의 능숙함, 통사적 다양성과 어휘 선택 (*총체적 평가 지침)
Douglas (2000)	언어지식- 문법적 지식, 텍스트적 지식, 기능적 지식, 사회언어학적 지식 전략적 능력- 평가, 목표 설정, 계획, 실행의 제어 (*언어 능력의 구성 요소)
Weigle (2002)	내용, 조직, 어휘, 언어 사용/문법, 표기 (*분석적 채점 척도)

<표 4>의 내용을 살펴보면 공통적인 쓰기 평가의 항목에서는 글의 내용, 조직, 담화, 어휘, 문법, 표기 등이 언급되었음을 확인할 수 있다. 그러나 실제로 한국어 쓰기 평가에서는 채점의 과정에서 문법적 지식과 표기 등이 강조되는 면이 있어 종종 학습자의 쓰기 능력 가운데 내용 생성 능력이나 조직 능력 등이 평가의 기준이 되는 대신에 단어의 활용, 문법적 지식, 표기만이 평가되기도 한다. 이와 같은 평가상의 문제점은 한국어 쓰기 평가의 범주와 평가 항목이 구체적으로 체계화되어야 해결될 수 있다.

앞서 논의된 Canale과 Swain의 '의사소통 능력의 구성요소'를 바탕으로 하여, 한국어교육에서의 쓰기 능력 평가의 범주는 문법적 능력, 담화적 능력, 사회언어학적 능력, 전략적 능력과 관련한 4가지 범주로 나누어 살펴볼 수 있을 것이다. 이와 관련하여 강승혜(2002)는 <표 5>

와 같이 한국어 쓰기 능력 평가 범주와 평가 항목을 구체화하였다.6)

<표 5> 한국어 쓰기 평가의 범주와 평가 항목

쓰기 평가의 범주		평가 항목
문법적 능력	맞춤법	기초적인 한글 자·모 쓰기, 맞춤법의 정확한 사용
	어휘 사용 능력	학습자 수준에 적절한 어휘의 정확한 이해와 활용 능력
	문법 활용 능력	학습자 수준에 맞는 문법 활용 능력과 담화 상황에 맞는 적절한 사용 능력
담화적 능력	담화 구성 능력	문장, 대화, 담화 상황에서 내용의 긴밀한 연관성과 일관성을 유지하는 능력
	수사적 조직 능력	글의 특성에 따른 내용 조직 전개 방법과 관련된 수사적 조직 능력(서론, 본론, 결론에 따른 구성 등)
	구조적 긴밀성	특수한 담화 장치들의 적절한 활용(그러므로, 따라서, 반면에 등)
사회언어학적 능력		경어법의 사용 등과 같은 사회 문화적 기능의 활용과 메모나 일상적 글쓰기, 주장이나 반론하기 등 평가에서 요구하는 기능을 수행하는 능력
전략적 능력		주어진 과제 해결을 위한 전략 활용 능력

<표 5>에서 살펴볼 수 있듯이, 문법적 능력의 평가는 문자에 대한 정확한 사용에 관한 맞춤법, 어휘의 적절하고 정확한 활용능력에 관한 어휘사용 능력, 자신이 표현하고자 하는 의사를 전달하기 위해 적절하게 문법을 활용하는지에 대한 능력 등을 평가해야 한다. 담화적 능력의 평가는 글쓰기 상황에서 내용을 얼마나 정확하고 논리적으로 일관

....
6) 김유정 외(1998)에서는 평가 범주로 맞춤법, 어휘력, 문법력, 형식적 결합력, 내용성 긴밀성, 사회언어학적 기능 수행력, 정확성, 유창성, 전략적 능력 등의 아홉 가지 평가 항목들을 제시하였는데, 이 중 전략적 능력의 평가 항목을 제외하고는 쓰기 결과물의 내용, 즉 결과 중심적 평가라고 할 수 있다.

성 있게 구성하는지와 관련된 능력과 텍스트의 전개방법에 관한 능력, 문장들 간의 관계를 분명하고 정확하게 생성해 내는 것과 관련한 구조적 긴밀성에 관한 능력, 특수 담화 장치들의 적절한 활용능력 등을 평가해야 한다. 사회언어학적 능력의 평가는 글쓰기 상황과 관련하여 평가가 요구하는 상황에 맞게 글쓰기가 이루어졌는지를 평가하는 것으로 경어법의 사용, 사회 문화적 기능의 활용, 일상적 글쓰기를 비롯한 기능적 글쓰기의 수행능력 등을 평가해야 한다. 마지막으로 전략적 능력은 의사소통의 효율성을 높이거나 의사소통에서 장애가 발생할 경우 이를 보상 또는 회피하기 위해 사용되는 전략 활용능력이나 특정 과제 해결을 위한 전략 활용능력 등을 평가해야 한다.

이상의 내용을 바탕으로, 한국어교육에서의 쓰기 능력 평가는 문법적 능력, 담화적 능력, 사회언어학적 능력, 전략적 능력과 관련한 4가지 범주 안에서 문법적 정확성이나 어휘의 선택만을 중시하는 평가에서 벗어나 학습자의 실제적인 언어사용 능력을 총체적으로 평가할 수 있도록 이뤄져야 할 것이다.

3.3. 한국어능력시험 쓰기 평가의 내용

한국어능력시험의 평가 범주가 기능, 소재, 언어, 담화[7]인 데 반해, 쓰기 영역에서의 평가 내용은 숙달도별 쓰기 목표, 기능과 소재, 텍스트 유형으로 구성되어 있다. 강승혜(2002)는 이러한 쓰기 평가의 목표와 내용을 <표 6>과 같이 초급·중급·고급으로 정리하였다.

....

7) 김왕규 외(2001)에서는 '기능'을 의사 소통의 목표로, '소재'를 처리하고 생산할 수 있는 의미 내용으로, '언어'를 맥락과 격식에 따라 형식적·의미적으로 적절한 언어의 이해와 생산으로, '담화'를 담화의 단위 및 유형으로 이해하였다.

<표 6> 초급 쓰기 평가의 목표 및 내용

분 류		내　　용		
		초급	중급	고급
평가의 목표		- 외운 문장을 이용하거나 문장의 기본 구조를 이해하여 간단한 문장을 생성할 수 있다. - 맞춤법의 기번 원리에 맞춰 글자를 쓸 수 있다. - 자주 쓰이는 문장의 종결형과 연결형을 사용하여 간단한 문장을 구성할 수 있다. - 일상생활에서 요구되는 평이한 대화나 생활문을 쓸 수 있다. - 자주 접하는 실용문을 작성할 수 있다.	- 일상생활과 관련된 친숙한 소재에 관해서 정확하고 유창하게 글을 쓸 수 있다. - 생활과 밀접한 관련이 있는 사회적 소재에 대헤서도 어느 정도 글을 쓸 수 있다. - 표현할 수 있는 추상적 소재의 범위가 넓어지며 보다 정확하고 유창하게 표현할 수 있다. - 업무 환경에서 요구하는 일반적인 글쓰기 기능을 부분적으로 수행할 수 있다.	- 정치, 경제, 사회, 문화 전반에 걸친 친숙하지 않은 주제에 관해 표현할 수 있다. - 자신의 전문 분야에서 요구되는 글쓰기 기능을 부분적으로 수행할 수 있다. - 논증이나 추론 과정을 거쳐 자신의 주장을 논리적으로 펴는 글을 쓸 수 있다.
평가의 범주	주제 및 소재	- 자신, 일상생활, 물건, 장소, 위치, 시간, 음식, 취미, 교통, 운동, 가족, 쇼핑, 날씨, 집, 약속, 편지, 옷, 전화, 우체국, 은행, 여행, 계획, 감정	- 가족, 직업, 쇼핑, 근황, 여행, 계획, 친구, 학교생활, 직장생활, 사건, 사고, 모양, 외모, 복장, 성격, 사회, 문화, 경제, 언어, 유행, 교육, 인간	- 업무, 사건, 사고, 사회, 문화, 경제, 언어, 교육, 과학 인간, 사랑, 가치관, 성, 문화 비평, 의학 기술, 정치 구조, 경제 현상, 제도, 관념
	기능	- 기본적인 문장 구성하기 - 간단한 대화 구성하기 - 매우 간단한 실용문 쓰기 - 간단한 설명문 쓰기 - 자기 소개하기, 묻고 대답하기, 물건 사기, 주문하기, 위치 표현하기, 시간 표현하기, 일상생활 표현하기	- 일상생활과 관련된 대화나 실용문을 유창하고 정확하게 쓰기 - 친숙한 사회적 소재로 대화 구성하거나 글쓰기 - 간단한 논리적 글쓰기 - 하나의 의미를 다양한 방법으로 표현하기 - 설명하기, 기술하기, 묘사하기, 비교하기, 후회	- 격식에 맞는 문체와 어휘를 사용해서 글쓰기 - 다양한 표현법 중 적절한 표현 선택해서 글쓰기 - 한국어 담화 구조에 맞춰 글쓰기 - 요약하기, 의견 주장하기, 비판하기, 가설 뒷받침하기, 서류와

	- 요청하기, 명령하기, 설명하기, 비교하기, 제안하기, 동의하기, 거절하기, 허가하기, 추측해서 표현하기, 메모하기	표현하기, 가정 표현하기, 우려 표현하기, 설명문 쓰기, 안내문 만들기, 기사 작성하기	보고서 - 사회 현상을 표현하는데 필요한 추상적인 어휘
어휘 및 문법	- 생존에 필요한 기본 어휘 (일상생활의 기본적인 어휘, 사물 이름, 위치, 수와 셈, 기본적인 동사/형용사 등) - 일상생활에서 자주 접하는 화제나 소재와 관련된 어휘 (물건사기, 음식 주문하기 등과 관련된 어휘) - 공공시설 이용시 자주 사용되는 기본 어휘 - 한국어의 기본 문장 구조와 기초적인 문법 규칙 (기본적인 문장 구조, 문장의 종류, 의문사, 기본 조사, 기본적인 연결 어미, 기본적인 보조 동사, 관형형, 기본 시제, 불규칙 활용, 부정문 등)	- 일상생활에서 사용되는 대부분의 어휘 - 업무나 사회 현상과 관련된 기본 어휘 - 일상생활에서 비교적 자주 접하는 추상적인 소재 관련 어휘 - 비교적 빈번하게 접하는 공식적인 상황에서 필요한 어휘 (직장 생활, 병원 이용, 은행 이용 등) - 기본적인 한자어 - 뉴스 등에 자주 등장하는 어휘 - 빈도가 높은 관용어와 속담 - 복잡한 의미를 갖는 조사 - 복잡한 의미나 체계를 갖는 연결 어미, 보조 용언 - 논리적인 서술이나 표현에 필요한 문법 표현·문단 구성하기	- 직장에서의 특정 영역과 관련된 어휘 - 세부적인 의미를 표현하는데 필요한 어휘 - 널리 알려진 방언, 자주 쓰이는 약어, 은어, 속어 - 대부분의 시사용어 - 사회의 특정 영역에서 쓰이는 외래어(이데올로기, 매스컴 등) - 다양한 상황에서 사용되는 복잡한 의미를 갖는 속담이나 관용어 - 전문적인 용어에서 사용되는 문법 표현 작성하기, 번역하기
텍스 트 유형	- 문장, 문장의 연쇄 - 대화문, 서술문, 실용문, 설명문, 메모, 편지, 서식, 안내문, 광고문	- 문장의 연쇄 문단 - 대화문, 서술문, 실용문, 설명문, 메모, 편지, 서식, 안내문, 광고문, 기사, 감상문, 서평	- 문장의 연쇄, 문단 - 대화문, 서술문, 설명문, 논설문, 편지, 안내문, 광고문, 기사, 서평, 수필, 소설, 시

초급 쓰기 평가에서는 기본적인 간단한 문장을 생성할 수 있는 능력을 측정한다. 즉 한국어의 기본적인 음운을 맞춤법에 맞게 쓸 수 있으

며, 기본 어휘와 문법 규칙을 활용하여 일상생활에서 필요한 간단한 대화문이나 생활문 등을 생성해 낼 수 있는지 등이 평가의 목표 및 내용이 된다.

중급 쓰기 평가에서는 초급의 목표에서 좀 더 발전된 형태로 보다 정확하고 유창한 쓰기 능력을 측정한다. 중급 쓰기 평가에서는 일상생활과 관련된 쓰기 뿐만 아니라 사회적 소재와 관련된 쓰기, 그리고 간단하나마 자신의 생각을 논리적으로 표현하는 것과 같은 보다 다양한 기능의 쓰기로 그 목표와 내용이 확대된다. 텍스트 유형도 더욱 다양해졌다.

고급 쓰기 평가에서는 정치, 경제, 사회, 문화 전반에 걸친 전문적인 분야와 관련된 주제들을 글로 표현할 수 있는 능력을 측정한다. 또한 자신이 표현하고자 하는 내용을 다양한 문법과 어휘를 활용하여 논리적으로 격식에 맞게 표현하는 능력 등이 평가된다. 여기에서는 보다 시사적이고 추상적이며 복잡한 의미를 갖는 어휘와 문법의 사용이 평가의 목표 및 내용이 된다.

이러한 평가 범주와 평가 내용은 실제 한국어교육 쓰기 평가에서의 과정 중심 쓰기 평가를 고려하지 못한다는 한계점을 지니고 있다. 그러나 한국어능력시험이 측정 대상이 광범위하고 시험의 성격이 숙달도 평가라는 점에서 한국어를 공부하는 학생들이 최종적으로 도달해야 하는 구체적인 방향을 제시해 줄 수 있으리라고 본다.

4 쓰기 평가 문제 유형별 난이도 분석

본 장에서는 설문 조사를 통해 한국어능력시험과 쓰기 평가, 그리고 문제 유형에 대한 수험자의 반응을 살피고, 수험자가 실제로 어려워하는 쓰기 평가의 문제 유형을 알아보고자 한다. 따라서 동일한 문제 유형으로 구성된 2회분의 한국어능력시험의 쓰기 평가지를 가지고 모의시험을 실시하여 문제 유형에 따른 수험자의 난이도를 살펴보고, 수험자의 설문조사의 반응과의 상관성을 살펴 한국어능력시험 쓰기 평가에 대한 개선방안을 제시하고자 한다. 이와 같은 연구는 한국어능력시험에 관한 수험자의 반응 점검과 함께 한국어능력시험이 수험자들에게 미치는 영향을 객관적으로 관찰할 수 있는 실증적 자료를 제공할 수 있으리라 본다.

설문 조사는 한국어능력시험 제11회와 제12회의 모의시험을 치른 수험자들의 한국어능력시험에 대한 인식을 살피고, 쓰기 평가와 그 문제 유형에 대한 수험자의 반응을 살피는 문항을 강화하여 제작하였다.

모의시험은 1주일에 20시간씩, 1학기 10주(총 200시간)의 교육과정으로 학습을 하고 있는, 인하대학교 언어교육원에 재학중인 외국인 학습자들과 1주일에 3시간씩 1학기 16주(총 48시간)의 한국어 기초강좌를 수강하는 외국인 대학원생들을 대상으로 하였다. 우선, 실제로 제11회와 제12회 한국어능력시험을 치뤄 보지 않은 학습자들 가운데 희망하는 등급을 선택하게 하고 신청한 급별로 모의시험에 임하도록 하였다. 그 결과, 경희대학교 언어교육원에서 출간한 한국어 교재로 한국어를 배우고 있는 언어교육원 학습자들 중 15명은 초급 시험을, 15명은 중급시험을 신청하였고, 서강대학교 언어교육원에서 출간한 한국어 교

재로 한국어를 배우고 있는 대학원생 15명은 모두 초급 시험을 신청하
여 희망하는 급별로 모의시험을 실시하였다.8)

　연구 자료는 학습자의 정보와 반응을 묻는 설문지와 2007년 상반기
에 시행된 제 11회 한국어능력시험과 하반기에 시행된 제 12회 한국어
능력시험의 쓰기 평가 문제지이다.9) 쓰기 평가 문제지는 급별로 초급

....

8) 수험자로 하여금 희망하는 등급별로 모의고사를 치르도록 한 것은 실제로 한
　국어능력시험을 치르는 수험자들이 시험 등급을 신청함에 있어 자신의 희망
　의지대로 선택할 가능성이 클 것이라고 예상했기 때문이다. 이와 관련한 설문
　조사 응답내용은 4.1에서 자세히 살펴보고자 한다.
9) 실제 한국어능력평가에서는 어휘·문법(130번)과 쓰기(초급의 경우 31~47번)
　가 통합된 문제지로 시험이 실시되나, 본 연구에서는 연구의 목적상 쓰기 영역
　만을 사용하였다. 제11회와 제12회 한국어능력시험의 쓰기 평가에 나타난 문
　제 유형은 정리하면 다음과 같다.

문제 유형		급별 문항 출제수	초급	중급	고급	계
선택형	1	문맥에 맞게 대화 완성하기	5	4	4	13
	2	두 문장 연결하기	2	0	0	2
	3	문맥에 맞게 빈 칸 채우기	1	2	2	5
	4	잘못된 부분/ 문장 고르기	1	0	0	1
	5	메모, 안내문 등을 보고 같은 내용이나 잘못 고쳐 쓴 부분 고르기	1	2	2	5
	6	같은 의미로 바꿔 쓰기	0	2	2	4
		계	10	10	10	30
완성형	7	어순에 맞게 문장 완성하기	1	0	0	1
	8	그림을 보고 문장 완성하기	1	0	0	1
	9	제시된 표현을 이용해 문장완성하기	0	2	2	4
	10	문맥에 맞게 대화 완성하기	2	0	0	2
	11	문맥에 맞게 이야기 완성하기	2	3	2	7
		계	6	5	4	15
논술형	12	자유 작문하기	1	0	0	1
	13	제공되는 어휘를 이용하여 작문하기	0	1	0	1
	14	글을 읽고 작문하기	0	0	1	1
		계	1	1	1	3
		계	17	16	15	48

위에서 살펴볼 수 있듯이, 초·중·고급 시험에는 공통적으로 '문맥에 맞게
대화 완성하기'의 문제 유형이 전체 문항 중 25%이상을 차지하고 있어 출제

시험에서는 17문항, 중급 시험에서는 16문항, 고급 시험에서는 15문항으로 제작되어 있으며, 문항 유형은 선택형 10문항과 완성형이 4~6문항, 논술형이 1문항씩 구성되어 있다. 본 연구에서는 급별로 논술형 1문항(30점 만점)은 제외하고 선택형 문항과 완성형 문항만을 사용하고자 하였으며 쓰기 평가의 만점을 100점이 아닌 70점으로 처리하기로 하였다.10)

수험자에게 주어지는 문제지는 제11회와 제12회의 쓰기 평가 문항지를 문제 유형별로 재구성하여 제작하였다. 예를 들어, 11회 초급의 1~4번 문항 유형과 12회 초급 1~4번 유형은 동일한 것으로, 문제 유형에 대해 수험자들이 쉽게 이해할 수 있도록 문항을 묶어 문제지를 제작·배부하여 모의시험을 치루었다.

설문지는 수험자와 평가 결과간의 상관성을 살피고 수험자의 문제 유형에 대한 난이도 인식도를 조사하기 위한 것으로, 설문지의 내용은 남명호 외(2002)와 이연하(2005)의 연구에 실린 문항을 기초로 하여 작성하였다.11)

....

비중이 가장 높은 것으로 확인되었다. 또한 초급 시험의 경우에 중·고급 시험에는 없는 문제 유형인 '두 문장 연결하기', '잘못된 부분/문장 고르기', '어순에 맞게 문장 완성하기', '그림을 보고 문장 완성하기'와 같은 문제 유형이 각각 1문항씩 출제된 반면, 중·고급 시험은 초급에 비해 비교적 출제 비중이 적은 문제 유형이 여러 문항으로 나뉘어 출제되었다. 이와 같은 사실은 쓰기 평가의 초급 시험과 중·고급 시험 간에 차별적인 문제 유형이 출제되고 있다는 것과 다양한 수험자의 의사소통능력을 등급별로 다른 문제 유형으로 평가하고 있다는 것을 보여주는 것이라 하겠다.

10) 본 연구에서 논술형 문항을 제외한 것은 논술형 문항을 채점하는데 있어 채점자의 주관이 작용하여 신뢰도의 문제가 발생할 가능성이 크기 때문에, 채점의 신뢰성과 정확성을 높이고, 신속한 통계 처리를 위함이었다.

11) 남명호 외(2002)는 한국어교육 기관의 교사들과 한국어 학습자들을 대상으로 설문 조사를 실시하여 한국어능력시험에 대한 국내외 교사 및 학생들의 인식과 한국어능력시험 시행 횟수와 등급, 난이도 등 시험 전반에 관한 문제점을

수험자에게는 현행 한국어능력시험과 동일한 방식으로 모의시험을 실시하였다. 먼저 쓰기 영역의 문제지를 풀게 한 후, 설문지를 작성하게 하였다. 본래 한국어능력시험에서는 어휘·문법과 쓰기 영역이 통합되어 한 교시에 90분 동안 치뤄졌다. 본 실험에서는 쓰기의 자유작문형 문항을 제외하였고 2회분의 쓰기 영역의 문제를 해결한다 하더라도 동일한 문제 유형으로 문항지를 제작한 관계로 시험시간을 60분으로 제한하였다. 문제지를 다 풀게 한 후 설문지를 작성하도록 하였고, 실험은 수업 시간 내에 교사의 통제하에 실시하였다. 이렇게 실시한 설문조사와 모의시험 결과는 다음과 같은 절차를 거쳐 분석하였다.

첫째, 설문조사를 통해 나타난 수험자의 일반적 특성을 알아보았다.

둘째, 수험자의 모의시험 점수를 바탕으로 회별 점수간 상관관계를 살펴보기 위해 Pearson 상관관계 분석을 하였고, 회별 점수간 차이를 살펴보기 위하여 t검증을 실시하였다.

셋째, 쓰기 평가의 문항별 난이도를 산출하여 개별 문항 평가를 실시하였고, 문제 유형별로 난이도를 산출하여 문제 유형별 문항 평가를 실시하였다.

넷째, 앞의 분석 결과를 바탕으로 개별 문항 평가와 문제 유형별 문항 평가를 비교 분석하였다.[12]

알아보고, 이 설문에 기초하여 평가 영역 조정, 말하기 시험 도입 문제, 등급 조정과 출제 방식, 난이도 조정 등의 문제에 대해 개선안을 제시한 바 있다. 이연하(2005)는 학습자의 학습 동기에 중점을 두어 학습 목표에 따른 한국어능력시험의 수요도를 조사하고, 선 등급 지원 제도와 합격·불합격의 결과 발표 방식에 관한 문항을 강화한 설문 조사를 실시한 바 있다.

12) 이러한 실증 분석은 통계방법에 따라 유의수준 1%와 5%에서 검증하였으며, 통계 처리는 SPSS 12.0 프로그램을 사용하여 분석하였다.

4.1. 설문 응답 내용 분석

모의시험을 시행한 초급 수험자 30명과 중급 수험자 15명을 대상으로 설문을 실시하였다. 초급 수험자 30명 중 언어교육원생 15명은 A그룹으로, 대학원생 15명은 B그룹으로 분류하였다.

1) 연구 대상자 특성 관련 응답 내용 분석

① 국적

국적은 초급 수험자 중 60%, 중급 수험자는 100%로 중국이 가장 많이 차지하고 있다. 초급 수험자 중, A그룹은 중국 학생들의 비율이 100%였던 반면, B그룹은 A그룹에 비해 다양한 국적을 보이고 있음을 확인할 수 있다. 중국 국

<표 7> 국적

급별 응답 내용	초급			중급	
	빈도수		백분율	빈도수	백분율
	A	B			
중국	15	3	60.0%	15	100.0%
방글라데시	0	6	20.0%	0	0.0%
인도네시아	0	2	6.7%	0	0.0%
베트남	0	1	3.3%	0	0.0%
라오스	0	1	3.3%	0	0.0%
인도	0	1	3.3%	0	0.0%
에디오피아	0	1	3.3%	0	0.0%
계	15	15	100%	15	100%

적을 가진 학습자들이 많다는 것은 한류 열풍으로 인해 중국인들의 한국어교육에 대한 관심이 증대하고 있다는 것을 보여주는 것이며, 이는 또한 한국에서의 진학을 희망하는 중국인 학습자가 앞으로도 많이 증가할 것이라는 것을 보여주는 것이라 하겠다.

② 나이

수험자의 나이는 초급 수험자와 중급 수험자들 모두 21~25세가 가장 많았다. 초급 수험자 중 A그룹과 중급 수험자는 한국으로의 대학

진학을 목표로 한 학생들이 대부분이기 때문에 20대 전후에 많이 분포되어 있었다. 반면, 초급 수험자 중 B그룹은 나이가 20대에서 30대까지 고루 분포되어 있음을 확인할 수 있는데, 이는 이들이 모국에서 학부과정

<표 8> 나이

급별 응답 내용	초급			중급	
	빈도수		백분율	빈도수	백분율
	A	B			
16~20세	6	0	20.0%	1	6.7%
21~25세	9	5	43.3%	13	86.7%
26~30세	0	8	26.7%	1	6.7%
31~35세	0	3	10.0%	0	0.0%
계	15	15	100%	15	100%

을 마치고 한국으로 들어와 대학원에서 석사과정이나 박사과정을 밟고 있는 학습자들이기 때문으로 보여진다. 수험자들의 학습동기가 대학교나 대학원 진학과 관련한 것이라는 점에 감안해 볼 때, 앞으로 한국어를 학습하는 학습자의 나이 분포는 점점 넓어질 것으로 예상된다.

③ 성별

초급 수험자는 남자가 21명으로 70%, 여자가 9명으로 30%로 남자 수험자가 여자 수험자보다 훨씬 많았으며, 중급 수험자는 초급과

<표 9> 성별

급별 응답 내용	초급			중급	
	빈도수		백분율	빈도수	백분율
	A	B			
남	10	11	70.0%	7	46.7%
여	5	4	30.0%	8	53.3%
계	15	15	100%	15	100%

반대로 여자가 8명으로 46.7%로, 33.3%를 차지하는 남자 수험자 7명보다 한 명이 더 많았다.

④ 한국어 학습 기간

한국어 학습기간을 살펴보면, 6개월~12개월 동안 한국어를 학습한 수험자가 초급 수험자 중 73.3%, 중급 수험자 중 60.0%를 차지하여 가장 많았다. 특히 중급 수험자 중에는 한국어 학습기간이 1년 이상~2

년 미만의 수험자가 33%
나 차지하고 있어, 한국어
능력시험의 희망 등급이 올
라갈수록 한국어 학습자들
의 한국어 학습기간은 길어
질 것으로 보인다.

⑤ 한국어 학습 이유

초급의 86.7%
와 중급의 66.7%
에 해당하는 수험
자들은 한국에서
공부를 하기 위해
한국어를 배운다
고 한국어 학습
이유를 들었다.

<표 10> 한국어 학습기간

급별 응답 내용	초급			중급	
	빈도수		백분율	빈도수	백분율
	A	B			
1~3개월	0	0	0.0%	0	0.0%
4~6개월	2	2	13.3%	1	6.7%
6~12개월	13	9	73.3%	9	60.0%
1년 이상~ 2년 미만	0	4	13.3%	5	33.3%
2년 이상	0	0	0.0%	0	0.0%
계	15	15	100%	15	100%

<표 11> 한국어 학습 이유

급별 응답 내용	초급			중급	
	빈도수		백분율	빈도수	백분율
	A	B			
한국에 대해 알고 싶어서	2	1	10.0%	4	26.7%
한국에서 직업을 가지려고	0	0	0.0%	1	6.7%
한국에서 공부를 하려고	13	13	86.7%	10	66.7%
한국인 남편(아내), 애인때문	0	0	0.0%	0	0.0%
기 타	0	1	3.3%	0	0.0%
계	15	15	100%	15	100%

이는 초급 A그룹 수험자들과 중급 수험자들은 언어교육원의 과정을
수료하여야만 대학 진학이 가능하기 때문에 한국어를 배우는 것이며,
초급 B그룹 수험자들 역시 현재 공부하고 있는 석사과정과 박사과정
을 마치기 위해서는 한국어가 필요하기 때문에 한국어를 학습하는 것
으로 확인되었다. 이러한 응답은 더 이상 한국어가 단순한 관심의 대
상이 아니라 학문적 목적과 관련한 필요에 의한 발전하고 있는 언어라
는 것을 보여준다 하겠다.

2) 한국어능력시험 쓰기 평가 관련 설문 응답 내용 분석

① 쓰기 평가의 타당도 인식

모의시험을 통해 한국어 능력시험 인식쓰기 평가를 접해 본 수험자들에게 '한국어능력시험의 쓰기 평가의 결과가 자신의 쓰

<표 12> 쓰기 평가의 타당도

응답 내용 \ 급별	초급 빈도수 A	초급 빈도수 B	초급 백분율	중급 빈도수	중급 백분율
정확히 평가해 준다	5	4	30.00%	7	46.7%
어느 정도 믿을 만하다	6	5	36.7%	3	20.0%
제대로 평가해 주지 못한다	2	1	10.00%	1	6.7%
잘 모르겠다	2	5	23.3%	4	26.7%
계	15	15	100%	15	100%

기 능력을 제대로 평가해 주느냐'는 질문을 해 보았다. 응답 내용은 정확히 평가해 준다는 응답에 초급 수험자들의 30%가, 중급 수험자들의 46.7%가 응답했다. '어느 정도 믿을 만하다'라는 응답에는 초급 수험자들 중 36.7%, 중급 수험자 들 중 20%가 응답하여 한국어능력시험의 쓰기 평가에 대한 수험자들의 반응은 대체로 긍정적인 것으로 해석되었다. 그러나 실제 한국어능력시험에 응시해 본 적이 있는 수험자들이 적었고, 모의시험으로 처음 한국어능력시험의 쓰기 평가를 접해 본 수험자들이 있었다는 점을 감안해 볼 때, 쓰기 평가의 타당도와 관련한 대한 수험자의 반응은 추후 심층적으로 살펴볼 필요가 있는 연구 과제라 하겠다.

② 쓰기 평가의 난이도 인식

쓰기 영역에 대한 평가문항의 난이도를 인식 묻는 질문에, 초급 수험자의 50%가 '적절하다'라는 응답을 한 반면, 중급 수험자들의 73.3%는 '어렵다'고 응답했다.

초급 수험자들의 반응을 그룹별로 살펴보면, 언어교육원생들로 구성된 A그룹은 '적절하다'라는 응답이 많은 반면, 대학원생들로 구성된 B그룹은 '어렵다' 혹은 '잘 모르겠다'라는 응답을 많이 하였음을 확인할 수 있다.

<표 13> 쓰기 평가의 난이도

급별 응답 내용	초급			중급	
	빈도수		백분율	빈도수	백분율
	A	B			
쉽다	2	1	10.0%	0	0.0%
적절하다	12	3	50.0%	3	20.0%
어렵다	0	6	20.0%	11	73.3%
잘 모르겠다	1	5	20.0%	1	6.7%
계	15	15	100%	15	100%

이는 기존에 한국어능력시험의 쓰기 영역의 문제유형에 대해 알고 있던 수험자가 A그룹에 많았던 반면, 대부분 한국어능력시험의 문제 유형을 접해본 적이 없는 수험자가 많았던 B그룹은 한국어능력시험의 쓰기 영역을 낯설어 했기 때문인 것으로 이해할 수 있겠다.

이와 같은 수험자들의 반응에 대해서는 이후 논의될 제11회와 제12회 한국어능력시험 모의시험 결과와 난이도 분석과도 매우 밀접한 연관성을 맺을 것으로 예상된다.

③ 쓰기 평가의 문제 유형별 난이도 인식

한국어능력시험의 쓰기 영역의 문제 유형별 난이도 인식과 관련하여, 어려워하는 문제 유형을 순서대로 고르라는 질문에 대한 수험자들의 응답을 정리해 보면, <표 14>와 같은 결과를 얻을 수 있다.

학습자가 느끼는 문제 유

<표 14> 문제 유형별 난이도 인식

급별 응답 내용	초급		중급	
	난이도 정도(1~9)	백분율	난이도 정도(1~6)	백분율
유형 1	1.17	12.96%	1.60	26.67%
유형 2	1.63	18.15%	2.67	44.44%
유형 3	4.07	45.19%	3.00	50.00%
유형 4	4.40	48.89%	4.07	67.78%
유형 5	5.63	62.59%	4.53	75.56%
유형 6	5.43	60.37%	5.13	85.56%
유형 7	6.43	71.48%		
유형 8	7.23	80.37%		
유형 9	8.03	89.26%		
평균	4.89		3.50	

형별 난이도 인식은 제시된 문제 유형 중에서 어려움을 느끼는 정도에 따라 난이도의 정도를 초급은 1~9의 척도로, 중급은 1~6의 척도로 점수를 매기어 분석해 보았다.

그 결과, 초급 수험자들은 9점 만점에 8.03의 어려움을 가진 문제 유형 9를 가장 풀기 어려운 문제 유형으로 꼽았다. 어려움을 느끼는 문제 유형을 순서대로 나열하면 '유형 9> 8> 7> 5> 6> 4> 3> 2> 1'로 나타났는데, 이는 대체로 문항지에 배열된 순서와 일치한다고 볼 수 있다.

중급 수험자들은 6점 만점에 5.13의 어려움을 가진 문제 유형 6을 가장 풀기 어려운 문제 유형으로 꼽았다. 어려움을 느끼는 문제 유형을 순서대로 나열하면 '유형 6> 5> 4> 3> 2> 1'로 나타나 초급과 마찬가지로, 어려움을 느끼는 정도가 문항지에 배열된 순서대로 커지고 있음을 확인할 수 있다.

초급과 중급의 수험자들이 가장 어렵게 느낀 문제 유형은 공통적으로 '문맥에 맞게 이야기를 완성하기' 유형이었다. 이 문항들은 이야기의 중심내용을 파악하여야 풀 수 있는 문제로, 이는 수험자들이 읽기와 쓰기가 통합된 문항을 많이 어려워하고 있다는 것을 보여주는 것이다.

4.2. 난이도를 통한 문항 분석

양적 문항 분석(Item format analysis)은 어떤 통계치나 공식을 이용하여 문항의 질을 점검하는 것으로, 문항 난이도, 문항 변별도, 문항 답지의 효과성 등을 분석하는데 사용된다. 본 장에서는 양적 문항 분석의 하나로서 문항 난이도 분석을 통해 한국어능력시험 쓰기 평가를 살펴보고자 한다.

1) 수험자의 모의시험 점수 분석

① 수험자의 모의시험 점수

모의시험 결과는 <표 15>와 같다. 배점은 선택형 40점 만점과 완성형 30점 만점으로 전체 70점 만점으로 구성되어 있다.

이번 모의시험에서 주목할 사항은 초급 수험자들의 실력이 우수했다는 것과 상대적으로 중급 수험자들의 실력이 떨어진다는 것이다. 이는 모의시험에서 문제지를 선택하여 보는 과정에서 보편적으로 실력이 우수한 학습자들이 초급의 문제지

<표 15> 회별 모의시험 쓰기 평가 점수

급 회 그룹 학생	초급				중급	
	11회		12회		11회	12회
	A	B	A	B		
1	65	58	66	65	18	24
2	45	11	53	21	18	23
3	57	24	60	33	28	27
4	47	25	68	45	20	27
5	48	23	58	47	24	30
6	42	27	56	51	12	16
7	50	20	45	20	24	27
8	50	34	61	48	30	26
9	46	20	36	20	24	16
10	51	34	53	36	24	26
11	58	38	57	57	20	16
12	43	53	43	46	24	12
13	43	16	45	28	16	8
14	47	54	56	59	32	19
15	51	45	47	41	34	37
평균	49.53	32.13	53.6	41.13	23.2	22.27

를 많이 선택한 반면, 중급의 수험자들은 대부분 언어교육원에서 3급을 학습하는 학습자들로 현재 한국어를 학습하는 과정에서 자신의 실력을 확인하기 위해 중급의 문제지를 선택하였기 때문으로 볼 수 있다. 또한 언어교육원에서의 3급[13]과 실제 한국어능력시험에서 제시하는 중급의 3급간에는 어느 정도의 수준 차이가 있음도 하나의 원인으로 보여 진다.

....

13) 현재 한국어교육과정(대학내 언어교육원 과정)은 6급(혹은 6단계) 과정으로 구분되는데, 초급은 1급과 2급, 중급은 3급과 4급, 고급은 5급과 6급에 해당한다.

한편, 초급의 A그룹 수험자와 B그룹 수험자간에 평균 점수의 차이가 보여지고 있는데, 이는 앞서 설문지를 통해 살펴 본 것과 같이 한국어능력시험을 알고 있고 이를 간접적으로나마 접해 봤던 경험이 있는 수험자가 A그룹에 많았기 때문으로 보인다. 이러한 상황이 점수 분포에 어느 정도 영향을 끼쳤을 것으로 보이나, 실제 한국어능력시험을 신청하고 응시하는 수험자들도 다양한 특성을 지니고 있으므로 모의시험을 실시하는 데에 결정적인 영향을 미치지는 않았을 것으로 본다.

② 제11회와 제12회 모의시험간 점수의 상관관계

모의시험 점수를 바탕으로 하여 제11회 시험과 제12회 시험 점수들 간의 상관관계를 밝혀보고자 한다. 두 시험 사이 점수간의 상관관계가 유의하게 나

<표 16> 회별 모의시험 점수 통계량과 상관계수

급 회 통계량	초급		중급	
	11회	12회	11회	12회
응답자수(N)	30	30	15	15
평균 점수	40.83	47.37	23.20	22.27
평균의 표준오차	2.593	2.445	1.571	1.968
표준편차	14.203	13.392	6.085	7.620
상관계수	.779**		.529*	
유의확률	.000		.043	

*. 상관계수는 0.05 수준(양쪽)에서 유의함.
**. 상관계수는 0.01 수준(양쪽)에서 유의함.

타나면, 두 시험으로 문제 유형별 난이도를 평가하는 것에 대한 타당성이 있음을 나타낸다고 할 수 있을 것이다. SPSS 12.0를 이용하여 제11회 시험과 제12회 시험의 점수간 상관관계를 Pearson 상관관계 분석을 통해 살펴본 결과는 <표 16>과 같다.14)

· · · · · · · · · · · · · · · · · · ·

14) Pearson(N)는 두 변수가 각각 간격척도 혹은 비율척도로 측정된 경우의 상관관계의 크기를 나타내는 값으로서, 변수들이 정규분포를 따른다는 가정하에 적용하는 상관계수이다. 상관계수(correlation coefficient)는 -1에서 +1까지의 값을 가지는데, +1일 때는 正 혹은 負의 방향으로 클수록 +1 혹은 -1에 가깝게 나타나며, 두 변수 간에 상관관계가 전혀 없으면 상관계수는 0으로 나타난다.

초급 수험자의 평균 점수와 중급 수험자의 평균 점수를 살펴보면, 초급의 경우, 제12회 시험의 평균 점수가 47점으로 제11회 시험의 평균 점수 40점보다 7점이 높게 나온 것을 확인할 수 있다. 이를 통해 수험자는 제11회 시험과 제12회 시험의 난이도를 달리 느꼈으리라 본다. 반면, 중급의 경우에는 제11회 시험과 제12회 시험의 평균 점수 차이가 1점 밖에 나지 않아 수험자가 실제로 느끼는 난이도의 차이는 없었을 것으로 본다.

제11회 시험과 제12회 시험의 점수간 상관관계는 <표 16>을 통해 확인할 수 있다. 초급 시험의 회별 점수간 상관관계는 0.05 수준에서 유의하고, 중급 시험의 회별 점수간 상관관계는 0.01 수준에서 유의하다는 결과가 나왔다. 상관계수도 초급에서는 0.779로, 중급에서는 0.529로 0.5 이상을 나타내고 있어 회별 시험의 점수간에 서로 상관성이 있음을 알 수 있으며, 초급 수험자의 시험 점수간 상관계수가 높아 중급 수험자의 점수간 상관관계보다 초급 수험자의 상관관계가 크다는 것을 입증하고 있다. 이와 같은 사실은 제11회 시험과 제12회 시험의 점수간에는 상관성이 있다는 것을 확연히 보여주는 것이라 하겠다.

제11회 시험과 제12회 시험의 점수간에는 상관관계가 있으므로, 두 시험의 점수에는 어떤 차이가 있는지를 확인해 볼 필요가 있겠다. 평가의 구성 및 문항과 채점방식이 유사한 시험이 똑같은 학생들의 집단에 두 번 시행되었을 경우, 각각의 학생들의 결과가 별로 차이를 보이지 않는 시험이라면 제11회 시험과 제12회 시험 사이의 신뢰성은 매우 높은 것으로 볼 수 있기 때문이다.

본 연구에서는 이를 확인하기 위해 대응표본 t검증(짝을 이룬 표본의

상관계수가 0.3 이상만 되도 상관관계가 있다고 말할 수 있으며 0.3 이상인 것은 상관도가 매우 높다고 할 수 있다.

t검증)을 사용하였다.15)
SPSS 12.0를 이용하여
제11회 시험과 제12회
시험의 점수간 대응표본
t검증을 한 결과는 <표
17>과 같다.

<표 17>을 보면, 초
급의 제11회 시험과 제
12회 시험의 점수간 차

<표 17> 회별 모의시험 점수간 t검증

통계량	급 회	초급 11회 - 12회	중급 11회 - 12회
대응차	평균	-6.533	.933
	표준편차	9.209	6.787
	평균의 표준오차	1.681	1.752
	차이의 95% 신뢰구간 하한	-9.972	-2.825
	차이의 95% 신뢰구간 상한	-3.095	4.692
t		-3.886	.533
df(자유도)		29	14
p-value (유의확률(양쪽))		.001	.603

이의 평균은 -6.533%, 표준편차는 9.209%이고, 이들을 기초로 검증통
계량을 t로 전환시킨 값은 -3.886이다. 이 때 df=29, 양측검증의 p-value
=.001가 된다. 따라서 유의수준 0.05에서 p-value값이 .001로 작게 나타
나므로 초급의 제11회 시험과 제12회 시험 점수간에는 차이가 있다고
볼 수 있다.

반면, 중급의 제11회 시험과 제12회 시험간의 점수간 차이의 살펴보
면, 점수간 차이의 평균은 0.933%, 표준편차는 6.787%이고, 이들을 기
초로 검증통계량을 t로 전환시킨 값은 0.533로 나왔다. 이 때 df=14,
양측검증의 p-value=0.603이 나왔는데, 이를 통해 유의수준 0.05에서
p-value값이 0.603로 크게 나타나 중급의 제11회 시험과 제12회 시험

---

15) t검증은 적절한 공식을 사용하여 t값을 계산하며, 산출된 t값과 t분포표를 이용
하여 유의확률(p-value)를 산출하는 통계 분석 방법이다. 이 방법은 주로 단일
모집단 내 상이한 두 상황 혹은 두 변수 간에 평균차이가 있는지를 검증하는
방법으로, t값이 클수록 p-value는 작아지는 경향이 있는데 산출된 p-value를
기초로 하여 일정한 유의수준에서 검증 결과를 해석할 수 있다. 가령 p-value
가 .05보다 작으면 "유의수준 .05에서 두 시험의 점수 간에 차이가 있다."고
해석하고, .05보다 크면 "유의수준 .05에서 두 시험의 점수 간에 차이가 없다."
고 해석할 수 있겠다.

의 점수간에는 유의미한 차이가 없는 것으로 해석되었다.

이상의 통계분석 자료를 살펴본 결과, 초급 시험의 수험자들에게는 제11회 시험과 제12회 시험간 점수의 차가 있어 이를 유의미하게 볼 수 있는 반면, 중급 시험의 수험자들에게는 제11회 시험과 제12회 시험간의 점수의 차가 없어 중급의 회별 점수간 비교 분석은 그다지 의미가 없어 보인다. 그러나 제11회 시험과 제12회 시험간의 점수간 상관성은 있는 것으로 나타났기 때문에 급별로 두 시험의 점수를 비교하여 한국어능력시험의 쓰기 영역의 문항별 난이도를 살펴보는 것에 대한 근거가 충분하리라 본다.

2) 문항별 난이도(Item Difficulty; ID) 분석

문항 난이도(Item Difficulty)[16)]는 문항의 쉽고 어려운 정도를 가리키는 지수로서, 총 수험자 중 답을 맞힌 수험자의 비율을 의미한다. 이 지수는 문항 곤란도, 문항 용이도(Item Facility : IF)라는 말로 사용되기도 하는데, 한 문항에 정답을 한 수험자 수를 전체 수험자 수로 나눈 수치이므로 그 문항의 정답률이기도 하다.

문항 난이도에 의하여 문항을 평가하는 기준에는 학자마다 견해가 다르나[17)], 본고에서는 성태제(2004)가 제시한 문항의 난이도에 따른 평가 기준을 따르고자 한다. 성태제는 0.20 미만은 매우 어려운 문항,

....

16) 문항 난이도를 계산하는 공식은 다음과 같다.

P= §Cr / N

(P= 문항 난이도, §Cr= 문항의 답을 맞힌 수험자 수, N= 총 수험자 수)

17) 문항 평가 기준에 대해 Ebel는 0.15 미만은 매우 어려운 문항, 0.15~0.40 미만은 어려운 문항, 0.40~0.70 이하는 바람직한 문항, 0.71~0.85 이하는 쉬운 문항, 0.86~1.00 이하는 매우 쉬운 문항으로 분류하였다. 또한 Cangelosi는 0.25 미만은 어려운 문항, 0.25~0.75 미만은 적절한 문항, 0.75 이상은 쉬운 문항으로 분류하였다.

0.20~0.40 미만은 어려운 문항, 0.40~0.60 미만은 보통 문항, 0.60~ 0.80 미만은 쉬운 문항으로 분류하였다. 문항 난이도는 지수가 높으면 쉬운 문항이고 낮으면 어려운 문항으로 이해 가능하다. 따라서 문항 난이도를 통해 어떤 문항이 어려운 문항이며 어떤 문항이 쉬운 문항인가를 짐작할 수 있을 것이다. 그러나 문항 난이도 지수로는 어느 문항이 어느 문항보다 어렵다는 서열은 알 수 있어도, 난이도 지수가 낮은 문항이 높은 문항보다 몇 배 어려운 문항이라는 양적 지시는 알 수는 없다는 단점이 있다. 더구나 한국어능력시험과 같은 절대 평가에서는 너무 쉽거나 어려운 문항이 반드시 나쁜 문항이라고 볼 수만은 없다. 문항 난이도 지수는 문항의 내용에 의해서만 결정되는 것이 아니라 그 문항이 실시된 집단의 능력에 따라 달라질 수도 있기 때문이다. 한국어능력시험에 응시하는 수험자들의 능력이 다양하여 그 결과 역시 다르게 나타날 수 있으므로, 이 난이도 분석은 하나하나의 문항에 대한 해석이 아닌 전체적인 난이도 지수를 통해 한국어능력시험의 쓰기 평가 영역의 모습을 조망하는 것으로 사용하고자 한다.

문항 난이도를 계산하는 공식을 이용하여 제11회 시험과 제12회 시험을 대상으로 하여 각 등급별로 난이도를 분석하였다. 그 결과를 살펴보면, <표 18>과 같다.

제11회 시험과 제12회 시험간의 난이도를 비교해 보면, 초급 시험의 경

<표 18> 문항별 난이도

급 회 문항 번호	초급		중급	
	11회	12회	11회	12회
1	1.00	0.93	0.53	0.60
2	0.97	0.93	0.47	0.40
3	0.97	0.90	0.33	0.60
4	0.83	0.83	0.80	0.80
5	0.63	0.83	0.27	0.60
6	0.53	0.77	0.67	0.40
7	0.47	0.70	0.33	0.60
8	0.57	0.90	0.87	0.67
9	0.53	0.53	0.40	0.20
10	0.37	0.87	0.80	0.13
11	0.67	0.57	0.13	0.22
12	0.57	0.54	0.04	0.16
13	0.53	0.65	0.00	0.00
14	0.52	0.61	0.00	0.00
15	0.22	0.29	0.00	0.00
16	0.24	0.25		
평균	0.60	0.69	0.38	0.36

우 평균 난이도가 제11회와 제12회에서 각각 0.60, 0.69정도의 수치로 나타났다. 이는 제12회 시험이 제11회 시험보다 약간 쉽게 출제되기는 하였으나, 대체로 난이도가 비슷한 수준으로 시험 문항이 출제되었다는 것을 보여주는 것이라 하겠다. 중급 시험의 경우에는 제11회 시험과 제12회 시험의 평균 난이도가 0.38과 0.36정도의 수치상으로는 매우 낮게 나타나긴 했으나, 초급 시험과 마찬가지로 두 시험간의 난이도는 비교적 비슷하게 나타났음을 확인할 수 있다.

난이도가 낮은 문항들을 살펴보면, 초급 시험에서는 제11회와 제12회 시험 모두에서 15번 문항과 16번 문항이 난이도가 낮게 나타났다. 15번과 16번 문항은 '문맥에 맞게 이야기 완성하기' 문제 유형의 문항이다. 중급 시험의 경우에는 13번, 14번, 15번 문항의 난이도가 0으로 측정되었는데, 이 문항들 역시 초급과 마찬가지로 문제 유형이 '문맥에 맞게 이야기 완성하기'의 문항이었다. 이를 통해 알 수 있는 사실은 초급 수험자와 중급 수험자들 대부분이 '문맥에 맞게 이야기 완성하기' 문제 유형을 어려워하고 있다는 것이다.

여기서 주목할 점은 제11회 시험과 제12회 시험간의 난이도 편차가 크게 나타나는 문항이 나타났다는 것이다. 10번 문항의 경우, 초급 시험에서는 제11회와 제12회의 난이도간 편차가 0.50이나 나고, 중급 시험에서는 무려 0.67이나 난다. 10번 문항의 문제 유형은 초급에서는 '메모를 보고 잘못 쓴 부분을 고르기'를 하는 문항이고, 중급에서는 '문맥에 맞게 빈 칸 채우기'를 하는 문항이다. 이와 같이 난이도간 편차가 크게 나타난 것은 문제 유형이 다르기 때문에 나타난 결과라기보다는 수험자가 학습한 내용이냐 아니냐에 따른 결과로 보여진다.

이상의 결과를 바탕으로 하여, 앞서 언급한 바 있는 성태제(2002)의 문항난이도에 의한 문항 평가 기준에 의거하여 개별 문항의 난이도를 분석

해 보고자 한다. 그 결
과는 <표 19>와 같다.

<표 19>를 살펴보면,
초급 시험에서는 제11
회 시험은 보통 문항이
43.8%로 가장 많았고,
다음으로 매우 쉬운 문

<표 19> 문항 난이도에 의한 개별 문항 평가

문항 난이도	문항 평가	초급		중급	
		11회	12회	11회	12회
0.20 미만	매우 어려운 문항	0	0	5	5
0.20~0.40 미만	어려운 문항	3	2	3	2
0.40~0.60 미만	보통 문항	7	3	3	2
0.60~0.80 미만	쉬운 문항	2	4	1	5
0.80 이상	매우 쉬운 문항	4	7	3	1
계		16	16	15	15

항이 25%, 어려운 문항이 18.8% 순으로 나타났다. 반면, 제12회 시험은
매우 쉬운 문항이 43.8%, 쉬운 문항이 25.5%, 보통 문항이 18.8% 순으
로 나타나 제12회의 쓰기 평가는 대체로 쉬운 문항이 많이 출제되었으
며, 제11회 쓰기 문항보다 쉽게 출제되었음을 확인할 수 있다. 또한 제
11회 시험과 제12회 시험에 매우 어려운 문항은 전혀 출제되지 않은 것
으로 나타났다.

중급 시험의 경우에는 제11회 시험이나 제12회 시험에서 동일하게
매우 어려운 문항이 33.3%로 가장 높은 수치를 보였다. 그러나 제11회
시험 문항이 어려운 문항과 보통 문항, 매우 쉬운 문항이 동일한 비율
로 출제된 반면, 제12회 시험 문항은 매우 어려운 문항과 동일하게 쉬
운 문항이 33.3%를 차지하여 난이도가 쉬운 문항과 매우 어려운 문항
으로 양분화되어 편중되게 출제된 것으로 확인되었다. 이와 같은 결과
는 제11회 시험과 제12회 시험이 난이도 조정에 실패하였다는 것을 보
여주는 것이라 할 수 있다.

일반적으로 중간 정도의 난이도를 가진 문항이 변별력을 가장 증가
시키므로 선호되지만, 능력이 낮은 집단이나 능력이 높은 집단의 변별
력을 높이기 위해서는 매우 어려운 문항과 매우 쉬운 문항도 꼭 필요
한 것이라고 본다. 따라서 한 검사 속에는 문항 난이도가 넓은 범위에

걸쳐 있도록 해야 하며 각 난이도의 정도에 따라 문항 수를 적절한 비율로 배열하는 것이 바람직할 것이므로 이에 대한 조정 방안이 필요할 것으로 보인다.[18]

3) 문제유형별 난이도 분석

본 장에서는 한국어능력시험 쓰기 영역을 문제 유형으로 분류하여 어떤 난이도 분포를 보이는지 살펴보고자 한다.

우선, 각각의 문항들을 동일한 문제 유형으로 묶어 난이도를 분석해 보았다. 초급 시험에 나타난 문제 유형에 따른 난이도는 <표 20>과 <그림 1>과 같다.

<표 20> 문제 유형별 난이도

문제유형	등급 및 회	초급 11회	초급 12회
선택형	(1) 문맥에 맞게 대화 완성하기	0.88	0.89
	(2) 두 문장 연결하기	0.50	0.73
	(3) 문맥에 맞게 빈 칸 채우기	0.57	0.90
	(4) 잘못된 부분/ 문장 고르기	0.53	0.53
	(5) 메모를 보고 잘못 고쳐 쓴 부분 고르기	0.37	0.87
	평 균	0.57	0.78
완성형	(6) 어순에 맞게 문장 완성하기	0.67	0.57
	(7) 그림을 보고 문장 완성하기	0.57	0.54
	(8) 문맥에 맞게 대화 완성하기	0.53	0.63
	(9) 문맥에 맞게 이야기 완성하기	0.23	0.27
	평 균	0.50	0.50
전체 평균		0.54	0.66

....

18) 김유정(2006)은 난이도 분포의 이상적인 모습은 중간 난이도를 가장 많이 하고, 양쪽으로 상·하의 문제를 적절한 비율로 출제하는 것이라고 보았는데, 본고에서도 이와 같은 견해를 가진다.

<그림 1> 문제 유형별 난이도

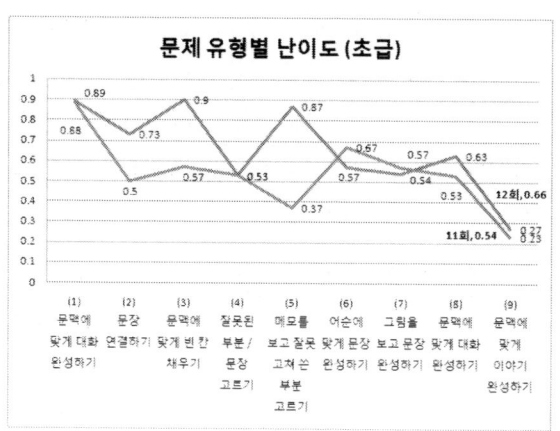

우선, 회별로 문제 유형에 따른 난이도 분포의 전체 평균을 살펴보면 제11회 시험은 0.54로 나타났고, 제12회 시험은 0.66으로 나타나 제11회 시험보다 제12회 시험의 난이도가 다소 높았다는 것을 확인할 수 있다.

선택형이냐 완성형이냐와 같은 문항 유형과 상관없이, 9개의 문제 유형에 따른 난이도 결과를 살펴보면, 난이도가 낮은 문제 유형은 제11회 시험에서는 '(9) 문맥에 맞게 이야기 완성하기> (5) 메모를 보고 잘못 고쳐 쓴 부분 고르기> (2) 두 문장 연결하기' 순으로 나타났고, 제12회 시험에서는 '(9) 문맥에 맞게 이야기 완성하기 > (4) 잘못된 부분/문장 고르기> (7) 그림을 보고 문장 고르기'의 순으로 나타났다는 것을 확인할 수 있다. 반면, 난이도가 높은 문제 유형을 살펴보면, 제11회 시험에서는 '(1) 문맥에 맞게 대화 완성하기> (6) 어순에 맞게 문장 완성하기> (3) 문맥에 맞게 빈칸 채우기/ (7) 그림을 보고 문장 완성하기' 순으로 나타났고, 제12회 시험에서는 '(3) 문맥에 맞게 빈 칸 채우기> (1) 문맥에 맞게 대화 완성하기> (5) 메모를 보고 잘못 고쳐 쓴 부분 고르기' 순으로 나타났다는 것을 확인할 수 있다.

이와 같은 결과에서 주목해야 할 사항은 두 시험 간에는 문제 유형별로 난이도에 따른 순서가 동일하지는 않았으나, 두 시험 모두 공통적으로 문제 유형 '(9) 문맥에 맞게 이야기 완성하기'는 낮은 난이도로 나타났고, 문제 유형 '(1) 문맥에 맞게 대화 완성하기'는 높은 난이도로 나타났다는 것이다. 이는 수험자들이 이야기를 읽고 문맥에 맞게 직접 문장을 구성하여 이야기를 완성하는 문제 유형은 어렵게 푼 반면, 대화의 질문이나 답변을 유추하여 선택하는 문제 유형은 쉽게 풀었다는 것을 보여주는 것이라 하겠다.

<표 20>에서 선택형과 완성형의 문항 유형별로 난이도를 구분해 살펴보면, 우선 완성형 문항의 문제 유형별 난이도의 평균은 제11회 시험과 제12회 시험 모두 0.50으로 동일하게 나타났으나, 선택형 문항의 문제 유형별 난이도의 평균은 제11회 시험에서는 0.57로, 제12회 시험에서는 0.78로 나타났음을 확인할 수 있다. 이는 선택형 문항에 있어 제11회 시험이 제12회 시험보다 어렵게 출제되었다는 것을 보여주는 것으로 이해할 수 있다.

선택형의 문항들을 문제 유형별로 나누어 살펴보면, 두 시험 모두 공통적으로 '(1) 문맥에 맞게 대화 완성하기'의 난이도가 높게 나타나 수험자들이 선택형 문항들 중에서도 문제 유형 1을 쉽게 해결한다는 것을 확인할 수 있다. 반면, '(2) 두 문장 연결하기', '(3) 문맥에 맞게 빈칸 채우기', '(5) 메모를 보고 잘못 고쳐 쓴 부분 고르기'와 같은 문제 유형의 경우, 제11회 시험에서는 난이도가 낮았으나 제12회 시험에서는 난이도가 높게 나타나 그 편차가 매우 크게 나타났다는 것을 알 수 있다. 이는 수험자들이 문제유형 2, 3, 5를 제11회 시험보다 제12회 시험에서 쉽게 해결한 것으로 이해할 수 있겠다.

완성형의 문항들에서 문제 유형별로 나눠 살펴보면, 제11회 시험에서는 '(6) 어순에 맞게 문장 완성하기'와 같은 문제 유형이, 제12회 시험에서는 '(8) 문맥에 맞게 대화 완성하기'와 같은 문제 유형의 난이도가 높게 나타났으며, 공통적으로 '(9) 문맥에 맞게 이야기 완성하기'의 문제 유형은 난이도가 낮게 나타났다. 따라서 수험자들은 문제 유형 6, 8을 쉽게 해결하는 반면, 문제 유형 9는 어려워 한다는 것으로 이해 할 수 있다.

다음으로 중급 시험에 나타난 문제 유형에 따른 난이도를 살펴보면 <표 21>과 <그림 2>와 같다.

<표 21> 문제 유형에 따른 난이도

문제유형	등급 및 회	초급	
		11회	12회
선택형	(1) 문맥에 맞게 대화 완성하기	0.53	0.60
	(2) 같은 의미로 문장 바꿔 쓰기	0.47	0.50
	(3) 안내문을 보고 같은 내용 고르기	0.60	0.63
	(4) 문맥에 맞게 빈 칸 채우기	0.60	0.17
	평 균	0.55	0.47
완성형	(5) 제시된 표현을 이용해 문장 만들기	0.09	0.19
	(6) 문맥에 맞게 이야기 완성하기	0.00	0.00
	평 균	0.04	0.10
전체 평균		0.38	0.35

<그림 2> 문제 유형별 난이도

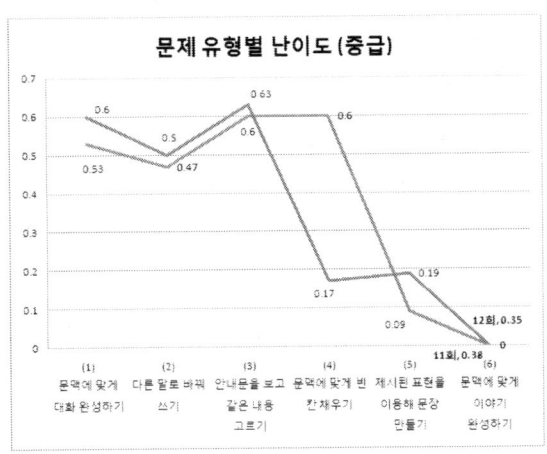

회별로 문제 유형에 따른 난이도 분포의 전체 평균을 살펴보면, 제11회 시험은 0.38로 나타났고, 제12회 시험은 0.35로 나타나 제11회 시험과 제12회 시험의 난이도가 비교적 유사하게 나타났음을 확인할 수 있었다.

중급 시험도 초급 시험에서와 마찬가지로 문항 유형과 상관없이 6개의 문제 유형에 따른 난이도 결과를 살펴보았다. 우선, 난이도가 낮은 문제 유형은 제11회 시험에서는 '(6) 문맥에 맞게 이야기 완성하기> (5) 제시된 표현을 이용해 문장 완성하기> (2) 같은 의미로 문장 바꿔 쓰기' 순이었으며, 제12회 시험에서는 '(6) 문맥에 맞게 이야기 완성하기> (4) 문맥에 맞게 빈 칸 채우기> (5) 제시된 표현을 이용해 문장 만들기' 순으로 나타나 두 시험 모두 공통적으로 문제 유형 6의 난이도가 낮았다는 것이 확인되었다. 반면, 제11회 시험에서는 '(3) 안내문을 보고 같은 내용 고르기'와 '(4) 문맥에 맞게 빈 칸 채우기'와 같은 문제 유형의 난이도가 높게 나타났고, 제12회 시험에서는 '(3) 안내문을 보고 같은 내용을 고르기'와 '(1) 문맥에 맞게 대화 완성하기'와 같은 문제 유형의 난이도가 높게 나타났다. 따라서 수험자들이 두 시험에서 공통적으로 문제 유형 6은 어려워하는 반면, 문제 유형 3은 쉽게 해결하는 것으로 해석할 수 있다.

선택형의 문항들에서 문제 유형별로 나눠 살펴보면, '(3) 안내문을 보고 같은 내용 고르기'와 같은 문제 유형은 난이도가 두 시험 모두 높게 나타나 수험자들이 어려워하지 않는 반면, 동일 수험자라 하더라도 제11회 시험에서는 '(2) 같은 의미로 문장 바꿔 쓰기'의 문제 유형을 어려워하고, 제12회 시험에서는 '(4) 문맥에 맞게 빈 칸 채우기'의 문제 유형을 어려워하여 회별로 문제 유형에 따른 난이도가 다르게 나타났음을 확인할 수 있었다.

완성형의 문항들에서는 '(6) 문맥에 맞게 이야기 완성하기'와 같은 문제 유형은 난이도가 0으로 측정되어 수험자들이 문제를 풀지 못하였음을 확인하였다. 또한 완성형 문항의 평균 자체가 제11회 시험은 0.04, 제12회 시험은 0.10으로 극히 낮게 나타나 수험자들이 문제 유형과 상관없이 완성형 문항을 어려워하고 있다는 것을 확인할 수 있었다.

이상의 결과를 바탕으로, 앞서 제시한 성태제(2002)의 문항난이도에 의한 문항 평가 기준에 의거하여 개별 문항의 난이도를 분석해 보면 <표 22>의 결론을 얻을 수 있다.

<표 22> 문항난이도에 의한 문제유형별 문항 평가

문항 난이도	문항 평가	초급		중급	
		11회	12회	11회	12회
0.20 미만	매우 어려운 문항	0	0	2	3
0.20~0.40 미만	어려운 문항	2	1	0	0
0.40~0.60 미만	보통 문항	5	3	2	1
0.60~0.80 미만	쉬운 문항	1	2	2	2
0.80 이상	매우 쉬운 문항	1	3	0	0
계		9	9	6	6

　<표 22>를 통해 문제 유형별 난이도로 문항을 평가한 결과를 살펴보면, 초급의 경우 제11회 시험은 '보통 문항(55.6%)> 어려운 문항(22.2%) > 쉬운 문항(11.1%), 매우 쉬운 문항(11.1%)'로 구성되어 있음을 확인할 수 있다. 제12회 시험은 '보통 문항(33.3%), 매우 쉬운 문항(33.3 %)> 쉬운 문항(22. 2%)> 어려운 문항(11.1%)'로 구성되어 있는 것으로 나타났다. 또한 초급 제11회 시험과 제12회 시험의 문항 평가를 비교해 보았을 때, 두 시험 모두 매우 어려운 문항은 없었던 것으로 나타났다. 이를 통해 제11회 시험에서는 쉬운 문항으로 평가될 만한 문제 유형의 문항과 매우 어려운 문항으로 평가될 만한 문제 유형의 문항을 좀 더 많이 출제해야 할 필요가 있을 것으로 보인다.

　중급 시험의 문제 유형별 난이도로 문항을 평가한 결과를 살펴보면, 제11회 시험은 '매우 어려운 문항(50.0%)> 쉬운 문항(33.3%), 보통 문항(33.3%)'으로 평가 되었으며, 제12회 시험은 '매우 어려운 문항, 보통 문항, 쉬운 문항'이 각각 33.3%로 동일하게 구성된 것으로 평가되었다. 이는 두 시험 모두 대체적으로 매우 어렵거나 쉬운 문항으로 구성되었다는 것을 보여주는 것이라 하겠다. 이를 반대로 해석하면, 제11회 시험과 제12회 시험 모두 공통적으로 어려운 문항과 매우 쉬운 문항은

없는 것으로 평가되었다는 것을 의미한다. 따라서 이와 관련한 문제 유형에 따른 난이도의 조정이 필요할 것으로 보인다.

4.3. 문항 및 문제 유형 난이도 조절 방안

앞의 분석 결과를 바탕으로 개별 문항 평가와 문제 유형별 문항 평가를 비교해 보면, <그림 3>과 같은 결과를 얻을 수 있다.

<그림 3> 개별 문항 평가와 문제유형별 문항 평가 비교(초급·중급)

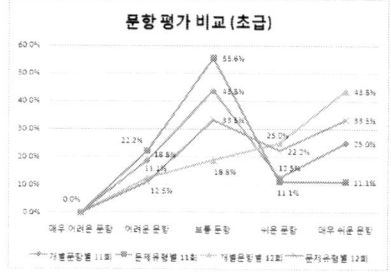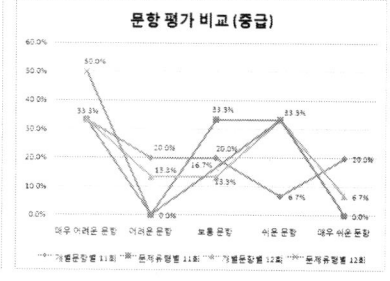

초급 시험의 경우, <그림 3>과 같이 제11회 시험에서는 개별문항별이나 문제유형별로 살펴본 문항 평가 그래프가 대체로 정상분포곡선을 그리고 있다. 이는 난이도가 어느 정도 적절하게 출제된 것으로 이해할 수 있겠다. 그러나 제12회 시험에서는, 특히 개별 문항별로 분석한 그래프는 직선에 가까워 난이도의 조정이 실패한 것으로 이해되어진다.

두 시험의 난이도를 조정하기 위한 방안으로, 제11회 시험과 제12회 시험에서는 매우 어려운 문항이 없으므로 이를 보완할 수 있는 개별 문항을 출제할 필요가 있겠으며, 문제 유형별로도 난이도가 낮은 문항을 출제할 필요가 있겠다. 또한 제12회의 시험에서는 매우 쉬운 문항이 많이 출제되었으므로 이에 대한 조절도 필요할 것으로 보인다.

중급의 경우에는 <그림 3>에서 보는 바와 같이, 각각의 분석 그래프가 난이도의 정상분포 곡선에서 벗어난 모습을 보이고 있다. 제11회 시험과 제12회 시험에서는 난이도의 전면적인 조정이 필요할 것으로 보인다. 따라서 중급의 제11회 시험과 제12회 시험에서는 매우 어려운 문항의 출제를 줄이고, 어려운 문항과 매우 쉬운 문항을 적절히 배분하여 출제의 비중을 높일 필요가 있어 보인다. 또한 제11회 시험의 개별 문항간에는 어려운 문항과 보통 문항, 매우 쉬운 문항의 난이도에 따른 차이가 없으므로, 이에 대한 조정도 필요할 것으로 보인다.

5 정리

평가는 학습자의 언어 능력 및 적성에 대한 진단과 피드백이 가능하게 하고, 학습자를 선발·배치하며, 현재 진행하고 있는 교육 프로그램을 평가하고 그에 대한 개선책을 마련할 수 있도록 한다. 또한 학습자의 태도를 살피고, 학습자의 언어 사용 능력에 있어서 사회적·심리적으로 달라지는 차이를 가늠해 볼 수 있도록 하며, 평가를 연구하는 기준을 제공받을 수 있게 한다. 이렇게 평가는 학습자와 교육 과정에 중요한 역할을 담당한다 할 수 있겠다.

한국어 학습자의 한국어 사용 능력을 평가하는 도구로서, 실질적인 의사소통 상황에서 요구되는 실제적인 언어능력을 평가하는 한국어능력시험 역시 평가가 지닌 이러한 역할을 충실히 수행하고 있다고 볼 수 있다. 그러나 아무리 평가의 기능을 가지고 있다 하더라도 타당성과 신뢰성을 기반으로 하지 않는 평가라면 제대로 된 평가라 할 수 없다. 그만큼 평가에 있어서 타당성과 신뢰성은 중요한 것이라 하겠다. 문항은 바로 이러한 평가의 신뢰성과 타당성을 검증해 보는데 가장 적합한 것이라 볼 수 있겠다.

본 연구는 한국어능력시험 쓰기 평가의 신뢰성과 타당성을 알아보기 위해 2007년에 시행된 제11회와 제12회 한국어능력시험 쓰기 평가의 개별 문항 및 문제 유형을 분석하고, 이를 바탕으로 하여 모의시험을 학습자들에게 평가를 직접 실시하여 봄으로써 평가 결과에 대한 통계적 분석을 시도하고 한국어능력시험의 발전 방향을 제시해 보았다.

양적 문항 분석의 하나로서 이루어진 한국어능력시험 쓰기 평가의 난이도 분석은 한국어능력시험의 평가로서의 신뢰성을 가늠해 볼 수 있었다. 설문 조사의 응답내용을 분석해 본 결과, 수험자들의 한국어능력시험에 대한 인식 정도를 확인할 수 있었고, 앞으로 한국어능력시험 및 쓰기 평가가 나가야 할 방향을 찾을 수 있었다. 또한 두 시험의 난이도를 분석해 결과, 문항별·문제유형별·급별로 난이도가 서로 다르게 나타났는데, 난이도가 한 쪽으로 치우쳐 있는 경우가 있어 난이도의 조절이 시급하다는 결론을 얻었다.

이상의 연구를 통해 살펴본 바와 같이, 한국어능력시험은 앞으로 등급별·문항별·문제유형별로 난이도 조정에 힘써야 할 것이다. 실제로 매년 시행되는 검사의 난이도를 일관되게 유지하는 것은 매우 어려운 일이다. 그러나 난이도에 따라 수험자의 쓰기 능력은 달리 평가되므로 난이도 조정의 문제는 매우 중요한 것이라 하겠다. 따라서 한 검사 속에서 문항 난이도는 넓은 범위에 걸쳐 있도록 해야 하며 각 난이도의 정도에 따라 문항 수를 적절한 비율로 배열하도록 하는 것이 바람직할 것이다. 그러므로 출제와 검토 과정에서 난이도 조정에 대한 충분한 검토가 이루어져야 할 것으로 보인다. 또한 한국어능력시험의 시행 이후 난이도 조절에 실패했을 경우 이에 대처할 수 있는 장치를 마련해야 하겠다. 뿐만 아니라, 수험자의 한국어 의사소통 능력을 보다 정교하게 측정할 수 있도록 난이도의 수준을 구별하여 채점하는 방식의 도입도 필요하다.

　본 연구는 쓰기 평가로 한정되어 있고, 실험 대상 수가 너무 적었으며 그 또한 초급 시험과 중급 시험에 한정되어 있어 연구의 결과를 한국어능력시험의 전 영역과 등급으로 확대하여 해석하기에는 다소 무리가 있다. 그러나 문제유형 분석을 활용한 모의시험을 통하여 수험자들의 점수를 수량화하고 난이도를 분석한 양적인 평가를 실시하여 한국어능력시험의 모습을 전체적으로 조망했다는 점에서 작은 의의를 찾고자 한다. 이러한 연구 결과는 한국어능력시험에 대한 평가 방안을 연구함에 있어 활용 가능할 것이며, 이를 바탕으로 수험자들의 난이도의 높고 낮음에 대한 원인을 분석하는 좀 더 심층적인 연구의 밑거름이 될 수 있을 것이다. 또한 본 연구에서 발견되는 미흡한 점은 추후 한국어능력시험의 발전 방향을 모색하는 다양한 과제들과 함께 논의될 수 있을 것이라고 본다.

참고문헌

강승혜(2002), 한국어 쓰기 교육의 이론과 실제, 21세기 한국어교육학의 현황과 과제, 한국문화사.

_____(2002), "한국어 교육의 학문적 정립을 위한 연구동향 분석", 제 12차 국제학술대회 발표자료집, 국제한국어교육학회.

고우리(2004), "한국어 어휘·문법 숙달도 평가 방안 연구- 한국어능력시험 1, 2급 문항 분석을 중심으로", 경희대학교 대학원 석사학위논문.

김유정 외(1998), "한국어 능력 평가 방안 연구- 성취도 평가를 중심으로", 한국어교육 9-1, 국제한국어교육학회.

김왕규 외(2001), 한국어능력시험의 평가기준 개발 연구, 한국교육과정평가원.

김유정(2002), 외국어로서의 한국어 능력 평가론, 21세기 한국어교육학의 현황과 과제, 한국문화사.

_____(2006), "한국어능력시험의 난이도 분석 연구- 제6회~제8회 시험을 중심으로", 한국어교육 17-1, 국제한국어교육학회.

김정숙(1994), "언어숙달도 배양을 위한 외국어로서의 한국어 교육 방향", 민족문화 연구 27, 고려대 민족문화연구소.

_____ 외(2005), 한국어능력시험의 등급별 합격 점수 및 채점 기준 설정 방안 연구, 한국교육과정평가원.

_____(2005), "한국어능력시험의 개선 방안 연구(Ⅰ)- 등급 부여 방식을 중심으로", 한국어교육 16-1, 국제한국어교육학회.

_____(2005), "한국어능력시험의 개선 방안 연구(Ⅱ)- 평가문항 유형을 중심으로", 한국어교육 16-2, 국제한국어교육학회.

김하수 외(1997), "한국어 능력 평가 시험의 기본 모형 수립을 위한 기초적 연구", 교육 한글 10호, 한글학회.

김호정 외(2004), 한글 SPSSWIN 10.0 통계 분석 및 해설, 삼영사.

남명호 외(2000), 한국어능력시험 등급기준 조정 및 문제은행 구축 방안 연구, 한국교육과정평가원.

서윤남(2003), "한국어능력시험 쓰기 평가 개선방안 연구- 4회, 5회, 6회 문제 분석을 중심으로", 경희대학교 대학원 석사학위논문.

서희정(2005), "한국어능력시험 쓰기 영역 문항 개발에 관한 연구- 주관식
　　　　문항 유형을 중심으로", 고황논집 제37집, 경희대학교 대학원.

성태제(1996), 문항제작 및 분석의 이론과 실제, 학지사.

안경화(2006), "한국어 쓰기 교수학습법의 현황과 과제", 제8회 한국어교육
　　　　국제학술회의: 한국어교육 방법론의 재검토, 국어교육연구 18
　　　　권, 국어교육학회.

우혜령(2000), "한국어능력시험의 문항에 대한 연구- 제2회 한국어능력시험
　　　　1급 읽기 영역 문항 분석을 중심으로", 이화여자대학교 대학원
　　　　석사학위논문.

은현승(1999), "제7차 영어과교육과정에 의한 수행평가 문항 모형 개발", 중
　　　　앙대학교 대학원 석사학위논문.

이연하(2005), "학습자 반응 분석을 통한 한국어능력시험(TOPIK) 개선 방안
　　　　에 관한 연구", 한양대학교 대학원 석사학위논문.

이은경(2005), "한국어능력시험에서의 문법 평가 연구", 제3회 전국학술대회
　　　　발표문, 한국문법교육학회.

이학식 외(2004), 초급자를 위한 한글 SPSS 10.0 가이드, 법문사.

조인옥(2000), "한국어능력시험의 언어권별 수험자 반응분포에 대한 연구-
　　　　제3회 시험 수험자의 답안결과를 중심으로", 연세대학교 대학
　　　　원 석사학위논문.

지현숙(2004), "학습자 중심 한국어 교육에서의 '대안적 평가'", 한국어교육
　　　　15-2, 국제한국어교육학회.

진대연(2003), "한국어 쓰기 교육과정의 비판적 검토- 학습자의 텍스트 생산
　　　　능력 계발을 중심으로", 제13차 국제학술대회 발표자료집, 국
　　　　제한국어교육학회.

＿＿＿(2004), "한국어 쓰기 능력 평가에 대한 연구- 텍스트 생산 능력 평가
　　　　를 중심으로", 국어교육학연구 제19집, 국어교육학회.

조항록(2006), "한국어 능력 평가 체계의 현황과 과제", 한국어교육 17-1, 국
　　　　제한국어교육학회.

조현용(2000), "한국어 능력 시험 어휘 평가에 관한 연구", 국어교육 101, 한
　　　　국어교육연구회.

최은규(2006), "유형별로 본 한국어 능력 평가의 실제와 과제- 배치시험과 성
　　　　취도 시험을 중심으로", 한국어교육 17-2, 국제한국어교육학회.

Bachman, L. F.(1990), *Fundamental Consideration in Language Testing.* Oxford: Oxford University Press.

Bachman, L. F.(1991), What does language testing have to offer?. *TESOL QUARTERLY*, 25(4). 691-702

Bachman, L. F. and Palmer A. S.(1996), *Language Testing in Practice.* Oxford: Oxford University Press.

Brown, J. D.(1996). *Testing in Language Programs.* Upper Saddle River, NJ: Prentice-Hall.

Brown, H. D.(2000), *Principles of Language Learning and Testing.* New York: Longman.

Brown, H. D.(2001), *Teaching by Principles.* New York: Longman.

Hymes, D. H.(1972). *On communicative competence.* On J. B. Pride and J. Holmes(eds.) : Sociolinguistics. Harmondsworth : Penguin.

Savignon, S.(1983). *Communicative Competence*: Theory and Practice. Reading, MA: Addison-Wesley Publishing Company.

Spolsky(1978). *Approaches to Language Testing.* Advances in Language Testing Series: 2. Arlington, Va.: Center for applied Linguistics.

Weir, C. J.(1990). *Communicative Language Testing.* Englewood Cliffs, NJ: Prentice-Hall.

<참고자료>

제11회 한국어능력시험 문제지.
제12회 한국어능력시험 문제지.
http://www.topik.or.kr/

학문목적 쓰기에서의 절충식 접근법을 활용한 '요약하기' 전략 지도 방안

 연구의 필요성 및 내용

1.1. 연구의 필요성 및 목적

최근 국·내외에서 한국어를 공부하려는 학습자의 수가 크게 증가 하면서, 그들의 학습 요구 또한 많은 변화를 겪게 되어 주로 일반적인 의사소통 능력 향상을 목적으로 삼았던 학습자들의 요구는 점차 다양 화 되고 있다. 특히 최근에는 본국에서 고등학교까지 졸업하고 한국 대학교나 대학원에 입학·편입하고자 하는 목적으로 한국어를 학습하 려는 외국인 유학생의 수가 급증하고 있는 모습이다.

이에 따라 실제로 학문 목적 한국어(Korean for Academic Purpose, KAP)에 대한 관심이 증가하고 있다. 그러나 현재 대부분의 한국어교 육기관은 일반 목적 한국어(Korean for General Purpose, KGP)에 초 점을 두고 있기 때문에 유학생들이 느끼는 학문 목적 한국어교육에 대한 필요성은 생각보다 크다. 일반 목적 한국어의 실제적 상황을 바탕으로 하는 한국어 학습은 의사소통 능력 향상에 상당한 도움을 주고 또 필수적임은 틀림없다. 하지만 점점 고급 수준의 학습자들이 늘어나고 학습자들의 학습 목적이 다양해짐에 따라 그에 걸맞은 지도 방법이 요구되고 있다. 이덕희(2003)와 전수정(2004)은 외국인 학습자를 대상으로 하여 어려움을 느끼는 언어 기능에 대한 조사를 한 결과 '쓰기>읽기>말하기>듣기' 순의 결과를 얻었다. 또한 송지현(2005)은 과제별 어려움에 따른 요구 분석을 하였는데, 그 중에서 '보고서 쓰기'가 가장 높은 순위를 차지했는데 대학 수업에서 부여되는 과제는 한국어 논리 구조를 쉽게 이해하기 어려운 외국인 학습자에게는 해결하기 어려운 과제인 것이다. 현재는 중간, 기말 시험 외에도 학기 중 또는 학기말에 제출하는 보고서는 최종 성적에 상당 부분을 차지하고 있다. 따라서 학문 목적 학습자들이 기본적으로 갖추어야 할 능력이라고 할 수 있는 '요약하기' 전략을 포함한 형식적 보고서 쓰기의 교육은 필수적이다.

이와 같은 현실적 문제들로 인하여 외국인 유학생들이 한국 대학에서의 학업에 충실히 잘 적응할 수 있도록 적절한 학업 수행 기술을 익히게 해 줄 학문 목적 한국어교육의 필요성이 대두되었다.

1.2. 연구 내용

일반적인 한국어교육 기관에서의 쓰기 교육은 의사소통 능력 향상에 목적으로 있기 때문에 일정한 형식보다는 내용적인 면에 더욱 치중하였으며, 학습한 문법을 활용하여 문장을 만드는 형태의 쓰기 활동을 주로 하였다. 하지만 학문 목적의 쓰기는 학술적이고 전문적인 하나의 완성된 결과를 지향하고 있기 때문에 기존의 쓰기 접근법으로 동일하게 적용하기에는 무리가 있다. 따라서 본 연구에서는 학문 목적으로 한국어를 학습하는 학습자의 쓰기 능력을 향상시키기 위한 지도 방안을 마련하기 위해 다음의 내용을 제시할 것이다.

먼저 II장에서는 한국어 쓰기 교육의 개념을 살펴보고 쓰기 교육에 있어서 대표적인 접근법인 결과 중심 접근법과 과정 중심 접근법의 절차 및 특성을 제시할 것이다. 또한 본 연구에서 학문 목적 학습자를 위한 쓰기 지도 방안 제시를 목적으로 하였기 때문에 그에 알맞은 쓰기 접근법인 '절충식 접근법'을 구상하고 그 필요성 및 중요성을 다룰 것이다.

III장에서는 학습자들의 현재 '요약하기' 능력을 파악하기 위한 실태 조사로써 학문적 텍스트를 직접 요약해 보는 실험을 할 것이다. 이를 통해서 학습자들이 느끼는 어려움을 파악하고 그 문제들을 해결하기 위한 방법을 모색할 것이다.

IV장에서는 위의 이론적 배경과 실태 조사 결과를 바탕으로 하여 절충식 접근법을 활용한 '요약하기' 전략을 제시하고 요약하기의 정의와 규칙 및 방법과 절차 등의 이론적 내용을 살펴볼 것이다. 더불어 '요약하기' 전략을 효율적으로 지도하기 위하여 요약문의 기본요소를 제시하고 절충식 접근법을 활용한 요약하기 모형을 바탕으로 지도 방안을 설계하도록 하겠다.

V장에서는 지금까지의 연구 논의를 요약하고, 연구 결과를 바탕으로 앞으로의 연구 과제 등을 제안해 보고자 한다.

2 한국어 쓰기 교육의 이론적 배경

2.1. 한국어 쓰기 교육의 개념

한국어 '쓰기(writing)'는 초급 단계에서의 '베껴쓰기'부터 시작하여 중, 고급으로 실력이 향상될수록 창의적이고 효과적인 의사전달 형태인 작문을 포함하게 된다. 한국어교육은 크게 의사소통 능력 신장을 위한 일반 목적 한국어와 특수 목적 한국어로 구분되는데 대부분의 학습자들은 한국에서의 기본적인 생활을 영위하기 위해 필수적인 의사소통 능력 향상을 목표로 한국어를 학습하고 있다. 따라서 일반 목적 한국어는 기본적으로 모든 학습자들이 수행하게 된다고 할 수 있다. 의사소통 능력 향상 외에 다른 목적을 위해 한국어를 학습하는 경우가 있는데 이를 '특수 목적 한국어'라고 한다. 특수 목적 한국어는 직업 목적 한국어와 한국에서의 학업을 수행하기 위한 학문 목적 한국어로 나뉜다. 학문 목적 한국어는 또 특정한 학문 목적 한국어와 일반적 학문 목적 한국어로 세분화 할 수 있다. 이와 같이 한국어를 학습하는 목적이 다양화되는 만큼 요구하는 쓰기 능력 또한 세분화 되고 있다.

2.2. 한국어 쓰기 교육의 접근법

본 연구의 핵심 대상이 되는 학문 목적 쓰기 교육을 논하기에 앞서 현재까지 연구되어 온 한국어 쓰기 교육을 이론적인 관점에서 살펴보고, 앞으로 학문 목적 쓰기 교육이 일반 목적 또는 다른 특수 목적의 한국어 쓰기 교육과 차별화되어 나아가야 할 방향을 모색해 보고자 한다.

2.2.1. 결과 중심 접근법(Product-based approach)

결과 중심 쓰기 접근법은 학생들의 최종 결과물을 정확성 측면에서 평가하는 것으로, 이것은 구조주의와 행동주의의 영향을 받은 1960년 대의 청각구두식 교수법(Audio-Lingual Method)에서 강조하는 언어 교육의 목표와도 일치한다. 따라서 결과 중심 쓰기 접근법에서는 교사가 학생들에게 제시한 글1) 베껴쓰기나 문장 전환하기 등의 활동들을 통해서 학생들의 글에 문법적 오류를 최소화 하는 것에 초점이 맞춰져 있었다. 이에 결과 중심 쓰기 접근법에 따른 쓰기 지도는 문장 수준 (sentence-level)의 쓰기에서 시작하여 단락(paragraph), 완성된 글 (text)로 나아가는 상향식(bottom-up) 접근법을 따르게 된다.

이러한 결과중심쓰기 지도법은 통제(control)의 정도에 따라 다음 다섯 가지의 방법으로 나눌 수 있다.

① 통제·자유 작문 접근법 (controlled-to-free approach)
② 단락·문형 중심 접근법 (paragraph-pattern approach)
③ 문법·구문·구성 중심 접근법
   (grammar-syntax-organization approach)
④ 언어 경험 중심 접근법 (language-experience approach)
⑤ 의사소통 접근법 (communication Approach)

2.2.2. 과정 중심 접근법(process-based approach)

과정 중심 접근법은 인지주의의 영향을 받은 것으로 학습자가 생성한 작문의 결과보다는 쓰기활동을 해 나가는 그 과정에 초점을 맞추는 지도법이다. 즉 쓰기를 하나의 사고하는 과정(thinking process)으로

1) 여기에서 교사가 학생에게 제시하는 글은 오류가 없는, 완벽한 글을 의미한다.

보고, 학습자들이 '무엇을 쓰느냐'보다 '어떻게 쓰느냐'를 더 중요시하는 것이다. 즉, 과정 중심 접근법에서는 학생들이 사고를 하여 그 윤곽을 만들고, 직접 원고 쓰기를 해본 후 지속적으로 교정을 하면서 무엇을, 어떻게 쓸지를 계속 고민하고 생각하며 교사와 주변 동료로부터 필요한 조언을 받아 수정하여 최종 결과물을 만들어내는 전 과정을 중요하게 생각한다(Brown, 1994).

White와 Arndt(1991)는 다음의 <그림 1>와 같이 과정 중심 쓰기 모형을 제시하면서 각 단계는 상호 보완적인 관계를 맺고 있고, 또한 순환적인 과정을 이루고 있다고 하였다.

<그림 1>

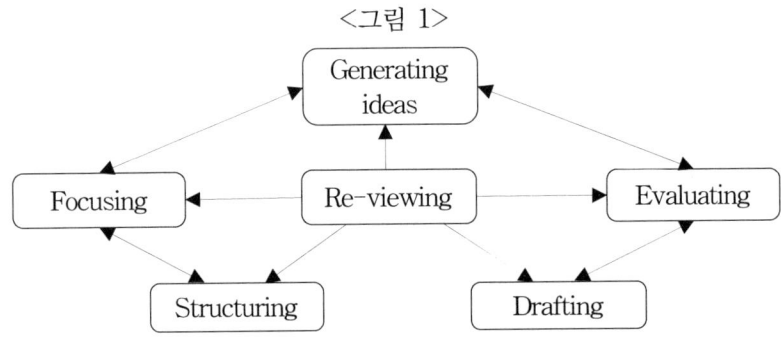

이와 같이 결과 중심 접근법에 대한 대안으로 대두되어 현재까지 쓰기 교육 접근법의 주류를 이루고 있는 과정 중심 접근법은 학습자를 중심에 둔 지도법으로서 많은 긍정적인 효과를 가지고 있다. 하지만 연구 목적에서 제시한 바와 같이 한국어 학습 목적이 다양해지고 있고 특히 현재와 같이 학문 목적 즉 학술적 쓰기를 수행하는 상황이 점차 많아지는 상황에서는 지금까지의 쓰기 교육 접근법의 그 실효성에 대한 논의가 필요할 것이다.

2.2.3. 절충식 접근법[2]

절충식 쓰기 접근법은 완성도 높은 쓰기 결과물을 도출하기 위하여 쓰기 결과물의 정확성 및 형식을 중요시하는 '결과 중심 접근법'과 쓰기의 과정 내에서 지속적인 조정을 통해 학습자 주도적인 쓰기를 할 수 있는 '과정 중심 접근법'을 통합한 접근법이다. 절충식 쓰기 접근법은 다양한 목적의 한국어 쓰기 중에서도 특히 쓰기 결과물로 학업의 성취도를 판단 받게 되는 학문 목적 쓰기 학습자를 지도함에 있어서 유용하다. 이에 본 연구에서는 절충식 접근법의 쓰기 과정을 수립하여 다음 <그림 2>와 같이 제시하고자 한다.

<그림 2> 절충식 쓰기 모형 (학문 목적 쓰기 활동 중심)

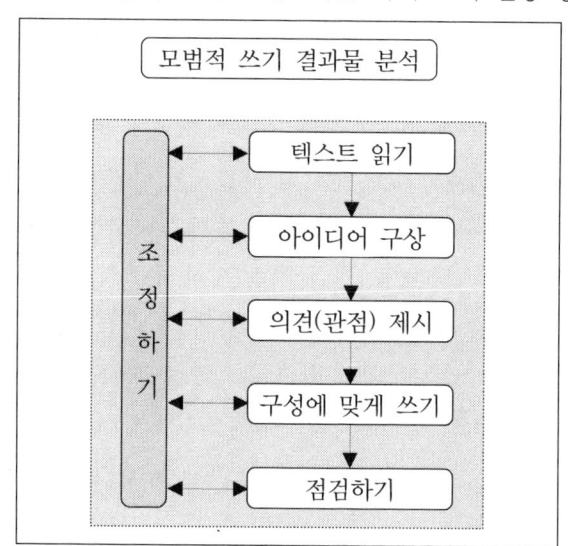

2) 한재영 외(2005)에서 기존의 전통적인 쓰기 교육 접근법에 대한 새로운 방안으로 '절충식 쓰기 접근법'이라는 용어를 제시하였고, 본 연구자도 그 이론적 타당성에 동의를 함에 따라 본 연구에서도 동일한 용어를 사용하고자 한다.

절충식 접근법의 쓰기 과정은 먼저 모범적인 쓰기 결과물을 보고 그 형식과 구성 및 핵심적인 표현들을 분석하는 것으로부터 시작한다. 학문 목적 쓰기는 그 종류와 목적에 따라 요구되는 구성 방식이 다르기 때문에 정해진 형식을 파악하고 그 특성을 분석하는 과정이 반드시 필요하다.

학문 목적 쓰기에서는 일반적으로 쓰기 안에 학습자 자신의 의견이나 관점을 제시하기에 앞서 이론적 개념 또는 비평 및 비판할 대상이 필요하다. 따라서 '텍스트 읽기 과정'은 자신의 의견 제시에 밑바탕이 될 자료들을 마련하는 단계이기 때문에 쓰기 활동 전에 포함해야 한다.

다음은 '아이디어 구상' 단계이다. 이 단계에서는 이전 텍스트 읽기 단계에서 도출한 이론적 내용들과 자료들을 바탕으로 자신의 쓰기 내용을 구상한다. 이와 같은 과정을 통해 정리된 아이디어들은 쓰기의 핵심내용이 될 수 있는 학습자 본인의 관점이나 의견을 제시하는 방향으로 발전을 시킨다. 본격적인 학문 목적 쓰기 활동을 할 때에는 결과 중심 쓰기에서 강조하고 있는 형식적 글쓰기의 측면이 평가 항목에서는 중요한 부분을 차지하고 있으므로 그 체계를 따르는 것이 중요하다.

마지막 '점검하기' 단계에서는 글의 논리적 구조와 어휘 및 문법적 오류에 대한 확인을 한다. 글을 형식에 맞게 체계적으로 구성을 하였더라도 논리적으로 연결이 되어 있지 않으면 설득력이 떨어지게 되어 쓰기의 목적이 흐려질 수 있고 학문 목적 쓰기에서는 결과물의 완성도로 쓰기 활동을 평가받기 때문에 글의 완성도를 높이기 위한 확인 과정이 필요하다.

지금까지 위에서 제시한 쓰기 과정은 하나의 직선적 순서라고 보여질 수 있으나, 절충식 접근법에서는 '조정하기'의 과정이 반드시 포함되어야 한다. '조정하기'는 '텍스트 읽기' 단계부터 '점검하기' 단계까지

지속적으로 그 내용을 수정·보완하는 과정을 거치는 것이다. 절충식 쓰기를 지도하는 교사의 역할이 중요시 되는 과정이 바로 이 '조정하기' 단계이다. 교사는 글을 쓰는 과정 내에 지속적인 피드백이 이루어질 수 있도록 부분적인 통제를 한다. 이와 같이 각각의 단계는 존재하지만, 과정들이 계속 순환을 이루면서 쓰기 결과물의 완성도를 높일 수 있도록 지도하는 것이 절충식 쓰기 접근법인 것이다.

먼저 제시한 바와 같이 과정 중심의 쓰기 교육법은 학습자 스스로가 전략을 구성하게 하는 장점이 있지만 결과물에 있어서는 만족할 만한 수준이 되기 어렵다(한재영, 2005). 따라서 학문 목적 한국어교육에 절충식 쓰기 접근법을 적용하고자 하는 이유는 다음과 같이 나열할 수 있다.

첫째, 보고서, 논문, 시험 답안 작성 등의 학문 목적 쓰기는 어휘 선택과 문법적 정확성뿐만 아니라 각 장르마다 정해진 형식에 따라 결과물을 완성해 내는 것이 중요시 된다. 동시에 학습자를 중심으로 한 통사, 수사적 체계에 글을 쓰는 자신의 논리적 전개도 필연적으로 어우러져야 한다.

둘째, 결과물보다 글을 쓰는 그 과정 자체에 초점을 두는 과정 중심 접근법은 그 과정 중에 학생들의 자발적이고 적극적인 참여와 동기를 전제로 하고 있다. 하지만 학습자들마다 한국어 학습에 대한 참여도와 동기 부여 정도가 크게 다를 수 있다.

셋째, 과정 중심 쓰기 접근법은 쓰기 과정 내에서 끊임없이 생각을 이끌어내고 또 자연스럽게 그 생각을 공유하고 지원하는 순환적 과정 내에서 글을 쓰고 다듬게 된다. 하지만 학습자들의 국적에 따라 또 문화에 따라 담화 형식이 다르기 때문에 일반화된 하나의 방식으로 쓰기 과정을 진행할 수는 없다.

이와 같은 필요성에 따라 본 연구에서는 학문 목적 쓰기 교육에 적절한 새로운 접근법의 제시를 위하여 기존의 '결과 중심 쓰기 접근법' 과 '과정 중심 쓰기 접근법'에 대한 대안인 '절충식 쓰기 접근법'을 이 용한 쓰기 지도 방안을 제시하고자 한다.

3. '요약하기' 전략 이해 및 학습자 실태 분석

대학에서의 일반적인 보고서는 학습자 본인이 어떠한 새로운 이론이 나 현상을 정립하여 내세우는 경우[3])보다 일정 텍스트를 핵심 내용으로 정리한 것에 때로는 본인의 비평을 더하여 작성하는 것이 대부분이다. 이에 보고서 쓰기에 있어서 정보를 구성하고 조직하기 위한 방법인 요 약해서 쓰기 능력은 가장 기초적이며 핵심적인 능력이라고 할 수 있다.

3.1. '요약하기' 전략 이해

'요약'의 사전적 정의는 '요점을 추려 냄'이다. 다시 말해, 주어진 내 용을 간단하고 짧게, 하지만 주요 내용을 넣어서 추리는 것이 요약이 라고 할 수 있다. 보고서 쓰기에 필수적 요소인 요약하기 전략에 대해 서 살펴보기 전에 먼저 요약하기에 대한 여러 논의를 살펴보고 그 정 의와 연구내용을 알아보도록 하겠다.

---

3) 학문 목적 쓰기의 종류 중에서 이와 같은 성격의 글은 논문에 해당한다.

3.1.1. '요약하기'의 규칙

Hihi & Anderson(1986)은 텍스트에 담겨 있는 중심 내용 즉 요지를 반영하거나 주제에 접근하기 쉽게 정보를 압축하여 구두로나 문자로 조리 있게 조직하여 표출하는 간단한 진술이 요약하기라고 하였다. 또한 요약하기 과정에는 제시된 아이디어들의 이해, 평가, 압축과 빈번한 변형도 요구되기 때문에 요약하는 사람의 주된 관심은 원래의 텍스트에서 무엇을 포함하고 없애야 할지, 변형된 정보의 의미가 통하는지, 그리고 원래의 구조를 다시 조작해야 할 필요가 있는지가 되어야 한다고 하였다. 다시 말해서 요약하기는 주어진 텍스트의 구조를 파악하고, 평가한 후 주요 내용들로 압축하여 변형하는 것을 의미하는 것이다. 따라서 글 속에 온전한 중심 문장이 존재하는 경우에는 요약문에도 그것을 사용하지만, 중심 문장이 존재하지 않을 경우 학습자 스스로의 논리적 구조로 창출해야 하는 것이다.

요약하기를 구체적으로 정리한 대표적 연구인 Kintsch & Van Dijk (1978), Brown & Day(1980)는 다음의 요약규칙을 설정하였다.

1) 삭제

삭제는 핵심적이지 않은 정보는 제거하는 것이다. 즉 <a,b,c>라는 문장이 있을 때 a, c라는 두 명제[4]가 텍스트에서 뒤따르는 명제를 해석하기 위한 전제로서 제 기능을 하지 못할 때는 두 명제를 삭제한다.

----

4) 명제란 '의사 전달의 최소 단위'이다. 서술어와 하나 또는 그 이상의 서술대상 또는 논항(argument)이 결합된 형태로써, '붉다'라는 서술어와 '꽃'이라는 대상이 결합된 명제는 (붉다, 꽃)이며, '꽃은(이) 붉다.', '붉은 꽃' 등이 의미 단위를 이룬다.(노명완, 1988)

2) 선택

두 번째 규칙인 '선택'은 중심내용이 명시적으로 주어졌을 때 그 명제를 선택하는 것이다. 따라서 '선택'도 어느 정도의 정보는 생략이 될 수도 있다. 하지만 '삭제'와는 달리 규칙의 역 적용이 가능하다.

3) 상위어로의 대체

세 번째 규칙인 '상위어로의 대체'는 '일반화'라고도 하며 구체적인 개념 또는 명제를 그것을 포괄하는 일반적인 의미로 바꾸는 것이다. 따라서 텍스트의 핵심적인 정보도 삭제한다. 명제를 새로운 명제로 대체하는 과정에서 핵심적 요소도 삭제가 가능하기 때문이다.

4) 구성 및 통합화

구성 및 통합화는 명제들 간의 연관성을 통해서 일련의 문장을 만들어 내는 것이다. 다시 말해서, 명제들의 일반적인 조건, 요소, 결과들을 하나의 명제로 대치시키는 것을 의미한다. 따라서 그 개념이 직접적으로 드러나지는 않지만 포괄적인 통일성을 유지할 수 있다.

지금까지 알아본 4가지의 요약규칙과 주제문 찾기 규칙을 통해서 학습자는 전체적인 의미를 파악하면서, 본질적인 요소를 선택하고 우연적이거나 부차적인, 또는 중요하지만 더 큰 상위의 개념으로 대체할 수 있는 것은 대체하면서, 여러 문장에 통합적으로 함의되고 있는 문장을 구성해 내야 한다.

3.1.2. '요약하기' 방법 및 세부절차

하지만 요약하기는 어려운 전략이 아니다. 간단한 방법으로 학생들에게 접근하여 시작할 수 있는 것이다. 다음은 여러 연구에서 제시한 요약하기 수업의 방법과 그 절차들이다.

1) 교실 내에서 일정기간을 두고 학생들의 공동 활동으로 요약하기

학습을 진행하는 방법인데, 중심 문장을 한 문장씩 쓰면서 글을 이어지게 하는 것이다. (Willam Grabe& Rovert B. Kaplan, 1996) 하지만 이 요약하기 방법은 학습자가 텍스트에서 중심 문장들의 중요도를 순차적으로 정해야하는 단점이 있다.

2) 요약하기의 또 다른 기초적 방법은 교사들이 제시한 텍스트 전체에서 중요하지 않은 문장을 하나, 둘 씩 지워나가는 것이다.(Kintsch, W, 1998)이로써 중심 문장을 찾게 되고 예들도 압축하는 것이다.

위의 활동들과 더불어 학생들은 사례를 추가하거나 세부 내용을 묘사, 또는 설명들을 덧붙여서 기존의 텍스트에 대한 교사의 요약을 기본으로 놓고 추가하며 써 볼 수도 있다. 그 다음 학생들은 교사가 요약한 글과 비교하며 스스로가 어떠한 면에서 부족했는지를 알아볼 수 있도록 한다.

3.1.3. 요약문의 기본 요소

요약하기는 글의 문맥을 정리하여 중요한 내용을 잘 선별하여 간략하게 옮기는 것이다. <표 1>은 요약문에 들어가야 할 기본 요소5)를 정리한 내용이다.

---

5) 이 외에도 심층적 독해를 위해 필요에 따라 다음의 4개 요소가 추가 될 수도 있다.
함축 - 저자의 주장이 담고 있는 암묵적 내용
배경 - 현안 문제가 성립하게 된 맥락
관점 - 저자가 현안 문제를 바라보는 견지
기본 가정 - 논의 전개에 앞서 기본적으로 깔려 있는 생각

<표 1> 요약문에 반드시 들어가야 할 기본 요소
(손동현 외, 2005, p.52, 재구성)

항목	의미
1. 현안문제	제시된 글에서 저자가 주로 다루고 있는 문제
2. 핵심어와 그 의미	'핵심어'- 제시된 글에서 가장 중요하게 사용되는 용어 혹은 개념 '의미' - 그것이 제시된 글에서 사용되고 있는 '뜻'
3. 주장(논지, 견해, 결론, 해결책)	제시된 글에서 저자가 핵심적으로 말하려는 바. 즉 현안 문제와 관련해 저자가 제시하는 견해 혹은 해결책
4. 근거 (논거, 이유, 전제)	저자가 자신의 주장을 뒷받침하기 위해 제시하는 증거적 내용

위의 요소들을 질문의 형태로 재 진술하면 다음과 같은 요약지침이 성립된다.

1) 위 글에서 저자가 다루고 있는 문제는 무엇인가?
2) 위 글에서 핵심어와 그 의미는 무엇인가?
3) 위 글에서 저자가 핵심적으로 말하려는 것은 무엇인가?
4) 주장을 뒷받침하기 위해 저자가 제시하고 있는 근거들은 무엇인가?

요약할 때 학습자들은 텍스트 자체를 이해해야 하는 것도 중요하지만, 이해한 것을 작문 형태로 바꾸지 못한다면 보고서 쓰기에 도움이 되기는 힘들 것이다. 따라서 위에 제시된 것과 같은 형식을 갖추어서 요약하기 활동을 진행할 때에는 학습자들이 주어진 텍스트의 문장들을 그대로 따오는 것이 아닌 그 안에서 위의 지침들에 대한 해답을 포착하여 정확한 용어와 간단, 명료한 문장들로 재 진술하도록 유도하는 것이 좋다.

하지만 위와 같은 기존의 요약하기 형식은 글의 중심, 핵심적인 사항들을 두루 포함하고 있지만 외국인 학습자에게 그대로 적용시키기에는 다음과 같은 문제점들이 있다.

첫째, 형식에 제시되어 있는 항목들의 용어들(형식적, 현안 문제, 핵심어 등)이 외국인 학습자가 접하기에는 난이도가 있는 어휘들이다.

둘째, 근거와 주장을 찾은 후에 논리적 구조로 근거들을 도식화하기는 하지만 그것들을 연결하여 하나의 요약문으로 만드는 과정이 결함되어 있다.

따라서 외국인 학습자를 위한 요약하기 형식은 위와 같은 문제점을 보완하여 다음과 같이 제시할 수 있다.

<음력·양력의 과학적 비교>

우리들은 걸핏하면 서양 것은 덮어놓고 과학적이려니 짐작하는 수가 많다. 그리고 과학적인 것은 더 우수하고 좋다는 생각을 가지고 있다. 사실 우리 역사를 돌이켜보자면 과학이란 지난 수십 년 사이 서양에서 배워들여온 셈이지, 우리들이 스스로 물리나 화학을 제대로 발달시켰다고 주장하기는 어려운 실정이다.

그러니 우리들은 '과학'이라거나 '과학적', 또는 심지어 '논리적'이란 말만 들어도 지레 기가 죽어서 그것은 서양 사람들의 전매특허거니 생각해 버리고 마는 것이다. 그리고는 사사건건 우리들의 전통적인 어느 문화가 서양의 그것과 다를 때는 무조건 우리 것은 '비과학적'이라고 매도해 버리는 것이다.

하지만 이런 우리들의 태도야말로 비과학적이다. 과학기술의 발달이 근대 서양에서 크게 일어나 세계사에 큰 영향을 미친 것은 분명한 사실이지만, 우리들의 문화유산 가운데에도 서양 것보다도 더 과학적이고 합리적인 것들이 얼마든지 있는 것이다. 그런 경우의 대표적인 것 하나를 고르라면 바로 음력을 들 수 있다.

↓

요약지	
글의 문제	우리의 전통 문화는 서양의 것에 비해서 비과학적인가?
중요한 단어와 그 의미	음력 / 과학적 / 비과학적
근거	① 과학이란 대부분 서양에서 들어온 셈이다. ② 우리들은 서양 것이 더 과학적이라는 생각을 한다. ③ 우리들의 전통문화가 서양 것과 다를 때는 무조건 우리 것을 '비과학적'이라고 생각한다. ④ 하지만 우리의 이러한 태도가 비과학적이다. ⑤ 음력이 과학적 전통 문화의 대표적 예이다.
주장	우리 문화유산에도 서양의 것들보다 과학적이고 합리적인 것이 많다.

↓

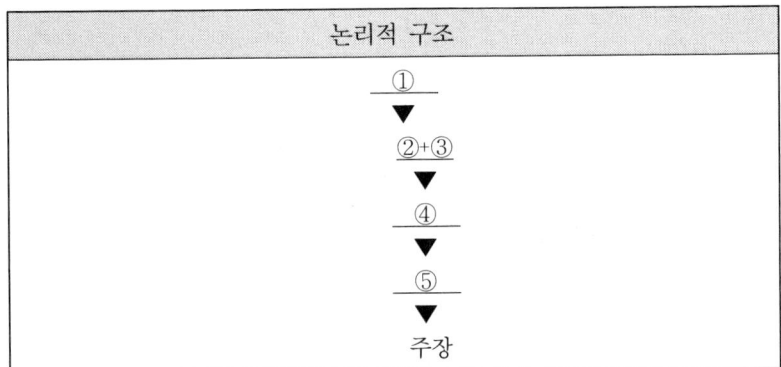

논리적 구조

①
▼
②+③
▼
④
▼
⑤
▼
주장

↓

요약문
과학이란 대부분 서양에서 들어온 셈이다. **따라서** 우리들은 서양 것이 더 과학적이라는 생각을 하면서 우리들의 전통문화가 서양 것과 다를 때는 우리 것이 '비과학적'이라고 생각한다. **하지만** 이러한 우리의 태도가 비과학적이다. **왜냐하면** 우리의 전통 문화에도 과학적인 것이 많기 때문이다. 음력이 그 대표적인 예이다. **따라서** 우리 문화유산 중에서도 과학적이고 합리적인 것이 얼마든지 있는 것이다.

절충식 쓰기 접근법에서 위와 같은 형식에 맞춰서 요약하기 연습을 하는 것에는 다음과 같은 이유가 있다.

첫째, 외국인 학습자들은 한국어로 된 텍스트를 접하게 되었을 때, 언어적으로 미숙하다는 생각 하에 글의 전체적인 중심내용을 파악하기 보다는 어휘나 문법 하나하나에 집중 하려는 경향이 있다. 따라서 비형식적으로 임의적인 요약하기 활동을 하는 것보다 어느 정도의 교사의 통제를 받으면서 계획된 활동을 하는 것이 효과적이다.

둘째, 요약 형식을 통해 학습자들은 반드시 포함시켜야 할 내용들을 알 수 있다.

셋째, 요약 형식에 맞춰서 요약 내용을 완성하는 과정을 통해서 학습자들은 대체로 본인의 언어로 요약 내용을 재진술하는 과정을 거치게 된다.

넷째, 주장을 뒷받침해 주는 근거들의 논리적 구조를 파악할 수 있다. 또한 <표2>의 어휘들을 사용하여 하나의 글로도 완성할 수 있게 된다.

<표 2> 단락 및 문장의 연결 기능을 담당하는 어휘
(Brown, 1994, 한재영, 2005 재구성)

의미	표시 장치
1. 순서	첫째, 둘째, 셋째, 하나, 둘, 셋 다음은, 그리고 마지막으로, 마지막은 첫째로, 둘째로, 우선, 다음은 결국, 마침내, 끝으로, 결론적으로
2. 첨가 1) 강화 2) 유사성 3) 변화	다시, 또 다시, 또한, 게다가, 더욱이 뿐만 아니라, 무엇보다, 더군다나 마찬가지로, 유사하게, 동일한 방식으로 그런데, 한편

3. 논리적인 연속성 1) 요약하는 것 2) 결과적인 것	그래서, 지금까지, 요컨대, 대체로, 그러면 그래서, 그러므로, 간단히 말하자면, 요약하면, 결론적으로 그래서, 결과적으로, 따라서, 그러므로, 이제, … 의 결과
4. 설명	즉, 다시 말해서, 말하자면, 환언하면, 바꿔 말하 면
5. 예시	예를 들면, 예를 들어, 예컨대
6. 대조적인 것 1) 대체하는 것 2) 정반대의 것 3) 양보를 나타내는 것	대신으로, 다시, 오히려, 그런데, 반면에 반대로, 대신에, 그런데, 그와 반대로, 정반대로, 반면에 어쨌든, 그러나, 그럼에도 불구하고, 그래도 비록 -일지라도, 그러나, 그렇지만, 역시 마찬가 지로

3.2. 요약문 작성의 실태

3.2.1. 조사 대상 및 방법

학문 목적 학습자에게 효과적인 '요약하기' 지도 방안을 제시하기 위하여 7명의 학습자를 대상으로 서울대학교출판부에서 나온 『대학국어』에 실려 있는 텍스트6)를 직접 요약해 보는 것으로 실태 조사를 실시하

6) 본 조사에서 요약하기 실험을 한 학습자 7명 중, 한 명을 제외하고 모두 인하대학교에 재학 중인 학습자였으나, 현재 인하대학교에 개설되어 있는 쓰기 관련 공통 필수 수업인 '문장작법'을 제대로 수강하지 않고 있는 것으로 드러났다. 특히 2008년도 신입생 학습자의 경우 '문장작법' 수업이 외국인을 위한 전용 수업이 별도로 개설될 것이라는 기대로 인하여 더욱 그러한 경향을 보였다. 반면에 서울대학교에서는 외국인을 위한 대학국어 수업이 따로 개설되어 있지만 교재는 한국인 대학생들과 동일한 '대학국어'를 사용하고 있었다. 따라서 이 책에 제시된 텍스트는 외국인 학습자들 또한 동일하게 접해야 하는 것으로, 본 조사에서는 그 중에서도 어느 한 전공에 치우치지 않는 공통된 특성의 텍스

였다.7)

2008년 9월 28일~10월 13일까지 학습자들을 개별적으로 만나 '요약하기'에 대한 간단한 설명을 제시하였다. 요약하기 실태 조사의 방법은 학습자가 주어진 텍스트를 읽고, 내용을 파악한 후 비형식적 요약과 형식적 요약을 각각 직접 해보도록 하는 방식이었다. 비형식적 요약은 글을 읽고 주어진 형식이 없이 요약하는 것으로, 보통의 경우 많이 사용되는 방법이다. 반면 형식적 요약은 주어진 텍스트의 문제 및 핵심어, 근거와 논리적 구조까지 구성해 볼 수 있는 형식이 제시되고 그 형식에 맞춰서 요약을 진행하는 것이다. 피 실험자에게 이 두 가지 형태의 요약하기를 모두 수행하게 한 후, 각각의 장점과 단점을 수렴하여 어떤 방법이 내용을 이해하고 정리하는 것에 더욱 효과적인지를 알아볼 것이다. 각 학습자들의 한국어 능력에 따라 차이가 있었지만, 평균 25분 정도의 시간이 소요되었으며, 모르는 단어를 찾아 볼 수 있도록 사전 사용을 허가하였다. 다음은 실험에 사용되었던 텍스트 자료이다.

<그림 3> 요약하기 실태 조사에 사용한 텍스트 자료

> ... (이 글의 첫머리에서도 지적했지만,) 지금 대학에 다니는 학생들은 대체로 학문에 대한 인식이 부족하고 학문을 경원하고 있는 듯이 보인다. 나는 물론 모든 대학생에게 학문 연구에 일생을 바칠 것을 권하고 싶은 생각은 조금도 없다. 많은 대학 졸업생은 실사회에 나가 이 사회를 움직여야 하고 다만 소수만이 대학에 남아 학문을 계속하면 된다고 생각한다. 그러나 실사회에 나가는 학생들도 학문에 대한 깊은 이해를 가지기를 바라 마지않는다. 학문을 하는 태도가 몸에 배어 있는 사람은 어려운 문제에 부닥쳤을 때 그것을 극복할 수 있는 저력이 있는 것이다. 대학이 있는

트를 선정하여 요약하기 조사를 실시하였다.
7) 본고에서는 피 실험자 2명의 요약문만을 제시하도록 하겠다.

까닭이 여기에 있다. 만약 각 직업을 위한 실제적 지식만이 필요하다면 전문 직업학교만으로 족할 것이다.…

– 학문의 뜻, 이기문

3.2.2. 요약문 작성의 실태[8]

1) A학습자
(1) 비형식적 요약

학생들, 사람은 다 대학교를 졸업하면 계속 공부하는 것이 필요없습니다. 그렇지만 실사회에 나가는 학생에게 어려운 문제에 부닥쳤을 때 그 문제를 극복할 수 있는 저력을 대학교와 학문에서 얻을 수 있어서 학문은 영원히 필요합니다.

(2) 형식적 요약

형식적 요약	
현안 문제	실사회에 나가는 학생들에게 어려움이 없게 일 할 수 있도록 뭐 할 수 있나?
핵심어와 그 의미	학문, 학문에 대한 인식, 실사회, 문제, 극복하다
근거	① 요즘 보통 대학교를 졸업한 후 대학원에 들어가는 학생들 줄어들고 있다. ② 실사회에서 학문의 인식 부족하다. ③ 어려운 문제를 극복할 학문적 능력이 부족해서 어려움이 생긴다. ④ 어디에서 그 극복 방법을 얻을 수 있나?
주장	학문하는 것 계속 필요하다.

8) 학습자들의 요약문을 어휘·문법적 오류를 수정하지 않고 그대로 제시하였다. 이를 통해서 학습자들의 요약문장의 양상 또한 살펴볼 수 있다.

↓

논리적 구조
① + ②   ▼   ③   ▼   ④   주장

2) B학습자

(1) 비형식적 요약

실사회에 나가는 데 깊은 학문을 필요 없음에도 불구하고, 우리가 어려운 문제에 부닥쳤을 때 그것을 극복하는 능력을 생기기 위한 학문을 하는 태도가 가져있어야 된다. 지금 대학에서 학문을 하는 것이 바로 이런 태도를 몸에 배어 주는 도움이 된다.

(2) 형식적 요약

형식적 요약	
현안 문제	대학에서 학문을 하는 것이 필요하는가?
핵심어와 그 의미	학문, 실사회, 태도, 저력, 대학, 직업학교
근거	① 대학생들이 학문에 대한 인식이 부족함. ② 실사회에 나가는 데 학문에 대한 것 소용 별로 없음 ③ 학문을 하는 태도 가져 있으면 문제에 부닥쳤을 때 극복할 수 있는 저력도 가져 있음.
주장	대학에서 학문을 하는 것이 의미있다.

↓

논리적 구조
① + ② ▼ ③ 주장

3.2.3. '요약하기' 수행 결과

　요약하기는 주어진 텍스트를 그것의 요지 즉, 중요한 내용으로 줄이는 것이다. 하지만 학습자들의 요약하기 실태를 조사한 결과 대체적으로 중요한 정보와 덜 중요한 정보를 구별하는 것에 어려움을 느끼고 있었다. 하지만 각각의 피 실험자들이 텍스트를 읽고 비형식적 요약하기를 실시하였을 때, 글을 주요 내용으로 응축시키기 보다는 문장을 그대로 복사하는 경향이 컸으며, 학습자 본인에게 관심이 있는 즉, 본인이 중요하게 생각하는 내용을 요약문에 포함하게 되어 그 핵심이 흐려지는 경우도 있다. 반면, 형식적 요약하기에서는 텍스트의 내용을 그대로 옮겨 쓰기 보다는 자신의 말로 재 진술하도록 노력하는 모습이었다. 또한 학습자들이 선별해 낸 중심 문장들의 배열에서도 학습자간 차이를 보였는데, 비형식적 요약하기에서는 문장들을 제시 순서에 따라 배열하는 모습이었지만, 형식적 요약하기에서는 논리적 구조를 구성해 보는 항목이 포함이 되어 있기 때문에 주장이 도출되기까지의 근거들을 논지에 따라 구조를 조정하는 모습이었다. 형식적 요약이 비형식적 요약에 비해서 시간이 오래 걸리고 학습자에게 어렵게 느껴지는 것은 사실이지만, 내용들을 어떻게 주제에 맞고 응집성 있게 요약해 내는가도 요약하기의 중요한 과제인 것이다. 현재 학문 목적 한국어 학습자들도 이러한 논리적 구조의 학습이 필요하다는 것을 스스로도 느끼고 있었으며 이러한 연습이 많은 도움이 된다고 하였다.

 ## 4 절충식 접근법을 활용한 '요약하기'[9) 전략 지도 방안

이제 학문 목적 한국어 쓰기에서 활용할 수 있는 절충식 접근법에 적용한 '요약하기'의 수업 모형과 지도안을 제시하고자 한다. 단, 대학 (원)에 있는 모든 전공의 학문적 텍스트를 종류별로 제시하는 것이 아닌, 대학 공통 과목 수준의 설명적 텍스트를 위주로 하여 작성하였음을 밝혀둔다.

4.1. 절충식 접근법을 활용한 '요약하기'의 지도 모형

'요약하기'의 기본적인 단계와 구성은 이전에 '요약문의 기본요소'에서 제시한 형식을 사용하도록 한다.

4.1.1. 텍스트 읽기 과정

텍스트 읽기 과정에서는 본격적으로 주어진 텍스트를 읽기 전에, 먼저 교사가 제시한 모범적인 요약문을 분석하는 활동을 한다. 학문 목적 쓰기는 결과물로 평가를 받기 때문에 학습자에게 완성된 쓰기의 형태를 보여주는 것 또한 하나의 학습 활동의 과정이 될 수 있다. 이를 통해

---

9) 요약하기는 '보고서 쓰기'외에도 '발표문 작성하기' '강의 듣고 필기하기', '시험 답안 작성하기' 등의 학문 목적 글쓰기에서도 다양하게 활용될 수 있다.

서 요약문의 전형성을 학습자가 발견할 수 있게 되기 때문이다. 먼저, 모르는 단어의 의미를 찾으며 각자 글을 읽도록 한다. 대학(원)에 진학한 후에는 교사의 도움이 없이 스스로 학업을 주도해야 하기 때문에, 문제 해결 능력을 키워주는 방향으로 지속적인 유도를 해야 한다. 그후에 교사가 전체적인 의미 파악을 위한 읽기 지도를 실시한다. 정확한 '요약하기'는 올바른 읽기 즉, 텍스트의 정확한 의미 파악에서 시작되기 때문에 이 과정에서 학습자들의 이해도를 반드시 확인하도록 한다.

4.1.2. 문제 파악하기 과정

테스트의 전체적인 맥락을 파악한 후에는 텍스트의 현안 문제를 파악한다. 요약하기에 미숙한 학습자는 글의 본질적인 문제보다 자신과 관련된 문제를 글의 현안문제로 지적하거나 산만한 읽기를 하여 부분적이고 지엽적인 곳에 치중하여 피상적인 읽기를 하게 된다. 따라서 학습자간에 의견을 공유하는 과정을 포함시키도록 하여 문제 파악에 도움이 될 수 있게 한다.

4.1.3. 재구성하기 과정 (요약하기 과정)

요약하기는 원문의 내용을 그대로 인용하는 것이 아닌, 학습자 본인의 언어로 재진술하여 그 내용을 구성하는 과정이기 때문에 '재구성하기 과정'으로 분류하기로 한다. 재구성하기 과정에서는 본격적인 요약하기 활동을 실시하는데 먼저, 중심 생각 즉 주장을 찾는다. 중심 생각을 찾을 때에는 특히 각 형식 문단의 '접속어'와 '지시어'에 유의할 수 있도록 지도한다.

글의 중심 생각을 찾은 후에는 그 중심 생각을 뒷받침해 주는 근거들을 찾아야 한다. 주장과 그 근거를 찾는 과정은 요약문을 완성하는

데 있어서 가장 핵심적인 과정이라고 할 수 있다. 교사는 주장과 근거를 찾는 과정에서 교사-학습자간, 학습자-학습자간 상호 피드백을 지속적으로 유도하여 중간 과정에서 수정이 될 수 있도록 지도한다.

텍스트의 주장과 이를 뒷받침하는 근거들을 찾은 후에는 근거들을 논리적인 구조로 도식화하여 전체적인 글의 흐름을 파악할 수 있도록 한다. 특히 학문적인 쓰기에서는 문장 간의 인과 관계, 상호 관계를 고려하여 전체적인 문맥이 드러나야 하기 때문이다. 주장과 근거를 구조화 한 후에는, 하나의 요약문으로 제시해야 하는데, 그 과정에서 적절한 지시어와 접속어를 활용하여 문장과 문장 간의 흐름을 매끄럽게 하도록 지도한다. 단락 및 문장의 연결 기능을 담당하는 어휘는 앞서 제시한 <표 2>를 참조하면 될 것이다.

4.1.4. 정확성 확인 및 비교하기 과정

한국어 쓰기 중에서도 특히 학문 목적 쓰기는 어휘나 문법의 정확성 또한 중요한 요소이기 때문에 학습자들이 자주 오류를 나타내는 어휘 및 문법을 중점으로 하여 확인하는 과정을 지도에 포함한다. 요약하기의 마지막 활동은 원문 텍스트와의 '비교하기' 과정이다. 최종적으로 핵심어와 근거의 생략이 없는지를 확인하고 근거들의 논리적 구성과 주장의 도출 과정이 타당한지를 확인하는 과정을 지도한다. 중요한 것은 요약하기의 각 과정에서 지속적으로 교사와 학습자간의 조정활동이 이루어진다는 것인데, 완성된 요약문이 나오기 전까지는 과정과 과정 사이에서도 수정이 가능하다는 것을 주지시키고 끊임없이 피드백의 과정을 거칠 수 있도록 지도한다.

본 연구에서는 위의 4가지 단계와 단계별 활동 요소, 세부 활동 내용을 정리하여 다음의 <그림 4>과 같이 그 모형을 제시하고자 한다.

<그림 4> 절충식 접근법을 활용한 요약하기의 과정과 세부 활동 내용
(설명적 텍스트 중심 모형)

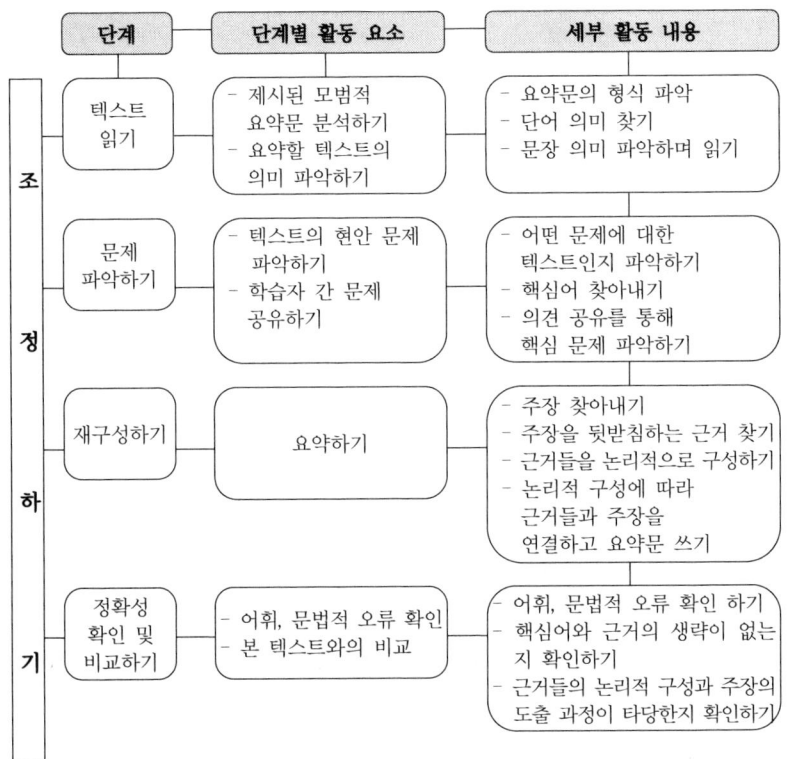

4.2. '요약하기' 수업 구성의 실제

4.2.1. 교수·학습 개요

1) 학습 시간 : 100분 (50분씩, 총 2차시)

2) 학습 목표 : 절충식 접근법을 활용하여 설명적 텍스트를 논리적으
로 요약할 수 있다.

3) 단원 지도 계획 — 1차시 : 요약문 분석 및 텍스트 읽기

2차시 : 요약하기 활동 및 점검하기

4.2.2. 학습 과정

1) 도입

(1) 전시 학습 확인

학습자들과 함께 학문 목적 쓰기에 대한 종류 및 그 특징들에 대한 질의와 답을 하며 다시 한 번 학문 목적 쓰기에 대한 중요성을 인식시키도록 한다.

(2) 학습 목표 제시

여러 가지 학문 목적 쓰기 중에서도 많이 요구되고 있는 '요약하기' 능력이 필수적임을 설명하면서 학습자들에게 오늘 학습할 목표인 '요약하기'에 대해 제시한다. 우리가 어떤 글을 읽을 때나 정리를 할 때, 글의 논리적인 구조를 파악할 수 있어야 함을 주지시킨다.

2) 전개

(1) 읽기 전 활동

'요약하기' 활동을 하기 전에 교사는 학습자가 수행해야 할 요약문의 형식을 먼저 알 수 있게 모범적인 텍스트 요약문을 먼저 제시한다.

> ...그렇다면 당신은 내가 신령을 믿는다는 것을 인정한다. 이제 만약 그 신령이 일종의 신이라면……그것은 내가 신을 믿는다는 증명이 되는 셈이다. 그런데 만약 신령이 전설에 있듯이 신과 요정 혹은 신과 인간 어머니 사이에서 태어난 자손이라면 신의 자손이 있다는 것을 믿으면서 신이 있다는 것을 믿지 않는 사람이 이 세상에 있을까?

↓

요약지	
글의 문제	과연 당신은 신을 믿는가?
중요한 단어와 그 의미	신 / 신령
근거	① 나는 신령이 있다고 믿는다. ② 신령은 신의 자손이다. ③ 신의 자손이 있다는 것을 믿는다면 신이 있다는 것도 믿지 않을 수 없다.
주장	나는 신의 존재를 믿는다.

↓

논리적 구조
① + ② + ③ ▼ 주장

　　요약하기는 핵심적인 내용만으로 이루어지는 것이기 때문에 불필요한 내용은 삭제하고, 구체적인 내용이나 예는 생략해도 무방하다. 학습자들에게는 이렇게 주어진 형식에 맞춰서 요약지를 채우고 아래에는 근거들의 논리적 구조를 세우는 활동을 해야 함을 주지시킨다.

　　이렇게 요약문의 형식과 작성 방법을 익힌 후에는 텍스트 읽기를 위한 활동을 한다.

(2) 읽기

> 제목 : 음력 · 양력의 과학적 비교

읽기 전 활동 후, 첫 번째 읽기는 학습자 스스로 수행할 수 있도록 한다. 처음에는 어려운 용어나 구조에 크게 신경 쓰지 말고 전체적인 맥락을 확인하며 읽을 수 있도록 한다.

두 번째 읽기에서는 꼼꼼하게 전체적인 내용을 파악하기 위하여 사전이나 문법서를 참고하며 읽도록 한다. 올바른 요약을 위해서는 정확한 내용 파악이 중요하기 때문이다. 하지만 '전매특허'와 같은 관용적 표현이나 이중부정문 등 학습자가 스스로 파악하기 어려운 사항 등은 체크를 하게 한 후, 나중에 함께 공유하며 해결할 수 있도록 한다.

<음력 · 양력의 과학적 비교>

우리들은 ①걸핏하면 서양 것은 ②덮어놓고 과학적이려니 짐작하는 수가 많다. 그리고 과학적인 것은 더 우수하고 좋다는 생각을 가지고 있다. 사실 우리 역사를 돌이켜보자면 과학이란 지난 수십 년 사이 서양에서 배워 들여온 셈이지, 우리들이 스스로 물리나 화학을 제대로 발달시켰다고 주장하기는 어려운 실정이다.

그러나 우리들은 '과학'이라거나 '과학적', 또는 심지어 '논리적'이란 말만 들어도 ③지레 기가 죽어서 그것은 서양 사람들의 ④전매특허거니 ⑤생각해 버리고 마는 것이다. 그리고는 사사건건 우리들의 전통적인 어느 문화가 서양의 그것과 다를 때는 무조건 우리 것은 '비과학적'이라고 매도해 버리는 것이다.

(㉠) 이런 우리들의 태도야말로 비과학적이다. 과학기술의 발달이 근대 서양에서 크게 일어나 세계사에 큰 영향을 미친 것은 분명한 사실이지만, 우리들의 문화유산 가운데에도 서양 것보다도 더 과학적이고 합리적인 것들이 얼마든지 있는 것이다. 그런 경우의 대표적인 것 하나를 고르라면 바로 음력을 들 수 있다.

세 번째 읽기는 교사와 함께 진행한다. 모든 문장을 꼼꼼히 읽어주며 독해하는 것이 아닌, 설명이 필요한 어휘나 구조를 중심으로 전체적인 흐름을 짚어준다. 또한 ㉠에 알맞은 접속어를 넣는 활동을 하면서 학습자가 글의 구조를 파악하고 있는지를 확인한다.

---

① 걸핏하면 – 조금만 그 일이 있어도, 자주, 쉽게
        예) 그 사람은 걸핏하면 화를 내요.
        / 너는 걸핏하면 울더라.
② 덮어 놓고 – '덮다' + -아/어, 해 놓다 → + -고
        그것이 맞는지, 틀린지 확인도 하지 않고, 무조건
        예) 덮어 놓고 어렵다고 하지 마세요.
③ 지레 – 어떤 일이 일어나거나 생기기 전에 먼저, 미리
        예) 나는 그 때 지레 무서워서 도망갔다.
④ 전매특허 – 그 사람만이 하는 것, 다른 사람들은 할 수 없는
        예) 그 일은 이 사람이 전매특허예요.
⑤ 생각해 <u>버리고 마는</u> 것이다. ≒ 생각한다
        예) 빨리 안 오면 집에 <u>가 버릴 거예요.</u> ≒ 갈 거예요

---

3) 요약하기 본 활동
(1) 요약지 형식 채우기

학습자들에게 요약지의 형식을 나눠주고, 위의 텍스트를 이 형식에 맞게 채우도록 유도한다. 작성하는 순서는 각자 다를 수 있으나, 먼저 주장을 찾은 후 근거들을 배열하는 것이 수월할 것이다. 중요한 단어는 이 텍스트를 대표하는 어휘들을 나열하는 것이지만 학습자가 글을 읽은 후, 기억에 남는 단어들로 구성해도 된다.

요약지	
글의 문제	우리의 전통 문화는 서양의 것에 비해서 비과학적인가?
중요한 단어와 그 의미	음력 / 과학적 / 비과학적
근거	① 과학이란 대부분 서양에서 들어온 셈이다. ② 우리들은 서양 것이 더 과학적이라는 생각을 한다. ③ 우리들의 전통문화가 서양 것과 다를 때는 무조건 우리 것을 '비과학적'이라고 생각한다. ④ 하지만 우리의 이러한 태도가 비과학적이다. ⑤ 음력이 과학적 전통 문화의 대표적 예이다.
주장	우리 문화유산에도 서양의 것들보다 과학적이고 합리적인 것이 많다.

(2) 근거 구조화하기

위의 형식에서 제시한 근거와 주장을 논리적으로 구조화하는 활동을 한다. 이 활동은 논리적인 요약문을 완성하기 위한 그 뼈대를 작성하는 것이다. 매끄럽게 근거들이 연결될 수 있도록 배열하는 것이 중요하다.

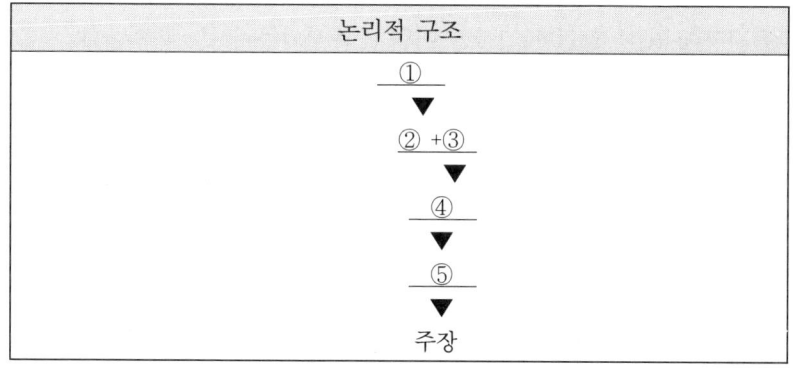

(3) 요약문 작성하기

요약문을 작성할 때는 무조건 요약지에 제시한 문장 그대로에 접속어만 추가하여 연결을 하는 것이 아닌, 하나의 단락이 매끄럽게 이어질 수 있도록 문장들의 수정이 요구될 수도 있다.

요약문
과학이란 대부분 서양에서 들어온 셈이다. **따라서** 우리들은 서양 것이 더 과학적이라는 생각을 하면서 우리들의 전통문화가 서양 것과 다를 때는 우리 것이 '비과학적'이라고 생각한다. **하지만** 이러한 우리의 태도가 비과학적이다. **왜냐하면** 우리의 전통 문화에도 과학적인 것이 많기 때문이다. 음력이 그 대표적인 예이다. **따라서** 우리 문화유산 중에서도 과학적이고 합리적인 것이 얼마든지 있는 것이다.

4) 점검(확인)하기

(1) 어휘 및 문법 확인하기

요약문에 오류가 있을시, 전체적인 의미 또한 바뀔 수가 있다. 더욱이 단순히 내용을 파악하기 위한 요약에서 그치는 것이 아닌, 실제 쓰기 과제에 포함되는 부분이라면 그 정확성은 더욱 강조될 수 있다. 철자와 문법 사용에 대한 확인과 적절한 어휘가 제시되었는지도 확인한다.

(2) 논리적 구조 확인하기

요약문에는 불필요한 내용은 삭제가 되고 중요한 내용들로만 구성이 되어 있어야 하기 때문에, 그 최소한의 내용들만으로 전체의 구조를 표현해야 한다.

'점검하기' 과정은 학습자 스스로가 하기에는 무리가 있다. 따라서 학습자-학습자간, 또는 학습자-교사 간 활발한 상호 교류 활동을 유도한다.

5) 학습 정리 및 다음 차시 예고

학문 목적 쓰기에서 '요약하기' 활동의 중요성을 다시 확인하고, 요약문 작성에 필수적인 요소들을 다시 짚어본다. 더불어 다음 차시에 대한 예고를 하며 수업을 마무리 한다.

5 정리

본 연구에서는 현재 한국어교육이 의사소통 중심 교육 상황을 중심으로 전개되어 있다는 상황을 전제로 하여 학습자들이 한국 내 대학(원)에 입학하여 성공적으로 학업을 수행하고 마칠 수 있도록 그 방안을 마련하는 것에 목적이 있다. 따라서 학문 목적 한국어 학습자를 대상으로 텍스트를 절충식 접근법에 맞춰서 요약문을 완성하는 절차를 제시하고 나름대로의 제언을 하였다. '요약하기'는 지식의 습득을 용이하고 체계적으로 할 수 있게 하며, 오랫동안 기억하게 해주는 효율적인 학습전략 중 하나이다. 보고서뿐만 아니라 모든 종류의 학문 목적 쓰기는 먼저 주어진 자료를 주요 내용들로 요약하여 정리하는 것이 필수적인 과정이다. 따라서 '요약하기' 전략은 여러 방면에 걸쳐서 아주 유용한 기술이 되는 것이다. 이 연구는 학습자가 좀 더 체계적, 논리적으로 요약문을 완성할 수 있도록 어떤 지도가 이루어져야 하는가를 '절충식 쓰기 접근법'의 이론적 배경 및 현재 학습자들의 실태, 그리고 요구 조사 결과를 바탕으로 알아보았다. 따라서 차후 학문 목적 쓰기 지도에 하나의 참고가 될 수 있는 것에 본 논문의 의의가 있다고 본다.

참고문헌

한재영, 박지영, 현윤호, 권순희, 박기영, 이선웅(2005), 한국어 교수법, 태학사.

서울대학교 대학국어편찬위원회(2001), 대학국어, 서울대학교 출판부.

손동현·원만희·박정하·배식한·박상태·이승희·이지영(2005), 학술적 글쓰기, 성균관대학교 출판부.

이덕희(2003), "요구 분석을 통한 학문 목적의 한국어교육과정 설계연구", 연세대학교 석사논문.

전수정(2004), "학문 목적 읽기 교육을 위한 한국어 학습자의 요구 분석", 연세대학교 석사논문.

송지현(2005), "학문 목적 한국어교육을 위한 과제 중심 요구 분석", 이화여자대학교 석사논문.

White, R.& Arndt, V.(1991), *Process Writing*. London : Longman.

Brown H. Douglas.(1994), *Teaching by Principles : A interatiove approach to language pedagogy*. Englewood Cliffs,Nj: Prentive Hall Regents.

Hidi, S. & Anderson, V(1986), Producing Written Summaries: Task Demands, Cognitive Operations, and Implications for Instruction. *Review of Educational Research*.

Kintsch, M. & Van Dijk, T(1978), Toward a Model of Text Comprehension and Production. *Psychological Review, Vol. 85-5*, September.

Brown, A. L. & Day, J. D(1983) Macrorules for Summarizing Texts: The Development of Expertise. *Journal of Verbal Learning and Behavior 22*.

Willam Grabe & Robert B. Kaplan(1996), Theory and Practice of Writing, Peterson.

Kintsch, W(1998) Comprehension: A Paradigm for Cognition, Cambridge University.

Brown H. Douglas.(1994), *Teaching by Principles : A interatiove approach to language pedagogy*. Englewood Cliffs,Nj: Prentive Hall Regents.

┃ 찾아보기 ┃

저자

박덕유 인하대학교 국어교육과 교수
최해주 인하대학교 언어교육원 한국어 주임강사
이효숙 인하대학교 강사
권미미 인하대학교 언어교육원 한국어 강사
오영신 인천 만수고등학교 교사
허유라 인하대학교 언어교육원 한국어 강사
임화정 인하대학교 언어교육원 한국어 강사
윤인아 인천 가림고등학교 교사
송민영 인하대학교 언어교육원 한국어 강사

한국어교육의 전략과 탐색

초판인쇄 2010년 11월 22일
초판발행 2010년 11월 30일

저 자 박덕유 외
발 행 인 윤석현
발 행 처 도서출판 박문사
책임편집 김진화
등록번호 제2009-11호

우편주소 132-702 서울시 도봉구 창동 624-1 현대홈시티 102-1206
대표전화 (02)992-3253
전 송 (02)991-1285
전자우편 bakmunsa@hanmail.net
홈페이지 www.jncbms.co.kr

ISBN 978-89-94024-49-3 93710   정가 16,000원